L'ALGÉRIE

ET LES

COLONIES FRANÇAISES

PAR

JULES DUVAL

AVEC UNE NOTICE BIOGRAPHIQUE SUR L'AUTEUR

PAR M. LEVASSEUR

Membre de l'Institut

ET UNE PRÉFACE

DE M. LABOULAYE

Membre de l'Institut.

PARIS

LIBRAIRIE GUILLAUMIN ET C{IE}

Éditeurs du *Journal des Économistes*, de la *Collection des principaux Économistes*
du *Dictionnaire de l'Économie politique*, du *Dictionnaire du Commerce
et de la Navigation*, etc.

14, RUE RICHELIEU, 14

1877

L'ALGÉRIE

ET

LES COLONIES FRANÇAISES

OUVRAGES DU MÊME AUTEUR :

L'Algérie. Tableau historique, descriptif et statistique, avec une Carte de la colonisation de l'Algérie. In-18, 1859. Prix. . . . 3 fr.
Histoire de l'Émigration européenne, asiatique et africaine, au XIXe siècle, couronné par l'Académie des Sciences morales et politiques. In-8, 1862. Prix. . . . . 7 fr. 50
Les Colonies et la Politique coloniale de la France, avec deux Cartes. In-8, 1864. Prix. (Arthus BERTRAND). . . . . 7 fr.
Gheel ou une **Colonie d'aliénés** vivant en famille et en liberté. In-18, 1860; 2e édition, 1867, contenant une Carte (en vente à la Librairie HACHETTE et GUILLAUMIN). Prix. . . . . 3 fr. 50
Trois Discours sur les Rapports de la géographie avec l'écomie politique. In-8°, 1864, 1865, 1867 (*épuisé*).
Réflexions sur la politique de l'empereur en Algérie. In-8°, 1866. Prix. . . . . 2 fr. 50
Un Programme de politique algérienne (en collaboration avec le Dr WARNIER). Lettres à M. Rouher. In-8°, 1868. Prix. . 2 fr. 50
Bureaux arabes et colons (même collaboration). Réponse au *Constitutionnel*. In-8°, 1869. Prix. . . . . 3 fr.
Mémoire sur Antoine de Montchrétien, sieur de Vateville, auteur du premier *Traité d'Économie politique* (1615). In-8°, 1868. Prix. 3 fr.
Notre Pays. In-8°, 1867; 2e édition, 1874 (HACHETTE et Cie). Prix. 1 fr. 25
Notre Planète. In-18, 1870; 2e édit., 1873. (HACHETTE et Cie). Prix. . . . . 3 fr. 50
Conférences populaires sur les Sociétés coopératives. In-18 et in-32 (HACHETTE et Cie). Prix. . . . . 1 fr., et chacune 35 c.

L'Économiste français, journal politique et économique. — Il reste encore quelques collections de ce journal et des volumes séparés (en vente à la Librairie GUILLAUMIN).

Saint-Denis. — Imprimerie CH. LAMBERT, 17, rue de Paris.

Pierre Petit, photog.   Photoglyphe Lemercier et Cⁱᵉ Paris

Jules Lévy

L'ALGÉRIE

ET LES

COLONIES FRANÇAISES

PAR

JULES DUVAL

AVEC UNE NOTICE BIOGRAPHIQUE SUR L'AUTEUR

PAR M. LEVASSEUR

Membre de l'Institut

ET UNE PRÉFACE

DE M. LABOULAYE

Membre de l'Institut.

PARIS

LIBRAIRIE GUILLAUMIN ET Cie

Éditeurs du *Journal des Économistes*, de la *Collection des principaux Économistes*
du *Dictionnaire de l'Économie politique*, du *Dictionnaire du Commerce
et de la Navigation*, etc.

14, RUE RICHELIEU, 14

1877

NOTICE

SUR

JULES DUVAL

Jules Duval naquit à Rodez en 1813. Il fit ses premières études au collége de Saint-Geniez. Il avait été recommandé au frère d'Alexis Monteil, et il fit de bonne heure connaissance avec l'historien, dont les conseils exercèrent une grande influence sur la direction de son esprit. Homme, il n'oublia jamais le devoir de la reconnaissance : il ne parlait qu'avec respect de cet infatigable chercheur, dont l'affectation littéraire a quelque peu compromis l'érudition si fortement nourrie. A l'âge de vingt-trois ans, il était avocat, et il entrait bientôt comme substitut dans la magistrature, dont il fit partie durant huit ans, en résidence à Saint-Affrique, puis dans sa ville natale. Il s'y occupait déjà de littérature, et quelques écrits, tels qu'un mémoire sur divers dialectes de la langue romane (1844), le signalaient à ses concitoyens, sans marquer encore la voie dans laquelle il était sur le point de s'engager.

La doctrine de Saint-Simon et celle de Fourier, qui

avaient eu un grand retentissement vers la fin de la Restauration et pendant les premières années du règne de Louis-Philippe, avaient fait une vive impression sur l'esprit de Jules Duval. Fourier, qui prêchait l'harmonie des intérêts, l'avait particulièrement séduit. Rien, dans sa vie ni dans ses écrits, n'autorise à croire qu'il ait jamais accepté les rêves bizarres du chef de l'école sur la cosmogonie et sur la transformation du globe, ni les combinaisons non moins bizarres et non moins chimériques par lesquelles celui-ci prétend organiser la vie commune dans le phalanstère. Mais il était convaincu, comme il l'a plusieurs fois écrit, que la terre est le domaine de l'homme ; que, par l'extension de la race humaine, la surface de la terre peut être transformée ; que la richesse et le bien-être doivent, grâce au travail bien organisé, remplacer peu à peu la stérilité et la misère sur tous les points du globe. Comme Fourier, il croyait que l'association du travail, du capital et du talent était le moyen le plus efficace pour les sociétés de prendre possession de ce domaine, et il a conservé toute sa vie cette conviction, même à une époque où des études plus approfondies et l'expérience de la vie avaient élevé son esprit au-dessus des erreurs de l'école. Au dernier banquet de la Société de géographie auquel il ait assisté, en 1868, il portait un toast « à l'exploration, à l'exploitation et à la colonisation intégrales du globe, » et il ajoutait en terminant : « Au peuplement suffisant et bien équilibré de notre globe ! »

Un an après s'être démis de ses fonctions publiques, il quittait la France pour réaliser une pensée de ce genre. L'Algérie était pacifiée : Abd-el-Khader venait de se rendre au général Lamoricière. La période de la conquête paraissait terminée, et il semblait que la période de la colonisation, dont les premiers essais sérieux avaient été faits par le maréchal Bugeaud, allait s'ouvrir sous l'administration du duc d'Aumale. L'Algérie était une terre nouvelle, située à 48 heures de la côte de France, pleine de promesses d'avenir dont les souvenirs de l'antiquité romaine paraissaient de sûrs garants. Le sol y était fertile, mais à peine exploité par la race indigène. Ce qui manquait précisément le plus, c'était le capital, le travail et le talent pour mettre en œuvre les forces de la nature.

J. Duval fonda, de concert avec plusieurs autres personnes dévouées comme lui à l'idée de l'association et de la colonisation, l'*Union agricole d'Afrique*, et, en 1847, il vint dans la plaine du Sig pour jeter les premiers fondements d'un établissement qui avait à ses yeux le double caractère d'un acte de patriotisme et d'une prédication humanitaire. Il dirigea cet établissement pendant quatre ans. Ce n'était pas un phalanstère ; on n'y voyait ni les bayadères, ni les petites hordes, ni la multiplicité attrayante des travaux destinés à satisfaire la papillonne et la composite. Un bon sens naturel et les rudes nécessités de l'expérience avaient préservé J. Duval de tenter l'application de ces rêveries que Fourier prenait de bonne foi pour un système, et dont l'appât grossier a attiré plus d'une fois des adeptes à l'école. C'était une colonie dans laquelle le capital et le travail se trouvaient associés sous la direction d'un homme tout rempli du désir de faire le bien et de le faire aimer. « Quoique nos colons mènent ici une vie bien dure, écrivait-il alors à une amie, ils ne vous diront pas que je suis un mauvais patron. Je m'en rapporterais surtout au témoignage des enfants, mes colons chéris, qui m'aiment autant que je les aime... » Il aimait en effet les enfants, et il comprenait, comme son maître Fourier, que de l'éducation qui leur est donnée dépendent en grande partie la force intellectuelle et les qualités morales qu'ils apporteront plus tard comme leur contingent à l'œuvre sociale. « J'ai enfin ouvert ma petite école, écrit-il, dans laquelle je donne tous les jours une petite leçon de choses dont un globe terrestre que j'ai eu la prévoyance d'apporter fait le fond. On l'a tant bafouée, cette pauvre terre, que je prends plaisir à la réhabiliter, à dire combien ses montagnes sont verdoyantes, ses plaines fertiles, ses eaux fraîches, ses habitants susceptibles de progrès. Le spectacle, tous les jours étalé sous les yeux de nos enfants, de la culture et de l'inculture, leur fait apprécier les effets du travail humain. Quand je leur parlerai, comme projet de leur âge mûr, d'entreprendre le défrichement du Sahara qui nous pénètre des bouffées ardentes de son sirocco, et fait périr nos fleurs et nos fruits, ces enfants trouveront l'entreprise toute simple, naturelle... Il faut voir comme les plus lutins me demandent du travail, à titre de haute faveur, ce que je n'accorde qu'en me faisant prier. »

L'instituteur était bien un disciple de Fourier; il croyait comme le maître que l'industrie humaine pouvait maîtriser la nature au point de transformer en une ou en quelques générations les déserts en champs fertiles, et que le travail et l'étude ont par eux-mêmes un attrait assez puissant pour devenir, dans un système d'éducation, une récompense et cesser d'être un devoir : deux illusions, dont l'une, formée au spectacle des grandeurs de l'industrie moderne, est sans danger, mais dont l'autre, tout en étant susceptible d'ingénieuses et utiles applications de détail, serait la ruine de l'éducation même. Déjà se révélait dans cet instituteur improvisé l'amour de la géographie et la foi profonde dont il a plus tard empreint ses œuvres littéraires et qu'il a eu le talent de rendre communicative. Cette foi peut se résumer en quelques mots : en étudiant la terre on apprend à connaître, et par suite à admirer l'harmonie des forces qui s'y font équilibre ; cette connaissance agrandit l'intelligence, en même temps qu'elle enseigne à l'homme, quand elle est bien dirigée, l'art de créer sur la terre la richesse et la civilisation par le travail.

En 1850, lorsque, atteint par la fièvre, souffrant, quelque peu découragé par les difficultés, J. Duval eut quitté la colonie agricole du Sig, il ne renonça pas à l'Algérie, dont il avait fait pour ainsi dire sa seconde patrie. En 1852, il devint le rédacteur en chef de l'*Écho d'Oran* ; de 1858 à 1861, il fut membre et secrétaire du conseil général de la province d'Oran, et deux fois il prit occasion de rapports dont il avait été chargé à propos d'expositions de l'industrie pour faire connaître aux Français les ressources de cette belle contrée qui attendait toujours des bras pour la fertiliser, et souvent aussi des mesures administratives propres à les attirer.

Lorsque sa destinée l'eut définitivement fixé à Paris, il demeura attaché de cœur aux intérêts algériens, toujours prêt à les défendre et toujours convaincu que le progrès de la colonisation européenne était la véritable solution des difficultés que la différence des races créait à la conquête française. C'est le fond principal de la thèse qu'il a soutenue en écrivant les *Lettres à M. Rouher* sur *un programme de politique algérienne* (1868) et sur *les Bureaux arabes et colons* (1869), en rédigeant son journal, et en composant ses ouvrages sur les questions coloniales.

L'empereur Napoléon III, à la suite d'un voyage rapide (il avait duré trente jours) en Algérie, publiait, en 1865, une lettre qu'il adressait au duc de Magenta, et qui est restée célèbre : « L'Agérie, disait l'empereur, est un royaume arabe, une colonie européenne et un camp français, » et, dans le programme qu'il traçait, il faisait au royaume arabe une place si large que la colonie allait se trouver très-étroitement circonscrite et arrêtée dans son développement. Les colons furent vivement émus. Les événements de 1871 ont prouvé quel fond il conveñait de faire sur la fidélité du royaume arabe, et ont justifié les prévisions de J. Duval, qui écrivait alors : « Si, dans un prochain avenir, survenait une guerre européenne contre la France, et que l'Algérie n'eût à compter que sur la défense des Maghzen, elle risquerait fort d'être prise... » J. Duval et M. Warnier se firent les avocats des colons.

J. Duval n'avait aucune hostilité contre l'empire; il désirait la réalisation toute pacifique de ses principes, mais il cherchait toujours à se tenir en dehors et au-dessus des passions de parti. « Ces pages, dit-il au début de ses réflexions sur la politique de l'empereur en Algérie, sont l'œuvre d'un homme qui professe envers le gouvernement de son pays tous les sentiments d'un loyal citoyen... Depuis l'année 1847, je me suis engagé, librement et par goût, dans l'étude théorique et pratique de la question algérienne, que je n'ai pas depuis cette date perdue de vue un seul jour; tour à tour colon, voyageur, journaliste, orateur de conférences, membre et secrétaire de conseil général, rapporteur de jurys et de commissions, auteur de livres, fondateur et directeur d'un recueil spécialement consacré à la politique coloniale, ayant depuis près de vingt ans porté l'Algérie dans mon cerveau et dans mon cœur, j'ai pensé que ces divers titres m'autorisaient à intervenir dans le débat. » Il y intervint avec une grande modération de langage, et en même temps avec une grande fermeté de principes. Au programme impérial il opposait un programme complet qu'il résumait en ces mots : « Union politique, émancipation administrative, assimilation progressive, triple application de notre devise : Libre et harmonique essor des forces. »

Il serait trop long de faire ici l'examen critique de l'un et de l'autre programme au point de vue de la politique à suivre dans ce pays qui appartient à la France, et qu'il est si désirable de voir devenir plus complétement français par l'accroissement de la population européenne, et plus riche par une exploitation plus complète du sol, mais où la présence de plusieurs races, différentes de nous par la religion et par les mœurs, crée de grandes difficultés. Nous devons nous contenter de rappeler cette polémique, qui a été un des événements de la vie de notre confrère, et d'ajouter qu'au point de vue scientifique, il avait raison lorsqu'il montrait par l'histoire et par l'ethnographie que l'Algérie n'était pas un royaume arabe, mais une contrée souvent foulée par la conquête, portant encore le témoignage des dominations successives qu'elle a subies par la diversité de ses tribus, Berbères purs, Berbères arabisants, Turcs, Arabes, ces derniers formant eux-mêmes à peine le cinquième de la population totale.

J. Duval avait été accueilli dès l'année 1855 par la rédaction du *Journal des Débats*, dans lequel il traita pendant quinze ans les questions relatives aux colonies et à la colonisation, en répandant sur ces questions, peu familières à la majorité des lecteurs français et peu étudiées jusque-là par la presse, le charme d'un style clair et la chaleur d'une conviction ardente. Il apportait les mêmes qualités dans les articles sur les colonies de la France qu'il donna en 1857, à la *Revue des Deux-Mondes*.

La même année, il avait publié dans cette revue un article d'un genre tout différent, qui avait attiré l'attention publique sur l'auteur et sur une institution digne de l'intérêt des philanthropes. Un jeune homme, fils d'une famille avec laquelle il était lié, avait été atteint d'aliénation mentale. J. Duval, préoccupé de son sort et ayant entendu parler de Gheel, voulut voir l'établissement. Gheel est une petite ville de la Campine belge; la culture en a fait une sorte d'oasis au milieu de la lande; l'ingénieuse bonté des habitants, éclairée par une longue expérience et guidée par les règlements charitables de 1851 et de 1852, en a fait un des modèles du traitement des aliénés. Les fous n'y sont pas enfermés dans une maison commune; ils vont et viennent, à peu près comme ils veulent, dans le village; ils sont logés dans les familles des paysans, qu'une longue pratique de père en fils a instruits des soins nécessaires à leur donner, et qui n'en ont jamais plus de deux ou trois à leur table ; ils sont employés aux travaux d'intérieur et aux travaux des champs. Un médecin a la direction de cette « colonie d'aliénés vivant en famille et en liberté; » les fous dangereux sont seuls exclus. Ce régime paternel rend l'existence des malheureux plus douce, et facilite, pour ceux qui sont susceptibles de guérison, le retour à la santé. J. Duval, avait le cœur trop généreux pour ne pas être touché par le spectacle qu'il avait sous les yeux, et, dès son retour, il écrivit sur Gheel l'article qui, faisant connaître la colonie, y attira de savants visiteurs et provoqua sur le traitement de la folie d'intéressants débats. J. Duval y prit part, sans espérer qu'on pût créer de toutes pièces ce que le temps et les mœurs avaient fait à Gheel, et il publia, sous le titre de *Charité sociale*, un volume dans lequel il rassembla ses écrits sur ce sujet.

J. Duval n'avait quitté l'Algérie que pour se consacrer plus complétement à Paris à ses travaux de prédilection. La période de 1861 à 1870 est en effet la plus remplie de sa vie littéraire. C'est à cette époque qu'il devint membre de la Société d'économie politique et de la Société de géographie. C'est en 1861 qu'il fonda un journal hebdomadaire, l'*Économiste français*, dont il était le rédacteur en chef et dont il resta l'âme jusqu'à sa mort. L'*Économiste français* était « l'organe des colonies, de la colonisation et de la réforme sociale par l'association et par l'amélioration du sort des classes pauvres. » J. Duval est là tout entier ; c'est là qu'on retrouve encore ses pensées les plus intimes sur la science, et qu'on suit le mieux le progrès que cet esprit libéral faisait chaque jour sur lui-même par le travail et par la réflexion.

Il avait mis en tête de son journal sa devise favorite : « Libre et harmonique essor des forces, » qui était en partie empruntée aux souvenirs du fouriérisme, et dans la manière dont il envisageait les questions d'association, de coopération, de partage des bénéfices, on sentait encore souvent un disciple de l'école socialiste. Mais ce disciple indépendant s'élevait de plus en plus, par l'étude de l'économie politique, au-dessus des préjugés qui l'avaient d'abord séduit, et il devenait à son tour un maître dans la science économique, ne conservant guère de son passé qu'un amour plus profond de l'humanité et un sentiment affectueux pour les classes pauvres.

Plusieurs ouvrages datent de cette dernière et laborieuse partie de sa carrière. L'Académie des sciences morales et politiques avait mis au concours, pour l'année 1860, la question de l'émigration et de l'immigration au XIXe siècle. Le sujet était de nature à séduire J. Duval. Il concourut, et son mémoire remporta le prix. « Frappée des mérites et de l'étendue de ce travail, dit M. H. Passy dans son rapport à l'Académie, dans lequel se font remarquer la diversité savante des recherches et la pénétrante sûreté des appréciations, où la question est traitée d'une manière tout à fait complète et distinguée, la section propose de le couronner. » Le mémoire est devenu, sous le titre d'*Histoire de l'émigration européenne, asiatique et africaine au* XIXe *siècle,* un livre qui est encore aujourd'hui l'ouvrage le plus complet que la France possède sur la matière. Deux ans après, il publiait un autre volume, les *Colonies et la Politique coloniale de la France*; puis, en 1868, un troisième volume, intitulé *Mémoire sur Ant. de Montchrétien, auteur du premier traité d'économie politique* (1615), dont l'auteur avait fait l'objet de plusieurs lectures intéressantes à l'Académie des sciences morales et politiques.

La première fois qu'il prit la parole dans une des solennités de la Société de Géographie, ce fut au banquet de 1863. Il y porta un toast à l'alliance de la géographie avec l'économie politique. « La géographie, disait-il, est une puissance, et, comme toutes les puissances, elle a besoin d'alliances pour être plus forte et mieux respectée. La plus féconde que je connaisse est celle de l'économie politique, à laquelle cependant elle donnera plus qu'elle ne recevra. Que de fruits à espérer de leur union ! » Par une heureuse coïncidence, il parlait ce soir-là devant un des maîtres les plus autorisés de la science économique, M. Michel Chevalier, et devant l'homme qui a réalisé sur un point du globe cette union par une des œuvres les plus grandes du siècle, M. Ferdinand de Lesseps. Pour mieux affirmer cette union et pour marquer le caractère qu'il voulait lui assigner, il prononça successivement, pendant les années 1864, 1865, 1867, devant la Société de Géographie, trois *Discours sur les rapports de la géographie avec l'économie politique*.

La Société de Géographie l'avait déjà à cette époque honoré du titre de vice-président; en 1868, elle lui confia les fonctions de président de la Commission centrale. Instituteur dans la colonie du Sig, c'était un globe en main que J. Duval avait commencé ses première leçons. Publiciste à Paris, il était ramené par ses plus chères prédilections vers la géographie envisagée dans ses rapports avec les ressources que l'homme peut tirer de la terre pour accomplir sa destinée et pour l'améliorer. Ses deux derniers ouvrages portent tout spécialement ce caractère : *Notre Pays* et *Notre Planète*. Le premier, présentant l'étude géographique sous un aspect nouveau, plaçait sur l'arrière-plan les nomenclatures des divisions administratives et des villes, essayait de donner du territoire une description pittoresque, et mettait surtout en relief les ressources agricoles, industrielles et commerciales de la France. L'esprit et même le plan d'après lesquels le livre était composé concordaient avec le programme géographique de l'enseignement secondaire spécial pour la seconde année, que le ministre de l'instruction publique, M. Duruy, avait fait rédiger en 1865, et qu'en avril 1866 le conseil supérieur de l'instruction publique avait revêtu de sa sanction. Sur la terre que le géographe étudie, J. Duval voyait toujours l'homme, dont le sort intéresse l'économiste, et il animait toute étude géographique par une pensée morale : « Faire connaître notre pays, disait-il, sous le rapport de ses forces productives, au peuple qui l'habite et à l'étranger qui le parcourt, afin que la France soit mieux aimée, mieux servie et mieux appréciée, tel est l'objet du présent livre. Un sentiment patriotique l'a inspiré ; puisse le patriotisme du public en agréer l'hommage avec bienveillance ! »

C'est le même sentiment qui l'inspire l'orsqu'il écrit *Notre Planète*. Il aime cette planète et l'humanité comme il aime la France et ses compatriotes ; il la décrit de manière à mettre surtout en relief les beautés et les harmonies du globe. « Il reste, dit-il en terminant, à réaliser dans le monde économique la même unité en reliant dans un système combiné d'intérêts, de sentiments et d'actes, les diverses fractions de l'humanité, disséminées sur les continents et séparées par les mers. Depuis l'origine des siècles, cette œuvre est en voie d'accomplissement, avançant lentement à toute époque, souvent interrompue par les guerres, toujours reprenant sa marche dans les périodes de paix. » Il énumérait les moyens par lesquels il pensait que devait s'accomplir cette révolution toute pacifique, et au nombre desquels il plaçait les voyages scientifiques, la navigation et les chemins de fer, la colonisation. « Quand ces instruments de l'activité humaine auront été partout installés, que partout ils fonctionneront suivant les lois de la nature et de l'utilité générale, dès ce jour l'humanité aura pris entièrement possession de son globe, et de l'unité économique résultera spontanément l'harmonie sociale, suprême destinée de NOTRE PLANÈTE ! »

Tous les moyens qu'énumère l'auteur n'ont assurément pas la même valeur, plusieurs même n'auraient qu'une efficacité contestable pour l'harmonie sociale; mais du moins les mesures d'ordre économique qu'il conseille sont de puissants instruments de progrès et sont inspirées par un sentiment juste des merveilles déjà accomplies dans la prise de possession du globe par l'industrie moderne. L'harmonie sociale, cette suprême destinée de notre planète, est-elle aussi aisée à atteindre, et l'humanité pourra-t-elle jamais dominer ses propres passions et établir une entente pacifique dans la diversité des intérêts, avec autant de sûreté et de puissance qu'elle domine la matière et qu'elle coordonne les forces de la nature? C'est là un mystère de l'avenir. Il semble que J. Duval, dans cette conclusion, qui est pour ainsi dire son testamment politique, perce ce mystère avec les yeux de la foi, et qu'une dernière espérance fouriériste, cachée comme un souvenir au fond de son cœur, se fasse encore entendre au milieu des études solides et des pensées judicieuses de son esprit mûri.

C'est à la Société de Géographie qu'il a légué ce dernier ouvrage et ce testament scientifique. « En me conférant, dit-il, les fonctions de président de la Commission centrale et de vice-président de la Société, mes confrères ont bien voulu récompenser et encourager quelques études sur les rapports de la géographie avec l'économie politique. Comme témoignage de ma reconnaissance pour ce double honneur, j'ose leur dédier cette simple et rapide esquisse de NOTRE PLANÈTE, parce qu'elle est le fruit de la même pensée. »

A ceux qui liront les ouvrages de J. Duval, il manquera quelque chose pour connaître l'homme. Ils ne l'auront pas vu et ils n'auront pas entendu sa parole, qui était elle-même en si parfaite harmonie avec le reste de sa personne.

J. Duval était de taille plutôt petite que grande. Mais la coupe régulière de sa figure, la barbe qui l'encadrait, son maintien qui respirait à la fois la douceur et la fierté, son geste mesuré, le grandissaient en quelque sorte et inspiraient de prime abord le respect ou au moins l'estime. On sentait qu'on avait devant soi un homme de foi, peut-être le grand prêtre de quelque religion nouvelle, et on ne s'étonnait pas lorsqu'on apprenait que, dédaigneux des jouissances grossières, il était simple dans son intérieur, sobre dans le vivre, affectueux pour sa famille et toujours prêt à rendre un service.

Sa parole était claire, abondante sans être prolixe, animée et contenue à la fois, quelque peu solennelle : on y retrouvait encore l'apôtre d'une foi religieuse. Lorsqu'à la suite des transformations économiques de l'année 1860, le gouvernement eut autorisé les conférences sur ces matières, un groupe d'économistes se proposa de donner une série de leçons publiques et gratuites pour répandre des idées justes sur la science économique. Les leçons eurent lieu à l'école Turgot, puis à l'École de médecine. J. Duval fut au nombre des professeurs. La première année, en 1865, il traita des sociétés coopératives. Nous nous rappelons encore sa chaleureuse prédication; il était vif, entraînant au point de se laisser entraîner lui-même dans sa péroraison à des espérances qui rappelaient plus sa première manière que ses convictions nouvelles. L'impression sur l'auditoire fut grande : on avait entendu un véritable orateur. Il se fit remarquer par les mêmes qualités dans les conférences qu'il fit, soit avec les mêmes collègues pendant les années suivantes, soit dans d'autres circonstances et dans d'autres lieux, à l'asile de Vincennes, dans les soirées de la Sorbonne, où il se proposa de rappeler les titres qu'avaient à la reconnaissance des Français quelques-uns des pionniers de la colonisation.

Son mérite comme écrivain, comme économiste et comme orateur, semblait devoir le désigner quelque jour pour la plus haute distinction de la carrière d'un savant, peut-être aussi pour la vie politique. La mort brisa ses espérances.

La guerre venait d'éclater; la France septentrionale était envahie. J. Duval, obligé de fuir devant l'ennemi qui occupait le territoire, et appelé par les événements politiques dans sa ville natale, se rendait à Rodez. Le 20 septembre, le train qui l'emportait avait dû, à cause de l'encombrement des voies, stationner au milieu de la nuit, près de Plessis-lez-Tours; un convoi militaire vint le heurter : le choc fut terrible, et les victimes furent nombreuses. J. Duval fut du nombre; il avait eu le crâne fendu, à côté de sa vieille servante, dont le corps fut broyé, et de sa femme, qui fut blessée. La mort fut instantanée. La France perdait en lui un bon citoyen et un de ses hommes les plus dévoués aux intérêts de la science et au bien de l'humanité.

Ses derniers jours avaient dû être remplis d'amertume. Il avait toujours prêché la paix, et il voyait une politique toute contraire aboutir aux plus grands désastres que la France ait eu à subir depuis la guerre de Cent-ans; il avait rêvé l'harmonie sociale, et il voyait notre pays, dont il avait si complaisamment décrit les richesses, foulé par les armées ennemies, rançonné par les réquisitions, appauvri par la destruction des capitaux et par l'interruption du travail, et, au milieu de ces souffrances, les haines internationales s'aviver. Il ne dut cependant pas mourir désespéré; car il avait une foi trop profonde et une nature trop religieuse pour ne pas rester persuadé que la Providence panserait ces blessures faites à l'humanité par la faute des hommes et rouvrirait quelque jour les voies du progrès.

Mais quand ce jour devait-il luire? Il n'était plus destiné à le voir, et ce dut être sa douleur.

Dans le trouble et dans les deuils de cette cruelle année 1870 et de l'année non moins cruelle qui l'a suivie, sa mort a été moins remarquée et moins pleurée qu'elle n'aurait été à toute autre époque. La Société de Géographie n'a pas pu lui rendre les derniers devoirs, et les années se sont passées sans qu'elle ait pu lui consacrer un souvenir durable. Mais elle n'avait oublié ni son talent ni ses services. Elle profite de la circonstance qui a amené parmi nous, de cette terre d'Afrique qu'il affectionnait particulièrement, un de ses vieux amis venant nous offrir son portrait, pour acquitter sa dette par ma bouche et pour rendre hommage à la mémoire de cet homme dont la vie, comme la pensée, a eu une si parfaite unité à travers les degrés successifs par lesquels son intelligence s'est élevée en s'épurant; qui, colon, économiste, géographe, publiciste, cherchant toujours le bien de l'humanité, s'est appliqué à allier les sciences géographiques et les sciences économiques, à populariser la connaissance du globe, de sa matière et de ses forces, et à enseigner l'art de faire servir cettte matière et ces forces à la production de la richesse et à l'amélio- du sort des hommes sur cette terre.

E. LEVASSEUR,
de l'Institut.

Cette Notice et le Portrait sont extraits du *Bulletin de la Société de Géographie* (avril 1876).

PRÉFACE

Dans un siècle tel que le nôtre, siècle d'affaires et de publicité, il y a des hommes qui n'usent de la parole et de la plume que pour combattre les préjugés régnants, pour proposer des réformes nécessaires, pour propager des idées utiles. Plus soucieux de bien faire que de bien dire; sachant par expérience que l'éducation du public, comme celle des enfants, ne s'obtient qu'à force de patience, de répétitions, de redites, ils se dépensent sans compter dans les journaux, les revues, les réunions, les assemblées. Infatigables ouvriers, ils sèment leur parole à tous les vents. Ce ne sont point des artistes littéraires, ils ne poursuivent point la gloire; ce sont des apôtres, leurs discours sont des actions.

Jules Duval appartient à cette école. De notre temps, personne n'a mis plus de dévouement et plus d'énergie à défendre l'intérêt public. Tout ce que Dieu lui avait donné de force et d'esprit, il l'a mis au service de nobles causes, et plus d'une fois il a triomphé. Les idées qu'il mettait en avant, et qu'au début on traitait de paradoxes, sont devenues des axiomes sur lesquels on raisonne aujourd'hui. Le germe est levé, le grain est mûr, on oublie seulement la main qui l'a semé. Raison de plus pour rappeler au pays qu'il a une dette de reconnaissance à payer, raison de plus pour rendre justice au bon citoyen, à l'ami, à l'écrivain courageux que nous avons perdu.

On a vu dans l'intéressante *Notice* de M. Levasseur comment M. Jules Duval, devenu colon de l'Algérie, par goût et par passion, s'était dévoué tout entier à faire connaître à la France l'importance de nos possessions d'Afrique. Au milieu de l'indifférence générale, et en dépit de la froideur ou de la mauvaise volonté de quelques politiques, Jules Duval, entré au journal des *Débats* pour défendre la cause de l'Algérie, qui était celle même de la grandeur française, a lutté pendant quinze ans, sans désarmer un instant. Pendant quinze ans, il a remué sous toutes ses faces ce problème délicat; il l'a traité avec une fécondité, une chaleur, une connaissance des hommes et des choses qu'on ne saurait trop admirer. On en jugera en lisant les articles qu'une main pieuse à réunis dans ce volume. Quelquefois on s'étonnera que l'auteur mette tant de vivacité à défendre des vérités plus claires que le jour. Mais qui a fait cette clarté, sinon celui qui, seul et sans appui dans l'opinion, s'est fait l'apôtre d'une grande idée, et a fini par nous instruire et nous convertir?

Ce n'était pas chose facile, car le défaut des Français est de s'enfermer dans leur pays, et de ne point s'inquiéter de ce qui se passe hors de la frontière. Il a fallu que Jules Duval nous apprît l'histoire et la géographie de l'Algérie et de l'Afrique. Il a fallu que dans des articles intéressants sur le voyage d'Alger à Tombouctou, sur les puits artésiens du Sahara, sur les expositions de 1855 et de 1867, il nous fît toucher du doigt ce que nous laissons perdre de richesse dans ces pays inconnus, et qu'il nous fît sentir quels devoirs nous avions à remplir envers la civilisation.

Coloniser est le plus vaste problème qu'un peuple puisse se proposer. Il ne suffit pas d'envoyer des émigrants dans un pays nouveau ; il faut transformer cette terre sauvage et malsaine tant que la main de l'homme n'y a point touché. Il faut des ports, des routes, des chemins de fer, des fontaines, des écoles, des mairies, des hospices ; il faut des capitaux, des banques ; il faut une police qui donne la sécurité ; il faut surtout une administration qui n'enserre pas, dans l'étroit réseau de la centralisation, des colons, c'est-à-dire des hommes hardis qui ont quitté le sol natal pour vivre par l'esprit d'entreprise et d'aventure. Voilà les questions que Jules Duval a traitées : ce sont les questions fondamentales de l'économie politique et de la politique. Et, en effet, établir une colonie, c'est tout un gouvernement à fonder ; que dis-je ? c'est toute une société à créer.

L'Algérie n'était pour Jules Duval qu'un exemple proposé aux Français, afin de leur rappeler que leurs pères avaient eu autrefois le goût de la colonisation. Le Canada, l'Ile de France, Saint-Domingue, sont là pour prouver que dans ses beaux jours la France a su porter son génie au delà des mers. De cette fortune évanouie il ne nous reste plus que des débris : la Martinique, la Guadeloupe, la Réunion, le Sénégal, etc. Ces dernières épaves, Jules Duval les défendait avec une ardeur toute patriotique, il voulait relever par la liberté ces colonies trop dédaignées. Il demandait pour elles comme condition de progrès des élections municipales, l'élection des conseillers généraux, une représentation politique, le suffrage universel. Voilà ce qu'il réclamait en 1869, voilà ce qu'on trouvera dans la seconde partie de ce volume. On l'accusait de témérité et d'imprudence. Les sages du jour hochaient la tête et lui reprochaient de ne pas connaître la question. La réforme est faite, les colonies ont des sénateurs et des députés : voit-on qu'elles soient moins dévouées à la métropole ? Sont-elles plus difficiles à gouverner ? L'intérêt général souffre-t-il de cette liberté ? Non, les faits ont donné raison à Jules Duval, et prouvé une fois de plus la profondeur et la justesse de ses vues.

Cette question de la colonisation a toujours préoccupé notre ami. Qu'on lise son beau livre sur les *Colonies et la politique coloniale de la France*, on sentira bientôt qu'il y a là une étude digne d'un homme d'État.

Dans ce travail, Jules Duval défend une politique qui a fait la grandeur de l'Angleterre, mais qui malheureusement ne jouit pas d'une grande faveur en France ; on n'en comprend ni la fécondité, ni la nécessité. En face de l'Angleterre et de l'Allemagne, qui ont une population exubérante que la colonisation ne suffit pas à épuiser, nous voyons en France la population rester stationnaire. Notre pays s'amoindrit, tandis que nos voisins grandissent. On voit cela, et l'on n'en cherche pas la cause. Nous avons même d'habiles gens qui s'imaginent que décourager l'émigration, c'est favoriser l'accroissement de la population. Ce qu'on ne voit pas, c'est que la multiplication des hommes est soumise aux mêmes lois que celle des plantes qui couvrent la terre. Pour qu'un grain germe et multiplie, il lui faut de la place et du soleil ; pour que les hommes multiplient, pour qu'ils ne s'étouffent pas les uns les autres, pour qu'ils forment une race saine et vigoureuse, il faut qu'ils trouvent un lieu où se développer, un certain bien-être qui leur permette de grandir. Peu importe que cette place soit en Algérie ou dans un coin de la France. « Partout, a dit Montesquieu, où il se trouve une place où deux personnes peuvent vivre commodément, il se fait un mariage. La nature y porte assez lorsqu'elle n'est point arrêtée par le défaut de subsistances. » Si vous aviez demain cinq cent mille colons en Algérie, vous auriez en France une émigration considérable, et la place de ceux qui partiraient serait prise et au delà par des générations nouvelles. A vivre chez soi, sans espoir de parvenir, sans honnête ambition qui le stimule, un peuple perd tout ressort. Trop heureux le pays, si ceux qui manquent d'air ne demandent pas un meilleur avenir aux révolutions !

Ajoutez que des émigrants portent partout avec eux le goût et les habitudes nationales. C'est ainsi qu'au lieu d'appauvrir la mère patrie, la colonisation l'enrichit, en lui ouvrant au loin de nouveaux marchés. Ce qui fait la force de l'Angleterre, ce sont ces émigrants répandus par toute la terre, et qui recherchent les produits anglais de préférence aux nôtres. Voyez l'Amérique du Nord et l'Australie. Nous fournissons quarante millions de Français, l'Angleterre fournit plus de cent millions d'Anglais, dispersés dans le monde entier. C'est là, Jules Duval l'a démontré, qu'est le secret de sa richesse. Voilà ce qui, en moins de deux siècles, en a fait la puissance formidable qui domine les mers.

Tout dévoué à ces idées, Jules Duval déployait une activité prodigieuse. Il écrivait à la fois dans le *Journal des Débats*, dans la *Revue des Deux-Mondes*, le *Journal des Économistes*, dans l'*Économiste français*, recueil hebdomadaire qu'il avait fondé pour avoir une tribune où parler à son aise. Membre de la *Société d'Économie politique* et de la *Société de Géographie*, il y défendait volontiers ses opinions par la parole. Rien n'arrêtait son apostolat.

Je l'ai entendu plusieurs fois dans notre *Société d'Économie politique*. Il s'exprimait avec facilité et chaleur, en homme convaincu, et avec autant de politesse que de bienveillance pour ses adversaires. On ne partageait pas toujours ses idées; on l'écoutait toujours avec plaisir et profit. Son défaut, si c'en était un, c'était de trop compter sur l'harmonie des intérêts et sur la sagesse des hommes. Il espérait toujours que les peuples finiraient par reconnaître leur intérêt bien entendu. C'était compter sans les passions. Jules Duval jugeait des hommes par lui-même, et leur prêtait sa bienveillance et sa candeur. Et cependant, malgré de cruels désenchantements, je suis de l'avis de Jules Duval: je crois son opinion plus vraie que l'opinion contraire; j'estime, comme lui, que la civilisation n'a pas dit son dernier mot. Tous les progrès qu'elle a faits ont été des conquêtes sur l'ignorance, la barbarie, l'égoïsme; elle a donné un champ plus large à la raison, aux lumières, à l'humanité. Pourquoi n'irions-nous pas plus loin dans cette carrière? N'y a-t-il pas là un but dont nous pouvons nous rapprocher, au grand profit du genre humain, dussions-nous n'y jamais atteindre?

Tout homme a sa philosophie. En vieillissant, chacun arrive à se rendre compte de l'idée maîtresse qui règle sa vie. Les deux derniers ouvrages de Jules Duval, *Notre Pays* et *Notre Planète*, nous ont gardé sa philosophie.

Dans trois discours prononcés à la *Société de Géographie* en 1864, 1865 et 1867, *sur les rapports de la géographie avec l'économie politique*, il donnait le secret de sa pensée. Étudier la terre et l'homme sans séparer l'un de l'autre, montrer à l'homme tous les trésors que Dieu a mis à sa disposition, et lui enseigner à en tirer profit pour lui et pour les autres, c'était la méthode de Jules Duval. Une idée morale dirigeait toutes ses études géographiques: « Faire connaître notre pays (disait-il dans la préface de *Notre Pays*), sous le rapport de ses forces productives, au peuple qui l'habite et à l'étranger qui le parcourt, afin que la France soit mieux aimée, mieux servie et mieux appréciée, tel est l'objet du présent livre. Un sentiment patriotique l'a inspiré. »

C'était un sentiment plus généreux encore qui lui faisait écrire *Notre Planète* : c'était l'amour de l'humanité. Il voulait que, par la colonisation, l'homme prît possession du globe entier. La culture et la civilisation répandues partout, il espérait que de l'unité économique sortirait naturellement l'harmonie sociale, *suprême destinée de notre planète*.

Un si beau rêve paraîtra bien chimérique, surtout si l'on songe qu'à peine ce livre terminé, Jules Duval voyait la France envahie, et toutes les horreurs de la guerre fondant sur cette patrie qu'il aimait tendrement. Le cœur navré de nos désastres, il allait à Rodez par Tours, lorsque, le 20 septembre 1870, il fut misérablement tué dans un accident de chemin de fer. S'il avait survécu à nos malheurs, qu'aurait-il pensé de l'harmonie des intérêts, l'idéal de toute sa vie ?

J'ose croire que sa confiance n'eût pas été ébranlée. Duval n'était pas un illuminé ; sa foi était d'autant plus profonde qu'elle était plus raisonnée. Il trouvait la terre belle, tout en comptant avec les tremblements de terre et les volcans ; la guerre avec ses meurtres et ses rapines l'aurait attristé : elle ne lui aurait point fait oublier que les crimes des rois, comme ceux des particuliers, sont l'exception ici-bas, que le bien l'emporte sur le mal, et que la justice a son jour. Ce règne de la justice, il travaillait à l'amener, en véritable missionnaire de la loi divine ; et si les élections l'avaient appelé dans l'Assemblée nationale, je suis convaincu qu'il aurait été tout à la fois un des plus patriotes et des moins désespérés.

Mort à cinquante-sept ans, dans la maturité de son talent, Jules Duval n'a peut-être pas donné tout ce qu'on pouvait attendre de lui; mais, si l'on considère ce qu'il a fait, si l'on compte les services qu'il a rendus, il est permis de dire que peu de vies ont été aussi bien remplies que la sienne. Tous ceux qui le connaissaient l'ont pleuré : il n'avait que des amis. Peut-être, en lisant ces études sur l'Algérie et les colonies, ceux qui ne l'ont pas connu ne pourront-ils se défendre d'une vive sympathie pour l'excellent citoyen, l'habile écrivain qui a usé sa vie à faire connaître aux hommes leurs véritables intérêts, et à assurer pacifiquement la grandeur de son pays.

Ed. Laboulaye.

L'ALGÉRIE

L'ALGÉRIE

ET

LES COLONIES FRANÇAISES

PREMIÈRE PARTIE

L'ALGÉRIE.

I

Tableau de la situation des établissements français.

Le ministère de la guerre a récemment publié le douzième volume de cette importante collection, commencée en 1838 pour justifier devant les Chambres des demandes de crédits extraordinaires, et continuée aujourd'hui avec le même soin, bien qu'elle ait un peu perdu de son intérêt parlementaire. Après l'éclat qu'a jeté sur l'Algérie l'Exposition universelle de 1855, une telle publication arrive à propos. Pour y recueillir les traits les plus saillants de la situation présente de la colonie, il suffira d'ajouter aux documents officiels, dont la plupart s'arrêtent à la fin de 1853, quelques renseignements de plus fraîche date.

Dans un rapport à l'Empereur, qui forme comme l'introduction de l'ouvrage, M. le maréchal Vaillant constate que depuis la soumission d'Abd-el-Kader, à la fin de 1847, la guerre a laissé le champ libre à la colonisation. Aujourd'hui, des frontières de Tunis à celles du Maroc, des bords de la Méditerranée au seuil du désert, sur cette vaste étendue de pays qui embrasse, avec nos récentes conquêtes du sud, cinquante millions d'hectares, l'équivalent de la superficie de la France, règne la paix la plus profonde. A l'exception de quelques tribus, inoffensives du reste, cachées dans les gorges de la Kabylie, toutes les populations indigènes reconnaissent notre souveraineté par le paiement régulier de l'impôt. Depuis plus d'un an, l'Algérie a cédé à l'armée d'Orient ses meilleures troupes : l'armée d'occupation est réduite à un chiffre si modéré qu'on n'ose le faire connaître, et pas un coup de fusil n'a troublé nos travaux, comme si la diminution de l'effectif était un principe de tranquillité. Loin de se révolter, les Arabes tendent les mains à nos chaînes, pourrait-on dire, si la domination française n'était une bienveillante éducation plutôt qu'un joug ; car ils bâtissent des maisons, ils plantent et greffent des arbres, ils concourent à tous les travaux publics. Par les liens qui les attachent au sol, ils donnent des garanties matérielles de leur soumission ; par les routes dont ils percent leur territoire, ils se livrent à notre surveillance et assurent leur défaite au jour d'une insurrection, si elle était possible.

Au spectacle de cette évolution, qui s'accomplit sans contrainte partout où l'administration en manifeste le vœu, en commençant par les rangs supérieurs de la société arabe, on incline à soupçonner que le despotisme brutal des Turcs et le génie d'Abd-el-Kader avaient fait illusion sur le caractère des races indigènes. Devant la multitude des témoignages contraires s'évanouissent comme des fantômes leur passion pour la guerre et leur amour de la vie nomade, leur patriotisme national et même leur fanatisme religieux. Rendus à la liberté de leurs instincts et guidés dans leurs essors nouveaux, les Arabes redeviennent ce que furent leurs aïeux de l'Andalousie et du Roussillon, cultivateurs, jardiniers, planteurs, architectes bientôt, parfaitement disposés à accueillir les douceurs du bien-être aussi bien que les splendeurs des fêtes.

Le nouveau *Tableau de situation* contient à cet égard pour la première fois un document du plus haut intérêt : c'est l'indication détaillée des habitations élevées depuis quelques années par les chefs indigènes et de leurs deniers. On compte déjà ces demeures par milliers, et dans le nombre il en est beaucoup de plafonnées, décorées et meublées à l'européenne, où le voyageur français reçoit une abondante et cordiale hospitalité. Il est telle de ces maisons qui n'a pas coûté moins de 200,000 à 300,000 fr., château de plaisance autant que de défense. Certains caractères novateurs, comme la nature en distribue dans toutes les races pour faciliter les alliances, s'associent aux colons européens tantôt pour l'exploitation de moulins à farine ou à huile, tantôt pour la culture des terres; l'un d'entre eux, le kaïd Saoudi, à Philippeville, fonde un hameau qu'il peuple de familles allemandes, auxquelles il fournit, avec la maison, des semences, des instruments aratoires, un cheptel, leur accordant cinq ans pour le remboursement; au terme de ce délai, chaque famille, sa dette payée, sera propriétaire de 25 hectares à prélever sur la propre concession du kaïd. Ces combinaisons, qui varient à l'infini, reposent toutes sur l'alliance confiante, on pourrait dire sympathique, de ces deux races, qui longtemps parurent vouées à une éternelle séparation.

Sans doute dans ces conversions tout n'est pas sincère et spontané : beaucoup sont dues au désir de complaire à l'autorité et d'obtenir un titre de propriété qui mette à l'abri d'une dépossession; et ce n'est pas sans vérité que l'esprit français, prompt à la raillerie, a peint la famille arabe accroupie sous la tente, à quelques pas en avant de la maison vide d'habitants. Mais un jour ou l'autre la maison révélera ses avantages. La pluie, le froid, le vent, la peur du vol, la peur d'un rival amoureux inviteront le maître à y entrer, à y enfermer son bétail, ses trésors, sa femme même ou ses femmes, qui résisteront vainement à un progrès présenté sous la forme d'une prison. Dès ce jour le Rubicon sera franchi. Autour de la maison flanquée d'écuries et d'étables, le jardin sera jugé nécessaire; bientôt suivront la fontaine, les arbres et le reste. Par l'amour du sol, le seigneur deviendra un propriétaire; par l'amour du chez-soi, le maître deviendra un époux. Peu coûteuse sous la tente, la polygamie sera trouvée ruineuse sous un toit où chaque femme n'ayant plus sous les yeux le panorama vivant des environs du *douar*, livrée à l'oisiveté intérieure, revendique son appartement, ses meubles et ses distractions; tout naturellement la monogamie lui succédera, et par elle la liberté morale et la dignité de la femme. Parvenu à cette première phase du progrès social, l'Arabe a cessé d'être notre ennemi; nous l'avons désarmé de l'instabilité de sa vie vagabonde, de la mobilité insaisissable de ses intérêts, même de son fanatisme, en lui empruntant nous-mêmes tout ce qui, dans son costume et ses coutumes, dérive du climat. Si la fusion n'existe pas encore, elle se prépare par l'analogie des mœurs.

Est-ce à dire que sans la force qui, après avoir soumis le peuple arabe, le surveille et le contient, il accepterait de son plein gré le gouvernement des étrangers? Assurément non. Mais, de même que l'Évangile, le Coran enseigne que tout pouvoir vient de Dieu, et quand le pouvoir donne satisfaction au musulman, il ne cherche pas de prétexte pour détourner l'arrêt du destin, il se résigne de bonne grâce. Pour lui, la force révèle et mesure le droit.

Il se résigne surtout lorsque la main sacrée de Dieu verse sur lui et sa tente les trésors d'une corne d'abondance. C'est le cas aujourd'hui pour l'Arabe de la régence d'Alger. Par le seul fait de la conquête française et sans accroissement de charges, ses revenus ont pour le moins triplé : résultat de la plus-value procurée à toutes les denrées par la présence d'une population nouvelle de deux cent mille consommateurs, tant civils que militaires, et par l'ouverture de débouchés extérieurs. Aussi voit-on les producteurs indigènes s'enrichir dans tous les rangs et de toute source. Aux profits matériels, d'une éloquence bien séduisante, surtout pour un Arabe, s'ajoutent des bienfaits d'un autre ordre : la propriété reconnue et consolidée, la libre pratique du culte et des mœurs, le maintien des lois et des juges, en toute occasion un patronage, ou, pour mieux dire, une fraternité dont le caractère français incline plutôt à exagérer qu'à amoindrir la bienveillance. En de si belles et si rares conditions, comment ne pas se complaire dans la paix? Depuis plus de trois siècles, les Arabes d'Afrique n'ont pas connu l'indépendance. Sous le régime turc, ils n'auraient pas même osé rêver des jours pareils! Après 1830, livrés quelque temps à eux-mêmes, ils tombèrent dans l'anarchie, et d'Abd-el-Kader ils n'ont connu que des promesses tempérées par les dures nécessités de la guerre. Leur état actuel constitue donc un immense progrès dans la liberté comme dans la prospérité. Qu'il en soit toujours ainsi, ce sera l'éternel honneur de la France!

Cette transformation, qui marque le passage de la barbarie à la civilisation, et renouvelle de nos jours, sous nos yeux, avec un charme indicible, l'histoire des divers âges de la société, l'Europe a bien de la peine à y croire. Elle a été habituée par dix-sept années de combats, combats glorieux et nécessaires tant qu'Abd-el-Kader fut debout, à se représenter l'Algérie comme un champ de bataille! Même les Français qui n'ont vu ce pays que dans la période de la guerre ne peuvent se figurer l'évolution radicale qui est en train de s'y accomplir; ils ont à refaire non pas tout leur entendement, comme voulait Condillac pour la philosophie, mais un coin de leur entendement, pour apprendre des choses nouvelles. Ne suffit-il pas cependant de traverser la Méditerranée, une promenade de quarante heures, pour s'assurer qu'en Algérie chacun vit, travaille, voyage, naît, se marie et meurt, absolument comme en Normandie ou en Alsace, ne se mettant en peine des Bédouins que pour chercher parmi eux des auxiliaires? Souvent même, à l'encontre des défenses de l'autorité, qui fait bien d'exagérer la prudence, le colon s'aventure de nuit à travers routes et champs, et bien rarement lui en arrive-t-il malheur. Le *Tableau de la situation* constate qu'en 1853 l'Algérie occupe le quinzième rang seulement dans la hiérarchie de la criminalité.

Pour l'avenir, la sécurité n'est pas moindre. De quel point de l'horizon viendraient les nuages? Longtemps on s'inquiéta de la subsistance des troupes en cas de guerre maritime qui intercepterait les communications; aujourd'hui la colonie, après avoir nourri son armée et sa population, exporte de notables excédants de ses récoltes. Contre la chance d'une invasion anglaise, et Dieu sait combien elle est probable! les côtes de l'Algérie, que la nature avait créées les plus dangereuses du bassin méditerranéen, ont été hérissées de canons depuis Mers-el-Kebir jusqu'à la Calle. A l'intérieur comme sur le littoral, toutes les places sont armées de fortifications où l'on a dépensé plus de 60 millions. Ce n'est pas à dire que les frontières du Maroc ne puissent un jour ou l'autre fournir au drapeau français un nouveau champ d'Isly : rien n'est impossible à l'orgueil d'un prince irrité d'une défaite; mais en quoi la colonie serait-elle mise en péril par les velléités turbulentes d'un sultan du Maroc ou d'un bey de Tunis? Et quant à la frontière du sud, le désert ne nous protége que trop.

Restent les indigènes seuls à considérer. Sur leur compte, pour peu que l'imagination s'en mêle, on va droit au pire, et l'on s'inquiète des chances d'une insurrection triomphante suivie de l'évacuation, nouvelle honte imposée à quelque nouvel Aulus Posthumius par un nouveau Jugurtha, héritier d'Abd-el-Kader. Aux yeux des colons, ces peurs sont de toutes les plus vaines. La nature ne crée que de siècle en siècle des hommes supérieurs, et leur génie ne trouverait plus pour auxiliaire, comme dans la période écoulée, l'ignorance du pays à conquérir et l'insuffisance des moyens d'action. D'ici là chaque jour accroît la force de la France et amortit les forces contraires. La population civile augmente, quoique trop lentement; elle atteindra un jour ses proportions normales; et que pourront alors les deux millions d'indigènes (tel est le dernier chiffre fourni par le *Tableau de situation*) en présence de 2 millions ou seulement de 1 million de colons, intimement mêlés à toute leur existence, et divisant en molécules isolées d'individus et de familles les masses aujourd'hui encore compactes des tribus? Les Arabes seront tous alors contenus dans l'impuissance comme le sont aujourd'hui les Mores des villes, par le seul mélange d'une population européenne. D'autre part, les routes, en ouvrant le pays en tout sens, préparent l'avènement des chemins de fer, qui dompteront le peuple arabe par l'admiration et la terreur autant que par la facilité des mouvements stratégiques. Le télégraphe aérien et électrique prolonge ses lignes en tous sens, signalant heure par heure les moindres préparatifs d'agitation. En même temps, aux pères qui ont guerroyé contre nous succèdent des fils élevés dans nos lycées, aux chefs d'un dévouement douteux des officiers français. Dans toutes les tribus le commerce nous donne des amis et des fournisseurs, futurs alliés aux jours d'épreuves. Si intime devient la solidarité des intérêts, que les tribus ne peuvent déjà plus nous déclarer la guerre sans se frapper elles-mêmes. Admirable triomphe du caractère national qui a découvert dans la générosité envers les vaincus et la loyauté des échanges la plus habile des politiques, et par ce trait caractéristique a justifié de son aptitude supérieure à la colonisation, qualité qu'on lui contestait pour défaut de persévérance et d'esprit d'entreprise.

Dût-on faire une part de chances aux éventualités de troubles, on ne peut dire de guerre, la colonie ne serait pas désarmée. Elle n'a garde de demander, ni personne pour elle, la suppression d'une forte et nombreuse garnison qui éloigne jusqu'à la pensée même d'une agitation. Le génie militaire poursuit dans ses moindres détails l'exécution du plan d'ensemble de ses travaux, barrières plus que suffisantes contre des Arabes, incapables, on l'a dit mille fois, de prendre un blockhaus bien défendu. Enfin les moyens de guerre eux-mêmes se simplifient et se perfectionnent : plus qu'autrefois on tire parti du bon vouloir des indigènes.

On sait que, grâce à une tactique pareille à celle que nous avons récemment adoptée pour la soumission du Sud, les deys d'Alger tenaient en respect toute la régence avec 14,000 janissaires. Quoique chrétiens, nous serons tout aussi bien servis. La fidélité dévouée du général Mustapha, et avec lui des Douairs, des Smélas et de toutes les tribus *maghzen*, non moins que la longue neutralité des Kabyles, ont prouvé en mainte occasion que la haine des chrétiens et la guerre sacrée sont de vains mots quand d'autres sentiments n'invitent pas à combattre. A nous aujourd'hui, comme jadis aux Turcs, il suffit d'un ordre pour qu'une tribu fidèle mette à la raison une tribu rebelle ; car sur cette terre, parcourue plutôt que cultivée par des peuplades indépendantes, sans lien aucun, même de fédération, l'idée de patrie et de nationalité n'a jamais existé que dans l'âme d'Abd-el-Kader. Lui vaincu, toutes les fractions, qui se détestent et se jalousent entre elles, se rallient sans peine à ce puissant et sympathique foyer d'attraction, d'ordre et de justice, qui est la France. Il n'est plus besoin de les y contraindre ; il suffit de ne pas les en empêcher.

Dans cette politique de conciliation, les bureaux arabes sont l'instrument principal de l'autorité française. Le *Tableau de situation* de l'an dernier contenait un panégyrique sans réserve de leurs services, et le ministère de la guerre laisse rarement échapper l'occasion de leur rendre témoignage. Comment donc expliquer le sentiment tout à fait contraire qui règne en Algérie dans l'esprit des colons, et qui perce même au sein des administrations civiles? On ne met pas le pied dans ce pays, on n'y entretient pas la moindre correspondance sans recueillir dès l'abord la condamnation des bureaux arabes à titre d'obstacles à la colonisation. Cette opinion, juste ou non, est tellement éclatante et unanime, qu'elle appelle l'attention sérieuse du gouvernement. Peut-être conviendrait-il que des instructions plus précises, sinon nouvelles, vinssent expliquer aux chefs de ces bureaux les principes qui doivent présider à une seconde phase de notre domination.

Seuls, l'individu et la famille indigènes ont droit, au même titre que les Européens, à notre protection; la tribu, forme accidentelle et périssable, obstacle à l'appropriation et à la culture du sol, base du pouvoir et de la fortune des chefs, nos seuls ennemis, foyer suspect d'hostilités latentes, la tribu doit se transformer ou disparaître. Aucun intérêt digne de respect n'exige sa conservation telle qu'elle est. Aussi, loin d'empêcher les tribus et les *douars* de s'égrener, c'est le mot consacré, il faut y aider ou du moins ne pas entraver leur décomposition naturelle. Si la police devient un peu plus difficile, l'armée d'occupation, qui s'est déjà transformée en armée de travaux publics, se constituera en gendarmerie, principale destination qu'elle puisse recevoir, depuis que la pacification générale lui a fermé, en dehors de ce qui reste à soumettre de la Kabylie, la carrière plus brillante, mais non pas plus honorable ni plus utile, des expéditions.

Avec la même autorité, on expliquerait aux bureaux arabes

que les colons ne sont pas des rivaux, mais des amis et des auxiliaires des Arabes eux-mêmes; que la colonisation, loin d'être une usurpation et une oppression, est un devoir et un bienfait, autant qu'un intérêt de premier ordre. Les Arabes gagnent en bien-être et en affranchissement personnel en raison même du voisinage des Européens. Le cantonnement substitué au libre parcours ne serait une cause d'irritation que si l'autorité négligeait ou refusait de diviser entre les tentes quelque partie du territoire ainsi réduit : à la condition d'un tel partage, cette opération, qui semble devoir les froisser, elles la béniront toutes, car il n'est pas de famille arabe qui ne préfère trente hectares de terres en pleine propriété à trois cents hectares possédés en communauté. Dans cette répartition individuelle, le gouvernement dispose d'une arme toute-puissante pour contenir les chefs et se faire adorer des peuples.

Dans un autre ordre d'idées, sera-t-il difficile de faire admettre, même aux bureaux arabes, que la France ne peut trouver en dehors de la population européenne la compensation de ses immenses sacrifices? A l'occasion de l'impôt connu sous le nom d'octroi de mer, il a été officiellement constaté et admis que chaque indigène consomme en produits importés dix fois moins que l'Européen. Le budget constate en outre qu'il paie 3 fr. seulement par impôts directs, et 4 fr. à peu près avec sa part d'impôts indirects, en tout 8 millions de francs environ pour 2 millions d'habitants. A côté de lui, les 200,000 Européens civils ou militaires procurent au Trésor, sous forme d'impôts indirects, 12 millions de recettes, soit une contribution moyenne de 60 fr. par tête. Dans l'intérêt de la France, qui recherche des débouchés pour ses produits et veut réduire les charges de la domination, ne serait-ce pas une faute grave que de persévérer dans cette prédilection pour la race indigène, qui a réussi jusqu'à ce jour à contenir la colonisation dans d'étroites limites? Un fait tranche la question : tout Européen compte pour dix indigènes au moins, au triple point de vue de la production, de la consommation et de l'impôt.

Que la dissolution de la tribu pastorale doive s'ensuivre, nous ne saurions le déplorer, quand c'est au profit de l'homme et de la famille : cette fin dérive fatalement de la juxtaposition des deux sociétés. Dans la tribu, l'homme du peuple vit au sein de la plus profonde misère : plus que serf des riches, trouvant à peine de loin en loin l'occasion de gagner une journée de 40 à 50 c.; dans le village européen, il est assuré tous les jours d'un salaire de 1 franc à 1 fr. 50 c., souvent davantage. Dans la tribu, le cultivateur n'obtient, à titre de colon, qu'un cinquième de la récolte, c'est pourquoi on l'appelle lui-même le cinquième, le *hemmas*; le possesseur du sol perçoit les quatre cinquièmes, sans autre obligation que d'avancer les semences, et fournir le cheptel et quelques accessoires : dans le village européen, le propriétaire se contente de la moitié de la récolte, des deux tiers au plus, du tiers quelquefois. Entre ces deux régimes économiques, le choix de l'Arabe pourrait-il être douteux ? Malgré les menaces et les dénonciations du cheik, il court offrir ses services à l'Européen, qui le traite d'ailleurs avec une justice qu'il n'a jamais connue. A l'encontre des préjugés dominants sur le fanatisme musulman et l'horreur du chrétien, une expérience de tous les jours établit que l'Arabe préfère au croyant qui le spolie l'infidèle qui le paie bien. Or, que la spoliation la plus inique du peuple par les grands soit passée à l'état chronique dans la société arabe, la preuve en est, à part la notoriété publique, dans les fréquentes destitutions, pour cause d'exactions, qu'enregistre le *Mobacher*.

On voit que, si la civilisation est appelée à triompher de la barbarie, la justice consacre son droit plus encore que la conquête.

Mais ses triomphes sont lents et difficiles, comme tous les progrès. Le *Livre bleu*, c'est le nom emprunté aux Anglais, les résume dans un grand nombre de tableaux statistiques, accompagnés d'éclaircissements qui font apprécier la manière dont la France accomplit la mission providentielle qui lui est échue. Dans toutes les directions de l'activité sociale, justice, cultes, instruction publique, marine, travaux publics, commerce, et dans la colonisation proprement dite, d'année en année, les améliorations se succèdent, l'organisation, d'abord très-imparfaite, se ramifie et se consolide. On niait la vitalité de l'Algérie, elle vit et marche !

Trop lentement cependant, ne craignons pas de le dire. La population européenne, dont l'accroissement est la vraie mesure de nos succès en fait de colonisation, reste presque stationnaire. A la fin de décembre 1851, elle était de 131,283 individus ; deux ans après, au 31 décembre 1853, elle avait monté à 134,075, pas 3,000 âmes de plus. On estime, il est vrai, qu'en 1855 elle a atteint le chiffre de 150,000. A supposer que cette supputation, faite dans les bureaux par le calcul des entrées et des sorties, ne soit pas réduite plus tard par les dénombrements réels, comme il est arrivé plusieurs fois, ce serait, depuis 1850, une moyenne de 5,000 émigrants par an, un moindre nombre dans la période de paix et de prospérité que dans la période de guerre et de misère, en 1845 et 1846.

A la lenteur du peuplement répond une lente occupation du sol. A la fin de 1853, on comptait 130 à 140,000 hectares à cultiver concédés provisoirement, et distribués entre 10,000 concessionnaires environ ; c'est l'étendue d'un simple arrondissement. Sur ce nombre, un peu plus de 23,000 hectares étaient devenus la propriété définitive des colons ; c'est l'étendue d'un canton. En 1855, la distribution des terres paraît avoir été menée un peu plus rapidement et devoir atteindre 12 à 15,000 hectares. Relativement aux 6 millions d'hectares, la moitié du Tell, dévolus en principe à la colonisation européenne, quel est le rapport? Un quatre-centième. La France mettrait donc quatre cents ans à accomplir ce qui est aux États-Unis l'affaire de quelques années ! Un tel aveu d'impuissance est impossible.

Pour détourner cette comparaison véritablement importune, on aime à se dire que la colonisation date seulement de cinq ans, de la réforme douanière de 1851. C'est confondre les débuts avec les succès. Il est vrai que ceux-ci ne remontent pas plus haut : les pouvoirs antérieurs à l'Assemblée législative n'eurent pas, comme elle, l'heureuse inspiration d'une réforme libérale qui, proclamée dès les premières années de l'occupation, aurait été une arme puissante contre les agitateurs, en nous ralliant le peuple arabe par la plus-value immédiate et énorme de toutes leurs productions. Il ne faut pas trop s'en étonner, puisque aujourd'hui même, après cinq années d'expérience heureuse et concluante, le gouvernement n'a pas encore complété cette réforme, bien qu'il soit beaucoup plus assuré qu'autrefois de l'adhésion du pouvoir législatif. Mais pour rester dans le vrai, il convient de reporter aux gouvernements précédents l'honneur de l'initiative et des premiers progrès de la colonisation.

Dès 1842 et 1843 ont été fondés les villages du Sahel, bon accueil a été fait à l'émigration, et tel était l'élan de cette époque, qu'en 1845 l'autorité reçut plus de deux mille demandes de concession. A la fin de 1850, les concessions rurales comprenaient 91,317 hectares : il n'en a pas été ajouté 50,000 depuis lors ; la loi de progression s'est maintenue sans s'accélérer.

Ne serait-il pas juste aussi, pour ne comparer que des temps pareils, de renoncer à opposer aux débuts de l'Algérie les débuts des États-Unis ? Du seizième au dix-huitième siècle, l'Amérique ne s'est pas trouvée en présence d'un mouvement d'émigration comparable à celui de notre époque, non plus que de la navigation à vapeur, ni de la sécurité des mers. L'esprit d'aventure était peut-être aussi vif, il n'était pas aussi universel ; il ne disposait pas des mêmes informations, des mêmes moyens de transport. L'art de coloniser n'était pas, comme aujourd'hui, enseigné par l'expérience. Les naturels de l'Amérique étaient des sauvages inhabiles au travail, tandis que, sauf aux moments de la guerre, les Arabes et les Kabyles nous ont toujours aidés de leur main-d'œuvre et de leurs produits.

Ouverte en dernier lieu à la curiosité des nations, l'Algérie doit profiter de l'état politique et industriel des temps nouveaux, d'autant mieux qu'elle y joint le bénéfice du voisinage ; elle est une colonie, moins la distance. Le peu de succès qu'elle obtient est un phénomène qu'il vaut mieux avouer que méconnaître. Les faits sont là, sous les yeux de tous. Chaque année un demi-million d'émigrants abandonnent l'Europe ; pourquoi n'en vient-il en Algérie que quelques milliers à peine ? Les terres y sont d'une incomparable fécondité ; pourquoi n'en poursuit-on pas avec plus d'ardeur la possession ? De toutes les Compagnies d'émigration qui ont depuis quelques mois déposé un cautionnement, d'où vient qu'aucune n'agit en vue de l'Afrique, que toutes spéculent sur l'Amérique ? Si l'Algérie, peu ou mal connue, est réputée insalubre, tandis que son climat est un des plus sains et des plus doux qui existent, pareil au climat de l'Italie et de l'Espagne méridionale ; si les Arabes font encore peur, alors qu'ils se montrent parfaitement inoffensifs, à quoi tiennent ces égarements de l'opinion, et quels moyens de les redresser ?

Tous ces problèmes restent à résoudre, même en présence des nombreux et importants documents réunis dans la publication que nous analysons, même en présence d'un mouvement commercial très-considérable dont les indigènes presque seuls sont les agents et les bénéficiaires. Quant aux splendeurs de l'exposition algérienne, elles racontent les labeurs des colons et non leurs épreuves, la fécondité des champs cultivés et non l'inculture générale du sol. La solution paraîtra urgente et du plus haut intérêt, si l'on considère qu'avec un demi-million d'habitants européens, l'Algérie produirait assez de céréales pour rassurer complétement la France contre l'éventualité d'un déficit, car il y a là des millions d'hectares comparables aux plus fertiles de la Beauce et de la Normandie, qui restent incultes faute de bras. Du pas dont nous allons, il nous faudrait deux cents ans pour avoir un million de colons !

Au douloureux spectacle de cette paralysie qui rive l'Algérie au chiffre le plus modeste de peuplement et d'appropriation de terres, la plupart des esprits qui ont tourné leurs études vers ces questions ont accusé le régime administratif de la colonie, et désespéré de l'aptitude de l'autorité militaire à reconnaître et appliquer les vrais principes de la colonisation. Après avoir observé les faits sur place, nous croyons pour notre part qu'un examen impartial mènera surtout à la condamnation du régime économique. Ce régime reconnaît pour père et pour appui l'esprit civil aussi bien que l'esprit militaire, parce que c'est l'esprit de la nation elle-même, habituée aux méthodes de discipline dans le travail et de protection douanière. Ayant constaté, il y a quelque mois, les principaux vices de ce régime économique, nous devons nous borner à les rappeler :

Action du gouvernement substituant la création artificielle de villages à la libre installation des colons sur leurs terres ; morcellement du sol en parcelles de quelques hectares, sans aucune nécessité historique ni politique; concessions hérissées d'obstacles au lieu de ventes à bon marché ; conditions ruineuses d'exploitation imposées aux concessions provisoires; absence de tout bureau de renseignements authentiques sur les territoires disponibles, et par suite extrême difficulté pour les émigrants de fixer leurs vues, et pour les Compagnies d'organiser le recrutement; la propagande des intérêts particuliers en faveur de l'Amérique triomphant sans concurrence de la propagande désintéressée de l'État en faveur de l'Algérie; mauvais état des routes, impraticables aux voitures pendant la saison des pluies ; élévation du fret et des assurances par le défaut de sécurité dans les ports ; et, pour couronner le tout, maintien de l'Algérie au nombre des pays étrangers quant aux taxes douanières pour toute une branche de sa production, l'industrie.

Voilà les causes de la défaveur qui pèse au loin sur l'Algérie, les principales, sinon toutes.

Grâce à la richesse du sol et à l'opiniâtre application des colons, l'Algérie a résisté à tous ces obstacles accumulés, elle a triomphé même de quelques-uns ; mais combien plus éclatant et plus rapide serait son triomphe, si l'administration qui tient en mains ses destinées, se décidait à couronner les services éminents qu'elle lui a déjà rendus par le bienfait de la réforme économique !

Dans cette voie d'émancipation du travail et de la propriété, l'intérêt de la colonie et celui de la métropole sont solidaires : la reconnaissance publique bénira le gouvernement qui en aura revendiqué l'honneur.

2 avril 1856.

II

Chemins de fer.

L'heure des chemins de fer semble approcher pour l'Algérie. A Alger, le conseil du gouvernement vient d'approuver le tracé et les études de la ligne qui doit relier cette ville à Oran, en émettant l'avis que, sans fractionner la concession, on commence d'abord par les sections les plus productives. D'après le programme qui termine le rapport des administrateurs du Crédit mobilier de France à la dernière assemblée des actionnaires, on est autorisé à considérer cette Société comme disposée à revendiquer pour elle-même l'honneur de l'exécution de cette grande ligne. En même temps, une seconde Compagnie, appuyée principalement sur les capitaux anglais, achève sur place les études de la section de Philippeville à Constantine, prête, assure-t-on, à mettre la main à l'œuvre au premier signe du gouvernement métropolitain. Dans la province de l'ouest, un plan de réseau ferré, pour joindre entre elles les principales villes, Oran, le Sig, Mostaganem, Sidi-bel-Abbès, Mascara et Tlemcen, émané de l'initiative d'un ancien fonctionnaire, attend aussi de l'administration un jugement favorable ou sévère. Ne voulant parler que des projets d'une exécution vraisemblable, nous en passons sciemment plusieurs sous silence, ceux entre autres qui embrassent dans leur cadre le Maroc, le Sahara, Tunis et Tripoli, comme s'adressant bien plutôt aux espérances d'un avenir encore éloigné qu'aux besoins d'aujourd'hui ou de demain.

A côté des Compagnies en qui le patriotisme s'allie à une légitime spéculation, la science et la politique font entendre dans le sens des mêmes conclusions leur voix désintéressée. M. le général de Chabaud-Latour, commandant supérieur du génie à l'armée d'Afrique, a publié une seconde édition de son écrit sur la *Nécessité d'un emprunt de 300 millions pour l'exécution des grands travaux publics de l'Algérie;* et dans ce Mémoire, qui produisit à son apparition, il y a deux ans, une vive sensation dans le monde administratif, l'honorable général insiste, avec toute l'autorité de son nom et de sa position, sur l'urgente nécessité de doter d'un système de chemins de fer une colonie dont la prospérité doit être une des gloires et une des forces de la France.

Si, pour passer dans la réalité, une idée doit avoir mûri dans les esprits et les portefeuilles ou les cartons, on peut dire que celle-ci a satisfait à cette condition. Son acte de naissance remonte loin : au lendemain de la conquête. Dans le mouvement intellectuel qui suivit la révolution de Juillet, deux des hommes dont le nom est resté attaché à des titres divers à l'histoire des travaux publics, MM. Michel Chevalier et Émile Pereire, firent valoir, dès 1832 et 1833, les services à attendre des chemins de fer de l'Algérie pour la conquête non moins que pour la colonisation. Dans les livres les plus accrédités de cette époque, celui de M. Genty de Bussy entre autres, on trouve indiqués les principaux arguments en faveur des voies ferrées, sans oublier l'impression mêlée de terreur et d'admiration qu'elles exerceraient sur les Arabes. L'entreprise paraissait assez facile pour qu'une décision du président du conseil, en date du 23 août 1834, autorisât un premier essai autour d'Alger. La guerre qui éclata dès 1835, et dura douze ans, à peine suspendue par le traité de la Tafna, imprima aux esprits une autre direction, et ce n'est qu'avec l'ère de la paix, inaugurée en 1846 et consolidée en 1847 par la soumission d'Abd-el-Kader, que les chemins de fer ont pu retrouver la faveur publique. Depuis lors, ils n'ont cessé de préoccuper dans une certaine mesure la spéculation, le gouvernement, la population. Le chemin de Blida fut tour à tour proposé, abandonné et repris. Celui de Philippeville à Constantine se vit l'objet d'un pareil engouement suivi d'un pareil abandon, pendant que le tronçon d'Oran au Sig était silencieusement élaboré.

Ces projets occupèrent l'activité des capitalistes et des ingénieurs pendant la période qui s'écoula de 1846 à 1854; celui d'Alger à Blida subit même avec succès l'épreuve des divers degrés de la hiérarchie administrative, et il ne paraissait pas loin d'atteindre au port, c'est-à-dire à une concession légale, lorsqu'un Mémoire publié dans les *Annales de la Colonisation algérienne* vint battre en brèche, avec une accumulation saisissante de faits, de chiffres et d'arguments, tous les projets de tronçons isolés, pour y substituer une grande ligne qui traverserait de l'Ouest à l'Est toute l'Algérie, dans le sens de ses grandes plaines, en jetant des embranchements sur les principaux points de la côte. C'était la mise en scène du Grand-Central de l'Algérie, mais dans des conditions d'unité et d'harmonie remarquables, et sur une échelle de 1,200 kilomètres. Les auteurs du Mémoire embrassaient dans leurs plans le peuplement et la colonisation autant que la circulation; ils s'appuyaient sur l'avenir plus encore que sur le présent. Leurs vues économiques, politiques et financières se déroulaient avec une telle grandeur de perspectives et des affirmations si précises, que tous les projets antérieurs furent ébranlés du coup, et la question dut être de nouveau reprise par la base.

Comprenant bien que les destinées de l'Algérie tout entière étaient en cause, le gouvernement mit au service de l'idée nouvelle ses officiers du génie militaire, ses ingénieurs des ponts et chaussées. Les tracés furent vérifiés sur le terrain, les calculs contrôlés et rectifiés, et cet ensemble de recherches amena la question à une phase nouvelle dont nous indiquions les principaux traits au début de cet article, et qui s'annonce comme une transaction entre le système des tronçons isolés et celui de la ligne centrale.

Dans la solution qui prédomine aujourd'hui, la province de l'Est obtiendrait immédiatement son chemin direct de Philippeville à Constantine, qui, dans le projet primitif du Grand-Central, n'aurait eu son tour qu'en dernier lieu et dans sept ans au plus tôt, avec une forte déviation vers Bone. Les deux autres provinces seraient réunies par une ligne qui, partant d'Oran, traverserait la série des plaines, entrecoupées à peine de quelques collines, qui s'étendent de cette ville jusqu'au pied de Médéah. De là les rails remonteraient une des vallées de l'Atlas pour déboucher, à travers un tunnel de peu d'étendue, dans une autre vallée du versant nord, et rejoindre la Métidja et Alger. On commencerait simultanément les deux têtes de ligne, d'Alger à Bouffarik et d'Oran au Sig, peut-être aussi l'embranchement d'Orléansville à Tenez. La section d'Alger à Constantine serait ajournée quant à présent, soit parce que le besoin d'une communication directe est moins impérieux, soit à raison de difficultés particulières d'exécution qui se présentent quand on veut gravir, à travers la Kabylie ou la chaîne du petit Atlas, les plateaux au sein desquels s'élève l'antique capitale de la Numidie.

De vives discussions se sont élevées entre les partisans des tronçons avec la concurrence des Compagnies et ceux de la ligne centrale avec une seule Compagnie. Sans entrer aujourd'hui dans le débat, nous voulons constater seulement, après l'esquisse historique qui précède, l'assentiment unanime et trop tardif assurément acquis au delà de la Méditerranée aux chemins de fer algériens. L'administration pense à leur égard comme la presse, l'agriculture et l'industrie comme le commerce ; l'armée les appelle comme la population civile. Il n'y a plus qu'une voix. Nous aimons à espérer, pour cette cause du progrès par la paix et le travail, la même faveur en France.

« Loin de trouver prématurée, dit avec une haute raison M. le général de Chabaud-Latour, que nous aimons à citer, la position de cette question, nous en regardons la prompte solution comme indispensable, et nous pensons que l'exécution du réseau des chemins de fer de l'Algérie, doit marcher simultanément avec celle des grands travaux publics.

« En France, les chemins de fer ont déplacé d'immenses intérêts ; les capitaux consacrés à l'exploitation des auberges, aux entreprises de postes, de roulages, de messageries, ont été presque complétement anéantis ; les villes et villages, les propriétés traversées par les routes impériales, ont perdu une partie considérable de leur valeur. En présence de ces faits, et de la nécessité inévitable de doter, d'ici à vingt ans peut-être, l'Algérie d'un réseau de chemins de fer, irons-nous créer péniblement et à grands frais les routes que ce réseau devra remplacer dans un court avenir ; échelonner le long de ces routes les principaux centres de population européenne, les villages, les concessions isolées, en consacrant à la création de tout l'ordre d'intérêts qui en découlera et les capitaux de l'État et ceux des colons, et cela pour les frapper quelques années après d'une perturbation profonde qui équivaudra, sur la plupart des points, à une ruine complète ? Nous avons fait la conquête militaire de l'Agérie avec les armes de guerre perfectionnées des nations civilisées, et non avec le javelot et la fronde des temps anciens ; sachons consolider cette conquête, en créant des moyens de transport rapides qui donnent tant de puissance à l'action de nos troupes, et consommer en même temps la conquête civile et coloniale, s'il est permis de s'exprimer ainsi, en y appliquant le plus puissant instrument de civilisation des temps modernes. »

Ces paroles sont aussi justes qu'éloquentes : elles méritent de retentir loin et haut.

Le commandant supérieur du génie parle d'autres travaux à mener de front. C'est que les chemins de fer ont besoin de leur complément : les routes ordinaires, les ponts, les barrages, les canaux d'irrigation, les ports. 300 millions sont nécessaires pour exécuter l'ensemble des travaux publics de l'Algérie, somme qui doit être demandée à des ressources extraordinaires; car, avec les allocations du budget ordinaire, il ne faudrait pas moins de cent quarante ans pour les terminer. Faute d'exécution rapide, les pluies torrentielles de l'hiver démolissent les travaux préparatoires de l'été, et la viabilité algérienne représente si bien la toile de Pénélope, qu'aujourd'hui, en l'an de grâce 1856, après un quart de siècle d'occupation, après d'immenses efforts et d'énormes sacrifices, une partie notable des routes, dans les subdivisions d'Alger et de Blida, est tous les ans officiellement interdite au roulage pendant l'hiver. Ainsi, aux portes d'Alger, pendant cette saison, comme dans le reste de la colonie durant l'année presque entière, c'est la barbarie arabe qui est chargée des transports de la civilisation européenne. Apre au gain, elle s'y emploie de son mieux ; mais telle est la disproportion des moyens aux besoins, que l'exportation reste au-dessous des richesses disponibles du pays et ne peut plus s'accroître, chaque bête de somme indigène exécutant dès aujourd'hui le maximum de travail dont elle est capable.

Une telle situation ne doit pas se prolonger; elle lèse tous les intérêts. Pour y mettre fin, convient-il de recourir à l'emprunt ? Peut-être vaudrait-il mieux entrer dans une pratique familière aux Anglais, en confiant l'exécution des simples routes, comme celle des voies ferrées, aux Compagnies qui offrent de s'en charger. D'une façon ou d'autre, il importe à l'honneur et à l'intérêt bien compris de la France de satisfaire à la légitime impatience d'une colonie, disons mieux, d'une province française dont les prospérités et les souffrances rejaillissent sur la mère patrie. L'Angleterre sillonne aujourd'hui de rails l'Australie, l'Inde, Ceylan, le Cap, le Canada, toute terre où elle plante son drapeau. Des lacs du Nord au golfe du Mexique, et d'un océan à l'autre, les États-Unis font du chemin de fer, avec un succès que le monde entier admire, l'énergique et fécond instrument de la colonisation. La France seule ne voudra pas proclamer à la face du monde qu'elle est impuissante à accomplir, hors de son territoire continental, une œuvre facile à d'autres peuples.

Décembre 1856.

Chemins de fer (*suite*).

Le décret du 8 avril sur les chemins de fer algériens, répond aux vœux et aux intérêts de la colonie. Nous ne saurions lui refuser notre pleine adhésion, car il consacre exactement et dans leur entier les projets que nous avions exposés et approuvés, il y a quelques mois.

L'opportunité des voies ferrées en Algérie proclamée par le gouvernement lui-même ; un réseau qui embrasse dans ses mailles tout le territoire actuellement ou prochainement accessible à la colonisation ; une grande ligne parallèle à la mer, reliant, du Maroc à la Tunisie, les grandes plaines algériennes ; des embranchements perpendiculaires pour rattacher le littoral de la Méditerranée à l'axe central et desservir les principaux bassins hydrographiques; trois têtes de ligne, une par province, à concéder immédiatement à des Compagnies; l'armée employée aux terrassements sur les sections qui ne semblent pas devoir être immédiatement productives : telles sont les solutions adoptées en principe et dont nous voudrions indiquer rapidement la portée.

Les chemins de fer algériens n'avaient pas seulement à convaincre la prudence de l'administration supérieure, qui ne voulait les promettre que le jour où elle pourrait les donner. Ils avaient à désarmer la défiance des capitalistes français, habitués à dédaigner l'Algérie comme une terre indigne de leurs spéculations. Ils avaient à écarter la concurrence d'un système de routes ordinaires présenté par une Compagnie, suivant un plan auquel manquait toute opportunité, mais non toute grandeur. Aucune des autorités de l'Algérie, aucune des chambres de commerce ou d'agriculture, n'avait osé réclamer un progrès qui n'était pas offert par l'administration. Le chemin de Blida paraissait le terme extrême des espérances raisonnables. Seuls, quelques hommes sans mandat officiel, colons, publicistes, hauts fonctionnaires, au nombre desquels nous nous plaisons à rappeler M. le général de Chabaud-Latour, commandant supérieur du génie en Algérie, ont combattu pour un système d'ensemble. Leurs combats n'ont pas été stériles. Ils ont vu successivement se rallier à leurs vues le gouverneur général de l'Algérie, le conseil du gouvernement, le ministre de la guerre, le chef de l'État. L'opinion publique leur sera bientôt favorable. Dès aujourd'hui les Compagnies se disputent les lignes à concéder, dont tous les journaux et tous les fonctionnaires de l'Algérie, sans exception, chanteront demain les louanges. Exemple remarquable du triomphe quelquefois tardif, mais toujours certain, qui attend les idées vraies, quand elles peuvent se produire au grand jour!

Le projet officiel consacre en principe le système connu sous le nom du Grand-Central de l'Algérie, systéme d'une éclatante justesse, bien que souvent méconnu avec obstination sur les lieux mêmes qui doivent le plus en profiter. Il se résume en deux idées. Premièrement, les rails africains doivent former un réseau d'ensemble, lié dans toutes ses parties ; aucune ligne de détail ne doit être exécutée qu'à titre de section ou d'embranchement du plan général. Tout double emploi, toute lacune, toute concurrence doivent être écartés, l'harmonie collective des efforts individuels étant une condition de prospérité dans les travaux publics comme dans les autres essors des forces humaines. Secondement, tout le système doit se coordonner à une ligne transversale de l'ouest à l'est, qui relie les trois provinces par leurs capitales, corrobore l'unité politique et administrative à peine ébauchée, et constitue l'unité commerciale et industrielle qui manque entièrement. A ces deux propositions, les partisans des tronçons isolés objectaient que les échanges se font en Algérie du sud au nord et de l'intérieur au littoral, ou réciproquement, dans le sens des bassins hydrographiques ; ils ajoutaient que les trois provinces, produisant les mêmes denrées, n'avaient rien à échanger. Vaines objections dont il n'est pas inutile de faire justice en passant, parce qu'elles pourraient ajourner indéfiniment l'exécution de la grande artère ! Elles tombent devant ce fait, que le cabotage est très-actif et se développe d'année en année d'un port à l'autre de la côte, et notamment de Tenez, de Djidjelli, de Stora et de Bougie à Alger, de Mostaganem et de Nemours à Oran, même d'Oran et de Mostaganem à Alger. Pourquoi ce qu'on pourrait appeler le cabotage intérieur ne suivrait-il pas les mêmes courants, si l'industrie ouvrait les communications par terre comme la nature les a ouvertes par mer? Les produits des trois provinces, sous une certaine similitude apparente, varient en réalité dans le détail des qualités et surtout dans les quantités, qui ne sont nulle part exactement proportionnelles aux besoins. C'est assez pour donner naissance aux échanges. Aussi voit-on les foyers de commerce ou d'industrie, situés à l'intérieur ou sur la côte, rayonner à distance sans aucun égard aux divisions géographiques ni administratives, gênés, mais non arrêtés par les barrières naturelles qui séparent les divers bassins, et limités par la distance seule.

Une erreur de fait n'est pas le seul tort des adversaires du Grand-Central. A repousser une grande ligne transversale, ils méconnaissent un des principaux mérites futurs des voies ferrées de l'Algérie : leur fonction militaire, en vertu de laquelle elles transporteront en vingt-quatre heures un corps d'armée sur un point quelconque de l'intérieur ou de la frontière, au gré des événements. L'économie à réaliser sur le chiffre des troupes et sur le prix des transports militaires n'acquiert de l'importance qu'avec la ligne centrale. Le rôle politique de cette ligne se consolide et s'agrandit par l'établissement d'une suite de stations et de centres de populations européennes qui diviseront en deux les tribus et les territoires du Tell et du Sahara, habitués à se prêter un mutuel appui en cas d'insurrection. Le seul point où le Grand-Central est vaincu, et avec justice, c'est la prétention d'attribuer la totalité du réseau, 1,200 kilomètres, à une seule Compagnie, alors qu'il ne s'en présentait aucune, appuyée d'une notoriété et de forces financières rassurantes, qui se déclarât disposée à tenter une aussi grande entreprise. Sans exclure cette combinaison, sans repousser pour l'avenir aucune fusion, le décret tend la main à toute Compagnie qui voudra moins embrasser pour mieux étreindre.

Les sections que le rapport du ministre, sinon le décret impérial, indique comme pouvant être dès à présent concédées à titre de têtes de ligne, sont celles d'Alger à Blida et Amoura, celle de Philippeville ou Stora à Constantine, celle d'Oran à

Saint-Denis du Sig. Chacune d'elles est en effet d'une haute et urgente utilité.

Une ligne d'Alger à Blida, depuis dix ans à l'étude, avait obtenu en 1855 l'approbation du conseil général des ponts et chaussées, qui évaluait à 12 millions la dépense des constructions pour 54 kilomètres de parcours, tandis que les auteurs du projet la portaient à 17 millions. Ce projet reçoit du décret une approbation plus apparente que réelle. Blida n'est plus le terme, c'est Amoura. L'Atlas est franchi. Ce simple prolongement est une réforme du tracé tout entier. Avec Blida pour but final, la ligne s'appliquait à vivifier la plaine de la Métidja, et se déployait complaisamment en de longs contours pour faire halte à une douzaine de villages, dont la plupart étaient à naître. Elle atteignait ainsi, par de faibles pentes, la ville de Blida, élevée de 150 mètres environ au-dessus du niveau moyen de la plaine. Ainsi conçu, ce chemin était pour la circulation ce que fut en 1839 pour l'agriculture le fameux fossé d'enceinte, une renonciation à s'étendre au dehors de la Métidja. Des prétentions aussi modestes ne pouvaient suffire aujourd'hui, et c'est avec raison que la tête de ligne se trouve reportée à une distance double, dans la vallée du Chélif, vallée qui ouvre naturellement sur les régions du sud et de l'ouest. Cette percée de l'Atlas, que nous mêmes indiquions dès 1852 dans la presse oranaise, ce qui nous valait alors les railleries des journaux d'Alger, constate avec grandeur l'ambition légitime de la colonisation européenne, disposée à suivre pied à pied la conquête. En outre, la voie ferrée devant passer entre les deux villes de Miliana et de Médéa, ménage l'établissement de voies latérales qui remplaceront les routes aujourd'hui ruineuses, et cependant impraticables pendant l'hiver, des gorges de la Chiffa et de l'Ouedjer. Cet avantage devrait suffire à faire maintenir dans le programme la section de Blida à Amoura, dût la reine de la Métidja voir le double ruban de fer, après un trajet plus direct et plus rapide de la plaine, se dérouler à quelque distance de ses murs. Il est vrai que Blida est une ville florissante, glorieuse de ses bosquets d'orangers, de ses jardins parfumés et de ses moulins infatigables, tandis qu'Amoura est un simple germe, une ville en herbe, difficile à découvrir sur les cartes; mais ce germe, comme tous les points géographiques placés par la nature à l'intersection de divers courants commerciaux, est appelé au plus brillant avenir. Les Romains en avaient apprécié la valeur, d'imposantes ruines l'attestent.

Le chemin de fer de Philippeville à Constantine est celui pour lequel la nature a le moins fait. Au point de départ sur la mer, la plage manque de port ; il faut le créer artificiellement ou se contenter de celui de Stora, éloigné de 4 kilomètres. De Philippeville à Constantine le pays est très-accidenté, et cette dernière ville, éloignée de la première de 83 kilomètres seulement, se dresse sur un rocher escarpé, à une altitude de 600 mètres. Malgré ces difficultés, il paraît certain qu'une Compagnie, due à l'initiative française, mais recrutée principalement de capitalistes et d'ingénieurs anglais, estime que les dépenses seront fructueusement couvertes par un mouvement commercial qui dépasse en activité et en importance celui de toute autre région de l'Algérie. C'est en effet par Philippeville et Constantine que s'approvisionne en marchandises d'Europe la presque totalité de la province; c'est par là que s'exportent ses produits naturels et agricoles, les grains, les bestiaux, les laines, les minerais, les bois quand on en voudra. Cette intervention des capitaux anglais a éveillé l'attention de certaines maisons françaises qui jusque-là paraissaient ignorer que l'Algérie existât et réclamât une circulation perfectionnée. Que leur patriotisme se ranime et éclate en une noble émulation, rien de mieux; mais gardons-nous d'éconduire les capitaux étrangers! Réjouissons-nous au contraire de voir l'industrie britannique mettre au service de l'Algérie son expérience, sa richesse, sa hardiesse, la modération de ses prétentions, puisque l'industrie française a eu besoin de cet aiguillon !

Le chemin d'Oran au Sig a fait moins de bruit ; il est peu connu, et jusqu'au décret impérial, il n'avait guère conquis que l'adhésion d'un ancien préfet de la province, qui en est le promoteur, et de quelques colons qui avaient pu en apprécier sur place les éléments de prospérité. Nous croyons que du jour où il sera étudié et apprécié par les Compagnies, il prendra dans leur faveur un rang au moins égal à celui des autres. Son parcours de 54 kilomètres, à travers un pays presque entièrement plat et sur un sol en majeure partie calcaire, n'exigera aucun travail coûteux pour conserver les plus faibles pentes. La dépense n'est pas évaluée au delà de 10 millions, soit 185,000 fr. par kilomètre. Après avoir fécondé la plaine du Tlelat, que l'on s'obstine à défigurer sous la pseudonyme de Sainte-Barbe, il débouchera dans la plaine du Sig, déjà renommée pour ses riches produits. Mieux encore que ses deux rivales, cette voie deviendra la véritable artère commerciale d'une province entière, car elle communique vers la mer avec les trois ports d'Oran, d'Arzew et de Mostaganem, et à l'intérieur avec les subdivisions de Mascara, de Sidi-bel-Abbès et de Tlemcen, c'est-à-dire avec toute la province. Blés, orges, farines, tabacs, cotons, fourrages, bestiaux, laines, bois de thuya et d'oliviers, marbres, plâtres, sels, lui fourniront un aliment dont peu de personnes sonpçonnent aujourd'hui l'importance. Cette section ne tardera pas à se prolonger à travers les belles plaines de l'Habra, de l'Hillil, de la Mina, du Chélif jusqu'à Amoura, où elle se raccordera avec la ligne d'Alger. De hautes considérations y invitent. Le Maroc appelle toujours notre vigilance, et peut-être d'un jour à l'autre notre intervention ; par la ligne d'Alger à Oran, s'embranchant sur Sidi-bel-Abbès et Tlemcen, généraux et soldats, partis du centre et de l'est, atteindront rapidement la frontière marocaine. D'autre part, les voies ferrées d'Espagne arriveront dans un an à la Méditerranée, d'abord à Alicante, puis à Carthagène, séparée d'Oran par une seule nuit de traversée. L'Espagne et la province d'Oran deviennent de droit, comme on le constatait il y a quelques jours, la vraie route de la France et de l'Europe occidentale pour l'Algérie. Or cette route ne pourra s'arrêter au Sig; il faudra bien atteindre Alger.

Pour l'exécution d'une aussi vaste entreprise, le gouvernement fait appel à l'industrie privée, et promet le concours de l'armée : alliance digne de la civilisation moderne. Ce que pourra créer une armée industrielle de 50 à 60,000 hommes, l'imagination se le représente difficilement, habituée qu'elle est à mesurer ses conceptions à une échelle plus restreinte. Avec de pareilles forces, les journées se comptent par kilomètres de terrassement. Les légions romaines trouveront enfin leurs dignes héritières. Tant que l'état politique de l'Europe (bien plus que l'état de l'Algérie) paraît exiger le maintien dans la colonie d'une armée nombreuse, comme au temps où Abd-el-Kader était debout, nous ne lui connaissons pas d'emploi plus patriotique et plus utile, plus moral et plus rassurant que la préparation des voies ferrées, en attendant l'intervention des Compagnies pour la pose des rails et l'exploitation. L'esprit militaire se trouvera ainsi régénéré, dans la mesure qu'il comporte, et mis au service de la production.

Nous nous arrêtons à ces indications sommaires, sans entrer dans des détails plus précis, dont les décrets ultérieurs nous fourniront sans doute la prochaine occasion. Nous nous abstenons même de considérations générales sur les avantages que l'Algérie et la France retireront d'une plus intime association de leurs intérêts : ils éclatent à la première vue. Nous aimons mieux signaler à cette occasion, pour la vingtième fois, la nécessité d'abolir ce statut, inique et impolitique, du système douanier de la France, qui classe l'Algérie dans les pays étrangers, et grève à ce titre de taxes onéreuses un grand nombre de ses produits. Sous peine de dommages graves pour elles-mêmes, les Compagnies doivent insister en faveur du libre commerce entre les diverses provinces d'un même empire.

Quant aux conditions particulières de leur concours, nous les ignorons, et nous nous abstenons de les apprécier. Elles consisteront sans doute en garantie d'intérêt, en abandon gratuit de terrains, en facilités d'entrée pour les matériaux étrangers de construction, en concessions de terres, de mines, de forêts, à proximité des routes. Dans une juste mesure, tous ces modes de concours sont acceptables. Le dernier, les concessions de terres, si usuel en Amérique, a été vivement réprouvé en Afrique. Nous tenons à lui donner au contraire notre pleine approbation, puisqu'au lieu d'être une libéralité gratuite, comme aujourd'hui, il constituera la rémunération de travaux publics. Il est peu de pays au monde où les voies ferrées aient été construites, sauf en des cas tout à fait exceptionnels, sans subvention quelconque de l'État. En Algérie, l'État ne peut prétendre échapper à une telle obligation. Or, en fait de subventions, en est-il une qui lui soit moins onéreuse que celle de terres, de forêts, de mines, dont il ne tire à peu près aucun parti, tandis que, aux mains des Compagnies intéressées à les mettre en valeur, ces dons de la nature deviendront une source de revenus pour le Trésor et un vaste champ de colonisation agricole et industrielle ?

L'État doit s'estimer bien heureux de pouvoir payer son apport sans grever son budget.

Avril 1857.

III

Statistique, Émigration.

Le gouvernement vient de publier les résultats officiels du dénombrement qui a été opéré sur la fin de 1856 dans l'Algérie comme dans la métropole. Ce document éclaire un problème soulevé par le conseil général de la Haute-Saône, celui de l'influence qu'exerce l'émigration sur la population de la France. En même temps, il permet d'apprécier la loi du développement de la colonie sous son aspect le plus important.

Sur le mérite des griefs allégués contre l'émigration en général, à propos du faible accroissement de la population de la France, on a lu, il y a quelques jours, le résumé du mémoire présenté à l'Académie des sciences morales et politiques par M. de Lavergne : ces griefs y sont réduits à néant. L'Algérie particulièrement doit être innocentée. Après vingt-six ans d'occupation, elle compte 100,000 Français, soit une acquisition moyenne de moins de 4,000 par an. En 1855, sur une émigration totale de 12,033 personnes, elle en a détourné vers ses rivages 4,745 seulement, et l'année dernière 8,567 sur 17,997. Pour une population de 36 millions d'habitants, ces pertes sont tout à fait insignifiantes ; encore devrait-on les réduire de tout ce que la France gagne à son tour par l'immigration. C'est donc sans aucun sérieux ni même spécieux fondement que le conseil général de la Haute-Saône, qui n'a au surplus à regretter que 4,018 émigrants pour l'Algérie en cinq ans, a accusé « la colonie algérienne de n'opérer qu'avec la seule force de la métropole, et la colonisation de n'être qu'un déplacement de forces propre à énerver un pays qui croit avoir gagné en puissance, quand il n'a fait que s'appauvrir par son extension. » De tels reproches ne sont pas seulement injustes, nous pourrions dire qu'ils ne sont pas dignes d'un département qui avait au contraire à se louer de l'Algérie pour des raisons particulières.

En 1852, le préfet de ce département, témoin ému des misères locales dues au choléra, à la maladie des pommes de terre, à l'insuffisance des autres récoltes, adressait des circulaires aux sous-préfets et aux maires pour leur signaler toutes les ressources que l'Algérie offrait aux populations souffrantes. Il obtenait du ministre de la guerre que le village d'Aïn-Benian, dans l'Atlas, fût octroyé, avec des faveurs exceptionnelles, aux émigrants de la Haute-Saône, et prît le nom hybride de *Vesoul-Benian* ; il réclamait pour deux autres villages les noms de *Gray-Benian* et de *Lure-Benian*, noms chers aux cœurs francs-comtois, sinon aux philologues. Échos du sentiment public, les journaux du département exaltaient l'Algérie, inséraient les listes nominatives des émigrants avec leur ancienne et leur nouvelle résidence, et citaient leurs lettres, pleines de contentement, où le Jurjura lui-même, contemplé à l'horizon, devenait le Jura ! Après de telles excitations, la Haute-Saône doit-elle s'étonner, doit-elle se plaindre du déplacement d'un millier de familles qui ont trouvé dans une patrie nouvelle, mais encore française, le bien-être qui leur manquait au pays natal ?

Envisagé en lui-même, le dénombrement de l'Algérie donne

lieu à bien des considérations, entre lesquelles nous devons choisir les plus importantes.

La population civile européenne atteignait, au 31 décembre 1854, le nombre de 167,135 âmes. En lui-même, ce chiffre est très-modeste, humble même ; on essaierait en vain de le nier, si l'on pense à la durée d'un quart de siècle, à l'étendue des sacrifices, au voisinage du continent, à l'accroissement général de l'émigration européenne.

Témoigne-t-il du moins d'un progrès soutenu ? Pour en juger, il faut suivre le mouvement progressif de la population depuis 1830. Le voici, divisé en périodes quinquennales, résumé des chiffres fournis par le *Moniteur algérien* :

Périodes.	Population moyenne.	Accroissement annuel.
1832-1836	9,640	2,266
1837-1841	25,357	4,752
1842-1846	76,731	14,365
1847-1851	117,663	4,376
1852-1856	146,582	7,170

On voit que dans la dernière période quinquennale, période de prospérité marquée chez les indigènes surtout par un grand développement de l'exportation, il y a progrès sensible sur la précédente ; mais l'avantage reste encore à la période 1842-1846, pendant laquelle une impulsion énergique fut donnée à la colonisation. Que de raisons cependant pour que l'avantage ait tourné au profit des temps actuels ! La pacification complète du pays, alors agité par la guerre, les récoltes mieux garanties par l'expérience acquise et les travaux accomplis, la franchise douanière accordée pour les produits naturels et agricoles, la libre action du pouvoir dégagé des défiances et des économies du Parlement ainsi que des critiques de la presse, enfin la popularité universelle de la colonie succédant à un discrédit universel.

Il est juste de proclamer que, si le peuplement a perdu en quantité, il a gagné en qualité. La guerre d'une part, les folles spéculations sur les maisons de l'autre, avaient attiré en Afrique une multitude d'aventuriers, de cabaretiers, de marchands parasites que remplace aujourd'hui une population laborieuse. La famille surtout, rare dans les débuts, est devenue la base honnête et solide de la colonisation. On compte 53,869 femmes contre 71,824 hommes, proportion trop inégale encore, mais très-éloignée déjà de celle de 1845, qui présentait 23,212 femmes seulement pour 40,103 hommes, à peine plus que la moitié. Les enfants au-dessous de quinze ans sont au nombre de 29,142. Les naissances depuis 1853 excèdent les décès, et le cinquième de la population totale est né dans la colonie, témoignage d'une amélioration marquée dans l'acclimatation, qui aurait bien plus de valeur s'il ne fallait tenir compte de l'extrême modicité du nombre des immigrants.

Tous ces symptômes sont excellents, nous n'avons garde de le méconnaître. En constatant la faiblesse de l'accroissement numérique, inférieur à ce qu'il était il y a dix à quinze ans, nous avons voulu seulement écarter cette tendance très dommageable à l'admiration de soi-même qui porte à toute époque les fils, oublieux des travaux de leurs pères, à croire volontiers que le progrès date de leur avénement au monde, qu'eux seuls ont tout fait et toujours bien. Mais la justice envers le passé ne doit pas empêcher de voir le niveau, réellement plus élevé aujourd'hui sous plusieurs rapports, de la situation algérienne, tant par le cours naturel des choses que par les efforts associés de l'administration et des colons.

Considérée au point de vue de la nationalité, la population algérienne de 1856 comprend, sur 167,135 âmes, 66,728 étrangers dans l'ordre suivant d'importance numérique : Espagnols,

Italiens, Maltais, Allemands, Suisses. C'est plus du tiers pour l'élément étranger. Il est d'usage de réclamer contre cette forte proportion ; on aimerait à voir dominer d'une façon plus exclusive l'élément français. Nous ne saurions partager ce sentiment. Les protestations du conseil général de la Haute-Saône, depuis longtemps devancées par celles du conseil des Basses-Pyrénées contre la Plata, montrent l'accueil qui attend le développement de l'émigration française. Ce n'est pas un motif pour l'entraver, mais c'en est un pour ne pas l'exciter ; l'Algérie doit éviter avec soin de paraître jamais une rivale pour la France : elle peut d'autant mieux suivre cette ligne de conduite, que l'affluence des étrangers, loin d'être un mal, est pour elle un avantage sous tous les rapports. Les émigrants de l'Europe méridionale surtout, sobres, laborieux, acclimatés d'avance, initiés aux cultures locales, qui ne diffèrent pas des leurs, sont de meilleurs pionniers que les Français. Sans être aussi bien préparés à un milieu nouveau, les Suisses et les Allemands y apportent des qualités morales et industrielles fort utiles. Tous y versent un capital considérable, quelquefois en numéraire, toujours en travail. Par un mélange intime, les races, comme les terres, s'améliorent. Associés à elles toutes, et les dominant par une certaine supériorité d'éducation ou d'esprit, ainsi que par la suprématie politique, les Français déploient à leur aise leur qualité caractéristique comme peuple colonisateur : la sociabilité juste et amicale envers tous, sans distinction d'origine, de culte, de langues, de costumes, de couleur même de la peau. Réduisez le colon français à la compagnie de ses compatriotes, vous lui enlevez les contrastes et, si l'on veut, les spectacles dont il a besoin ; vous l'attristez, vous l'énervez. Son bonheur et sa force, il les trouve dans l'amalgame de toutes ces populations au-dessus desquelles il règne et gouverne.

L'origine étrangère ne doit laisser aucun souci sur les sentiments. Liés à l'Algérie par la propriété, bientôt par la langue et les mœurs, par les souffrances du passé comme par les perspectives de l'avenir, ces étrangers seront des colons dévoués, autant que les Français eux-mêmes, à la défense du sol et du drapeau; à une condition toutefois, c'est que l'Algérie les accueillera, les gardera de bon gré, et qu'au bout de quelques années d'épreuve, elle les traitera comme des concitoyens.

Ici se révèlent les vices de notre gouvernement colonial et les causes du peu d'attrait de l'émigration européenne pour l'Algérie.

Dans la préférence que l'émigration donne aux États-Unis, aux colonies britanniques, même à l'Amérique du Sud, il y a sans nul doute une très-large part à faire à l'ancienneté même du courant établi, aux relations de famille, à la similitude des climats, des usages, des langues, des religions, des origines.

L'Algérie ne peut prétendre à contre-balancer toutes ces influences. Mais, en reconnaissant cette vérité, il faut bien se garder d'attribuer à l'Europe aucune antipathie instinctive contre l'Algérie. De 1830 à 1848, l'émigration à toujours surabondamment répondu à tous les appels; elles les a même souvent devancés, au grand déplaisir des autorités locales; et si à la fin elle s'est lassée, c'est parce qu'on l'a éconduite en lui refusant sa place au soleil. Dès le printemps de 1848, une circulaire ministérielle prescrivit des mesures pour l'entraver. En 1854, le représentant du ministère de la guerre dans la commission d'émigration déclara, au nom du gouvernement, que le moment n'était pas venu d'adresser de nouveaux appels; et cette déclaration n'était que l'expression du plan restrictif adopté depuis la grande école des colonies parisiennes de 1848 et 1849. Le maintien de ce plan a été, de plus, fort conseillé par la réduction de l'armée d'Afrique pendant la guerre d'Orient ; on a craint qu'une trop grande affluence d'émigrants n'indisposât les indigènes en un moment peu favorable.

Ces dispositions négatives étaient peut-être légitimes : nous ne tenons pas à incriminer le passé ; mais elles n'ont rien d'immuable. Que l'administration modifie son plan, qu'elle entre dans une voie plus large dont l'heure nous semble aujourd'hui bien opportune, et l'immigration reprendra sa marche ascensionnelle d'autrefois. Il ne sera pas nécessaire de recourir, comme on l'a imaginé en ces derniers temps, aux Chinois, aux Hindous, même aux nègres de Tombouctou, recrues inférieures de tous points non-seulement pour la moralité et la civilisation, mais pour le travail même, aux Espagnols, aux Mahonnais, aux Maltais, qui demandent instamment à prendre leur part des labeurs de la colonisation, à titre de propriétaires, il est vrai.

Les encouragements à accorder ne sont ni difficiles à découvrir ni coûteux à appliquer ; ils sont familiers à tous les États qui veulent sincèrement et sérieusement l'immigration.

Quelques indications dans *le Moniteur universel* ; des instructions à nos consuls étrangers ; à la frontière, des justifications de santé plutôt que de fortune ; à Marseille, un commissariat d'émigration ; dans la colonie, des lois qui fixent l'état civil et accélèrent la naturalisation, soumise encore aux mêmes lenteurs qu'en France ; l'intervention des citoyens dans leurs affaires municipales suivant le droit commun de l'ancien et du nouveau monde ; le régime militaire réduit à ce qu'exige la sécurité publique ; l'essor de l'industrie locale favorisé par la suppression des taxes douanières à l'importation en France ; surtout l'appropriation facile, certaine, définitive du sol par la vente, substituée au système des concessions : tels sont, en quelques lignes, les vœux et les intérêts de l'émigration, en même temps que les garanties certaines d'une prospérité générale.

Cette dernière condition, l'appropriation du sol par la vente, suppose, il est vrai, une grande étendue de terres disponibles pour la colonisation. En existe-t-il dès à présent? Peut-on les demander au cantonnement des Arabes? Ce sont des questions dont l'importance mérite un examen particulier.

Mars 1857.

IV

Aliénation des terres.

Un ancien officier de marine, aujourd'hui colon à Kouba, M. Jules Touzet, vient de publier une brochure sur le meilleur mode d'aliénation des terres en Algérie. C'est un écrit substantiel, précis, inspiré par la pratique de la colonisation, empruntant autant de force à la modération qu'à la justesse des raisonnements. Il a de plus le mérite d'arriver à propos, au moment où l'administration algérienne s'est mise à rechercher comment la vente des terres, qui doit caractériser une phase nouvelle de notre occupation, pourrait remplacer le système des concessions directes qui a marqué la première.

On sait que le gouvernement de l'Algérie a été amené à faire ce retour sur lui-même par l'affluence croissante des demandes de concession. Les terres de la colonie ont acquis une valeur, a-t-il pensé, puisqu'on se les dispute. N'est-il pas temps d'en tirer parti au profit de l'État, dont les charges, après un quart de siècle de subventions, mériteraient bien d'être allégées ?

De la question à la conclusion la distance était courte : elle a été franchie, et désormais, sauf la sanction du gouvernement central, la vente des terres paraît un principe adopté, sinon encore réglé, qui passera graduellement dans l'application, en commençant par les meilleures terres et les régions les plus courues. Pour les localités moins favorisées, on attendra que la plus-value acquise invite à les vendre à leur tour. D'ici là on pourra continuer de les concéder directement aux conditions d'usage. Les plaines de la Mitidja, dans la province d'Alger, de l'Habra, dans la province d'Oran, seraient les premiers théâtres de l'expérience.

En même temps, ajoute-t-on, le conseil de gouvernement d'Alger inclinerait vers le système des soumissions cachetées, comme promettant les prix les plus élevés.

L'auteur de la brochure que nous avons citée passe en revue ces divers points, et sur chacun fait des réserves, soumet des critiques, expose des vues qui méritent d'être prises en sérieuse considération. Elles sont toutes aussi bienveillantes que sincères. Nous pensons toutefois que, malgré ces éclaircissements nouveaux, une solution pleinement satisfaisante reste à trouver.

D'abord, croyons-nous, ce n'est pas principalement en vue d'un gain facile et immédiat pour le Trésor public qu'il faut en venir au système des ventes, et ce n'est pas un esprit fiscal qui doit guider dans la recherche des moyens. Pour substituer aux concessions les ventes, il est des considérations d'un ordre supérieur.

Quand un ingénieur veut dériver sur des terres le courant d'une rivière, il ne transporte pas l'eau goutte à goutte, il lui fait un lit; et bientôt, obéissant à la gravitation, la veine liquide coule où la pente l'invite. Ainsi en peu de temps s'exécute une œuvre que, par la première méthode, des siècles n'auraient pas accomplie.

La concession, c'est le transport goutte à goutte; la vente, c'est le canal creusé.

Il est encore une autre différence. La concession, sous peine de devenir un abus inadmissible, ne peut être pure et simple; elle doit être soumise à des conditions qui deviennent autant de clauses résolutoires. De là un régime de propriété provisoire qui n'est pas, quelles que soient les atténuations de la pratique administrative, la véritable propriété. Frappée de mainmorte, elle est exclue de la circulation ou n'y entre qu'avilie; elle est exclue du crédit ou ne l'obtient qu'à des prix ruineux. La propriété provisoire est si bien la condition générale en Algérie que, sur 150,000 hectares environ concédés à la fin de 1853, 23,000 seulement étaient possédés en vertu d'un titre définitif, l'étendue d'un simple canton de France.

Contre le système des concessions il est un troisième grief. Par lui l'émigration n'est plus maîtresse de ses opérations et de ses mouvements. Rivée à un plan officiel, elle n'a le choix, ni du sol, ni des entreprises, ni du lieu, ni du temps, ni des moyens. La sagesse et l'activité des bureaux sont substituées à la sagesse et à l'activité de l'intérêt personnel. Croit-on que ce puisse être au profit de la prospérité publique ou privée?

Faut-il ajouter que les justifications exigées des prétendants à une concession sont exorbitantes, et que les charges imposées dès les premières années, telles que constructions, plantations, défrichements, clôtures, en immobilisant les ressources des colons, préparent leur ruine, tandis que l'éducation du bétail, conseillée par l'économie rurale, aurait préparé leur fortune? On pourrait dire qu'au moyen de petites fraudes bien connues, ces justifications sont le plus souvent fictives, et qu'aujourd'hui personne ne prend au sérieux des engagements dont la stricte exécution n'est jamais réclamée par l'administration, trop intelligente et trop bienveillante pour vouloir l'impossible. Mais, cela étant, convient-il de stipuler des garanties illusoires et d'habituer la conscience à des transactions?

Pour rester sur le terrain économique, nous nous bornerons

à tirer de ce qui précède une double conclusion. La concession directe, nous n'ajoutons pas gratuite, car aucune ne l'est, c'est la tutelle de l'État et la discipline officielle dans la colonisation. La vente des terres conférant la propriété définitive, c'est au contraire la liberté de l'agriculture et de ses légitimes spéculations; c'est pour chacun le gouvernement de ses propres affaires par l'affranchissement du sol et de l'homme.

Sans que nous insistions davantage, on reconnaîtra que ces motifs justifient surabondamment la réforme projetée.

Empressons-nous d'ajouter, pour faire droit aux préoccupations d'ordre financier, que le prix de vente en capital, quelque modéré qu'on le suppose, offrira une ressource immédiate très importante.

Dans un document empreint d'un caractère officiel, le *Moniteur universel* évaluait l'an dernier à 6 millions d'hectares l'étendue des surfaces du Tell algérien, qui, après liquidation des prétentions indigènes, et déduction faite des réserves du domaine public, pourraient être livrées à la colonisation. En Algérie, le prix de 20 francs l'hectare serait accepté volontiers; et ce prix, l'État ne saurait le dédaigner comme infime, car il est supérieur de quelque chose au taux des États-Unis, supérieur surtout au prix que l'État lui-même obtient quand il procède par exception à quelques ventes. A 20 fr. l'hectare, le budget colonial pourrait donc recueillir dans un bref délai un produit de 120 millions de francs, subside aussi précieux qu'imprévu pour les routes, les ports, les chemins de fer, les besoins de toute nature.

Cette première part faite aux capitaux européens, le domaine ne tarderait pas à reconnaître que sur les 50 millions d'hectares qui, en y comprenant les récentes soumissions du Sud, composent le territoire de la colonie, il est inutile d'en laisser 44 millions, soit les neuf dixièmes, aux 2 millions d'habitants indigènes pour qu'ils y promènent leurs tentes; un partage moins inégal enrichirait annuellement la colonie par de nouvelles recettes.

Cette perspective doit suffire, ce nous semble, à l'intérêt financier. L'État doit placer ailleurs son ambition : dans la consolidation de la paix par l'équilibre des races, dans l'éclat des triomphes agricoles et industriels, dans les débouchés ouverts au commerce, dans l'essor de la marine, dans la fondation sur le continent africain d'une société florissante. Et le profit pécuniaire qu'il ne poursuivra pas comme but principal lui arrivera comme conséquence naturelle de la prospérité des citoyens. En attirant des émigrants par le bon marché et la facile acquisition des terres, il s'apercevra bientôt qu'il recrute des contribuables.

Doublement contribuables comme producteurs par l'impôt direct, comme consommateurs par l'impôt indirect, tels seront en effet, tels seront de plus en plus les colons. Dès aujourd'hui, au lendemain de longues crises, tout Européen verse au Trésor une somme moyenne de 60 à 70 fr. par tête ; la colonie prise dans son ensemble entretient avec la métropole un mouvement commercial de 150 millions. En 1854, elle a occupé le cinquième rang dans l'échelle du commerce spécial de la France, et s'est placée immédiatement après l'Angleterre, les États-Unis, la Belgique et les États sardes. Ce qu'une telle activité d'échanges procure de revenus au Trésor, il suffit de l'indiquer.

De cet ensemble de faits et de réflexions nous nous croyons autorisé à conclure que, dans la politique de la colonisation, la tendance que nous appelons, sans aucune nuance de blâme et seulement pour bien la caractériser, l'esprit fiscal, doit céder la première place à l'intérêt à tous égards supérieur et dominant de la colonisation.

En se mettant ainsi au vrai point de vue, le problème s'éclaire et la solution s'entrevoit. Le mérite de tout système de vente des terres doit se mesurer à l'attrait qu'il exerce sur les émigrants. Le meilleur sera celui qui les appellera en plus grand nombre.

Quel est ce meilleur système? C'est ce qu'il nous reste à examiner.

16 avril 1856.

Aliénation des terres (*suite*).

Le meilleur système pour l'aliénation des terres algériennes, avons-nous dit à l'occasion d'une brochure publiée sur ce sujet, est celui qui attirera le mieux les compétiteurs par la simplicité de son mécanisme et la certitude de ses résultats. S'adressant à des émigrants peu lettrés pour la plupart, et souvent étrangers, il doit être avant tout facile à comprendre, facile à pratiquer.

Apprécié à cette mesure, le système des soumissions cachetées, auquel incline, dit-on, le conseil de gouvernement de l'Algérie, nous paraît le moins acceptable. S'il a pu être appliqué avec succès aux travaux publics et à des fournitures administratives, c'est qu'en pareille cas il répond à un besoin de garanties spéciales, et s'adresse à une classe d'entrepreneurs qui en apprennent le jeu et les secrets dans une fréquentation assidue des bureaux de l'autorité et des salles d'adjudication. La majorité des émigrants n'y comprendrait absolument rien, et devrait recourir à des intermédiaires qui exploiteraient son ignorance. L'incertitude du résultat combinée avec la nécessité d'un cautionnement refroidirait la plupart des prétendants. La rédaction d'un cahier de charges pour chaque lot entraînerait d'interminables lenteurs, sans parler des frais. Les prix administratifs, en matière aussi peu expérimentée, seraient tous arbitraires, et ne pourraient être ni justifiés ni contrôlés. On ne peut douter que le courant de la colonisation ne fût plutôt ralenti qu'excité par un système d'écritures et de formalités accessibles au petit nombre seulement, et qui exige la présence de l'acheteur sur un point déterminé, à jour et à heure fixes, nécessité qui se combine mal avec un des caractères constitutifs de toute émigration, l'arrivage continu, irrégulier, en toute saison, sur divers points.

Les enchères publiques satisfont mieux aux conditions du problème. C'est une méthode simple, familière à tout le monde, qui parle aux yeux comme à l'esprit, et assure, mieux que les soumissions cachetées, le véritable prix des marchandises. Contre son adoption on objecte d'ordinaire le danger de l'entraînement à des hausses exagérées, crainte qui n'est fondée que lorsque les prix sont payables en rentes, craintes vaines quand on doit payer en capital au comptant ou à courts termes, ainsi qu'il se pratique d'ordinaire. Mais cette méthode a deux inconvénients moins aperçus, quoique plus réels et plus difficiles à supprimer : elle laisse le possesseur de capitaux, qui serait disposé à les confier au travail et au sol, dans l'incertitude du résultat, car il n'est jamais sûr de pouvoir acquérir ce qu'il désire, et cette incertitude ne peut que retenir sa bonne volonté. Les enchères imposent de plus, comme les soumissions cachetées, l'obligation de se rendre à périodes intermittentes sur des points déterminés, à jour et à heure fixes, et en cas d'échec d'attendre longtemps une occasion meilleure, ou d'aller la poursuivre au loin, avec la même précision mathématique et la même incertitude. Or, courir à l'aventure les enchères à travers un vaste pays, où les transports sont rares, chers et difficiles, est une condition fâcheuse pour tout le monde, surtout pour des émigrants dont l'arrivée ne saurait, au surplus, se régler sur des dates arbitraires. S'il est vrai de dire que telle est la marche suivie dans les colonies anglaises, il convient d'ajouter qu'elle y donne lieu à de très-vives plaintes, et que de toutes parts on demande la vente permanente, à prix fixe, comme aux États-Unis. En Algérie, les mêmes plaintes s'élèveraient, et aussi légitimes, si les enchères étaient exclusivement adoptées; mais elles cesseraient, croyons-nous, ici comme là, si on les combinait avec la méthode américaine.

On sait en quoi consiste cette dernière aux États-Unis. Bien que la loi se prononce pour les enchères publiques, l'usage et l'expérience ont fait préférer la vente moyennant un prix fixe. Sauf dans quelques situations exceptionnelles, ce prix est ordinairement de 1 dollar 1/4 l'acre, soit 16 fr. 50 c. l'hectare. Au gré de ses désirs et de ses ressources, chacun se rend acquéreur où il lui plaît, quand il lui plaît.

Employé seul en Algérie, ce mode d'aliénation aurait le tort de dissiper une partie de la fortune publique, en livrant au prix moyen des terres à qui le voisinage d'une ville, le parcours d'une route, la qualité du sol, l'irrigation possible, donnent une valeur supérieure que tout acquéreur consentirait à payer. Ces terres deviendraient, au profit des plus proches et des mieux informés, le prix de la course sinon de la faveur. La fixation arbitraire d'un taux plus élevé remplacerait mal le débat contradictoire, public, annoncé d'avance, connu de tout le monde, le débat des enchères.

Mais l'alliance des enchères avec la vente à prix fixe nous paraît répondre à tous les intérêts. On débute par les premières : toutes les terres de colonisation sont livrées au sort des feux rivaux; elles montent à tel prix qui convient aux prétendants, sans dépasser la véritable valeur, si ce prix est payable en capital. Après les enchères épuisées, tout ce qui n'a pas été acquis reste accessible en permanence à quiconque consent à payer la simple mise à prix, que nous supposerions volontiers de 20 fr. par hectare, pour ne pas laisser l'avantage du bon marché aux États-Unis. Par le seul effet de la culture et du peuplement dans le voisinage, toutes les terres atteindraient un jour ou l'autre ce niveau. Tous les ans une nouvelle session d'enchères dans les trois provinces viendrait donner le diapason en quelque sorte de la valeur du sol.

La part nous semblerait ainsi heureusement faite au Trésor public, aux capitaux de spéculation, aux convenances de l'émigration.

La méthode américaine comprend en outre, nous le savons, le privilége de préemption, c'est-à-dire le droit, pour celui qui a pris possession d'une terre inculte, d'en rester propriétaire moyennant l'acquittement du prix le jour où elle entre dans l'allotissement général. Il est douteux que ce principe puisse être introduit en Algérie ; il suppose des terres vacantes, abandonnées par les indigènes, et non encore reconnues ni revendiquées par l'État ou des particuliers, situation qui n'existe pas dans nos possessions d'Afrique, ou du moins qui y est tout à fait exceptionnelle. La propriété du pays est attribuée aux indigènes jusqu'à preuve contraire. Si on les resserre quelquefois (on ne les refoule jamais), ce n'est qu'au profit du domaine public. Il serait malaisé à des émigrants de trouver place au milieu d'eux sans susciter des conflits.

Sauf cette différence, qui restreint les aventures de la colonisation et l'oblige à mesurer ses progrès sur les progrès du cadastre, rien, en droit ni en fait, n'empêche d'aliéner les terres aussi rapidement, aussi sûrement sur les bords de l'Habra ou de l'Isser que sur les rives de l'Ohio ou du Missouri. Il faut seulement appliquer à la vérification des droits des indigènes, à la délimitation et à l'allotissement des terres libres, l'énergie et l'activité que déploient les États-Unis. Le cantonnement des Arabes est une mesure purement administrative, à laquelle ils n'opposent nulle part aucune résistance sérieuse, parce que, grâce à l'immensité du pays, on leur laisse partout dix fois plus d'espace qu'ils n'en peuvent et n'en veulent cultiver. Ils opposeraient moins de résistance encore le jour où l'on substituerait au titre de propriété collective de la tribu des titres particuliers pour les individus et les familles. Loin de se plaindre, la population arabe bénirait avec une profonde reconnaissance le bienfait qui l'aurait élevée du colonage partiaire chez les grands, servage mal déguisé, à la dignité, à l'indépendance de la propriété privée.

Le prix de vente, soit aux enchères, soit à prix fixe, doit-il être stipulé en capital ou en rente ? Nous avons indiqué incidemment notre préférence pour le paiement en capital, sans être ébranlé par les critiques dont ce mode est l'objet. En Algérie, le système des rentes est condamné par une éclatante et douloureuse expérience : essayé au début, il a partout ruiné les acquéreurs sans enrichir l'État qui, en fin de compte, a dû prendre pitié de ses victimes et les dégrever. Les rentes ont deux torts : elles voilent la gravité des engagements en maintenant l'illusion habituelle sur les revenus à espérer du sol, ce qui élève toujours les enchères à des hausses désastreuses. Elles laissent le droit de propriété dans le provisoire, et perpétuent ainsi une grande part des maux qu'il s'agit de guérir. On ne peut invoquer en leur faveur que la facilité offerte aux travailleurs du sol de devenir propriétaires ; mais c'est encore un nouveau leurre. Les calculs les plus timides établissent que la culture d'un hectare de terre exige un fonds de roulement de 200 fr. au moins (l'administration algérienne l'évalue même à 500 fr.). Relativement à cette somme, quelle aggravation de charge résulte d'un déboursé préalable de 20 fr. pour l'achat du terrain ? Elle est vraiment insignifiante. Quiconque ne peut disposer de cette faible somme ne mènera pas son entreprise à bonne fin ; il périra à la tâche ou sera évincé. La société n'a aucun intérêt à favoriser une ambition disproportionnée aux ressources : la porte de la propriété s'ouvrira naturellement lorsqu'un salaire gagné au service d'autrui, un fermage ou un métayage, auront procuré au travailleur cette modeste épargne. La colonisation par la misère a trop coûté à l'État, elle a trop accumulé de ruines, trop excité de plaintes amères, trop discrédité l'Algérie, pour qu'on doive être tenté de recommencer. Elle est pour toujours condamnée.

Dans ce rapide examen d'une question très-complexe, nous avons dû laisser dans l'ombre beaucoup de détails secondaires et cependant bien importants. Suspendra-t-on toute concession en attendant le jour, éloigné peut-être encore en raison des lenteurs administratives, de la vente des terres ? Ce dernier principe une fois adopté, l'appliquera-t-on seul ou maintiendra-t-on l'autre en concurrence ? Admettra-t-on les indigènes au même titre que les Européens, et les étrangers sur le même pied que les Français ? Imposera-t-on aux acquéreurs, sous forme d'impôt ou d'obligation, quelque charge qui garantisse la culture et le peuplement du sol ? Fixera-t-on des limites extrêmes de maximum et de minimum aux concessions ? Quelle sera l'étendue normale, le type cadastral de chaque lot ? Laissera-t-on toute liberté pour la fusion ou le morcellement des lots ? L'administration se réservera-t-elle seulement l'emplacement des villages pour les services publics, ou bien continuera-t-elle, comme par le passé, de construire ou de faire construire des villages de toutes pièces ?

Entre bien d'autres, voilà quelques questions : pour les traiter, nous aurions à faire nous-même une brochure, au lieu d'analyser simplement celle de M. Jules Touzet, à l'occasion de laquelle nous avons pris la plume. Contentons-nous de poser en principe que les solutions les meilleures seront les plus simples, les plus libérales, celles qui fixeront le plus vite la propriété dans les mains de l'acquéreur, celles qui effaceront davantage l'intervention de l'autorité dans la culture, et laisseront le plus de liberté à l'initiative des colons. L'administration devra bien se persuader en outre qu'il ne s'agit pas d'un essai à faire. L'expérience de la vente des terres pour développer la colonisation est toute faite depuis longtemps et sur la plus grande échelle, en Amérique, en Afrique, en Australie. Si elle échouait en Algérie, cela prouverait seulement qu'on s'y est mal pris ou qu'on n'a pas poursuivi le succès assez résolûment.

Ajoutons enfin en terminant qu'une éclatante publicité sera nécessaire. Restreinte à l'horizon d'une province ou même de l'Algérie, ne faisant appel qu'à une population peu nombreuse et dépourvue de capitaux, elle manquerait son effet, comme il est arrivé précédemment dans quelques ventes isolées. Le gouvernement français devra, par ses organes officiels, informer l'Europe entière, et longtemps d'avance, de l'ouverture des ventes, et inviter les populations à venir prendre leur part d'un sol libéralement ouvert à toutes les races, à tous les cultes, à toutes les carrières du travail.

Avril 1856.

Aliénation des terres (*suite*).

L'administration de l'Algérie vient de faire un premier essai de la vente des terres domaniales, qui a été couronné d'un plein succès. Le 16 juin a eu lieu, dans les bureaux de la préfecture d'Alger, sous la présidence du préfet du département, l'adjudication de 424 hectares de terre situés dans la plaine de la Mitidja. Le nombre des concurrens était si grand que la salle ordinaire n'a pas pu suffire, et l'on a dû y procéder dans une pièce plus vaste. Les lots ont été littéralement enlevés. Mis à prix au taux moyen de 50 fr. l'hectare, ils ont été adjugés au taux de 101 fr. à la criée des enchères.

Ce résultat confirme en entier ce que nous disions naguère, à propos d'une brochure sur ce sujet, de la supériorité des ventes sur celui des concessions directes. Ce résultat doit inspirer d'autant plus de confiance que, à titre de premier essai, le cahier des charges était empreint de plusieurs imperfections qu'il sera aisé de faire disparaître à l'avenir.

Mais il consacrait les principes essentiels : la vente pure, simple et définitive sans aucune condition, le paiement du prix en capital et en trois termes, la libre disponibilité de l'immeuble. Ce sont les mêmes principes qui procurent avec une merveilleuse rapidité le peuplement et l'exploitation des terres aux États-Unis; ils ne seront pas moins efficaces en Algérie.

Aussi peut-on dire que, sous des auspices modestes et peu retentissants, commence une ère nouvelle pour la colonisation de l'Algérie. C'est le premier pas dans une voie nouvelle, destinée, puisque le succès l'a consacrée, à remplacer les concessions directes contre lesquelles s'élèvent, nous l'avons dit récemment, de nombreuses et graves critiques. Le cahier des charges répondait par son caractère simple et son esprit libéral à ce que l'on devait attendre d'une étude sérieuse et impartiale de la question : aussi convient-il d'en signaler les principales dispositions.

La surface vendue est divisée en quatorze lots de 25 à 40 hectares. Les immeubles sont aliénés francs de toutes rentes, hypothèques, redevances ou prestations foncières. Aucune obligation de construire, de cultiver, de planter, etc., n'est stipulée. La mise à prix, fixée en capital, roule sur une moyenne de 50 fr. l'hectare. Le prix est payable en trois annuités et produit intérêt pour les deux dernières. A dater de l'approbation ministérielle de la vente, les adjudicataires acquerront la pleine et entière propriété des immeubles. S'ils ne paient pas aux échéances, les détenteurs du sol, les acquéreurs intermédiaires et les créanciers hypothécaires sont admis à payer pour eux et sont subrogés aux droits de l'État. Ce n'est qu'à défaut de toute intervention de ce genre que la résolution de la vente est prononcée. Dans le projet primitif, les offres devaient être faites sous forme de soumissions cachetées ; mais à cette méthode le ministre de la guerre a substitué, comme nous en avions émis le vœu, les enchères à la criée et à l'extinction des feux. Nous ne parlons pas des garanties exigées des adjudicataires non plus que des règles d'exécution : les unes et les autres ne s'écartent pas du droit commun.

Toutes ces mesures ont été accueillies avec une grande faveur comme une juste satisfaction accordée au bien public et à l'intérêt du Trésor. Déjà l'on annonce la prochaine mise en vente, d'après le même système, de la plaine de l'Habra, dans la province d'Oran. D'une voix unanime, on accuse l'insuffisance du personnel du service topographique de faire traîner en longueur une réforme dont la moralité, la haute utilité, la facile exécution, en présence de l'immensité des terres libres, ne sont plus contestées.

Ces bonnes dispositions invitent à signaler les imperfections qui se sont glissées dans le premier essai, afin qu'elles disparaissent à l'avenir. Elles dérivent moins du système de vente en lui-même que de certaines conditions extérieures.

Ainsi la publicité s'est bornée à des affiches locales et à une insertion dans les journaux d'Alger quelques semaines avant le jour fixé pour la vente. On comprend que, si cette publicité devait être toujours aussi restreinte, elle n'atteindrait pas le but, car ce n'est pas en Algérie que se trouvent les capitaux disponibles propres à procurer une sérieuse concurrence : incessamment engagés dans des créations nouvelles, ils sont rares. C'est en France, c'est en Europe, où les capitaux abondent et recherchent les emplois productifs, que les ventes doivent être annoncées. C'est d'ailleurs en France, en Europe, que se trouve la population nécessaire pour mettre en valeur les terres africaines; l'Algérie n'en a pas même assez pour les besoins actuels. Les annonces, on doit le comprendre également, doivent être faites longtemps d'avance, pour laisser aux prétendants le loisir de s'informer, de prendre un parti, d'aller voir, de donner des ordres. L'intérêt du Trésor est d'accord à cet égard avec celui de la colonisation. Une réforme en ce sens devrait même s'étendre en Algérie aux ventes judiciaires d'immeubles, qui, faute de publicité suffisante au loin, se vendent à vil prix sur place.

Une seconde observation doit porter sur le maintien du système des concessions directes concuremment avec les ventes. Les mêmes numéros du *Moniteur algérien* qui annonçaient la mise en adjudication de 424 hectares dans la Mitidja, contenaient des états de 2 à 3,000 hectares concédés directement dans les provinces d'Alger et d'Oran : une partie des terres ainsi aliénées se trouvait dans les mêmes quartiers où les ventes étaient annoncées. C'est accorder à la tradition plus de faveur qu'à l'innovation, et ménager à cette dernière une redoutable concurrence. En continuant à donner, on est certain d'éloigner des enchères tous ceux qui se croiront assez de crédit pour obtenir gratuitement. Veut-on avoir une véritable épreuve du nouveau système? L'administration doit déclarer qu'elle renonce, sinon pour toujours, puisque sa foi n'est pas encore bien établie, du moins pendant quelques années, à toute concession directe.

Le système de paiement appelle aussi quelques modifications. Le prix doit être acquitté en trois années, et l'adjudicataire doit fournir une caution domiciliée dans la province. Un acquéreur s'est trouvé qui a déclaré que, ne connaissant personne, il offrait de payer comptant, il n'a pu faire agréer sa proposition ; et si un habitant d'Alger, témoin de ce singulier incident, ne s'était spontanément offert comme caution, l'enchère du premier eût été annulée. Dans l'intérêt des étrangers, et pour empêcher d'ailleurs qu'il ne se forme une classe parasite d'intermédiaires à titre de garants, il convient d'autoriser soit le dépôt d'un cautionnement en argent dans les caisses publiques, soit le paiement immédiat, en accordant un escompte égal à l'intérêt dont les paiements à terme sont passibles.

Ces améliorations générales ne sont pas, croyons-nous, les seules à introduire ; mais elles sont les plus urgentes, et l'on peut laisser à l'expérience le soin de révéler les autres. Elle amènera, nous n'en doutons pas, le système américain tout entier, c'est-à-dire l'aliénation en permanence, sur la simple mise à prix, des terres disponibles qui n'auront pas trouvé d'acquéreurs aux enchères, issue qu'il convient de ménager aux bons désirs et aux ressources des émigrants, à quelque époque de l'année qu'ils débarquent.

Dans le cahier des charges, comme du reste dans tous les décrets de concession, il est une clause qui, toute secondaire qu'elle soit, mérite d'être soumise à un nouvel examen : nous voulons indiquer celle qui réserve à l'État la propriété pure et simple des objets d'art qui seraient trouvés. Nous croyons qu'elle manque son but en détournant les propriétaires de toute fouille, ou en les induisant à cacher les résultats de leurs découvertes. La fortune publique y gagne moins que la science archéologique n'y perd. En fait de ruines et de débris antiques, l'intérêt historique l'emporte de beaucoup sur l'intérêt financier. Si, comme il est permis de le croire à l'honneur de l'administration, cette clause a été introduite en vue de mieux assurer la conservation des souvenirs du passé, une indemnité stipulée à titre de gratification, sinon de prix d'achat, devrait récompenser le zèle ou même le hasard, et assurer au moins le remboursement des frais.

L'intérêt algérien sollicite, en outre, une modification de la règle bien autrement importante qui réserve à l'État la propriété de toutes les sources. Le principe découle de la loi organique de 1851, et ne pourrait être infirmé incidemment. Mais ne pourrait-on pas, dans les cahiers des charges, garantir la jouissance privilégiée, tant pour l'irrigation que comme force motrice, de toute source que découvrirait le travail ou le génie de l'homme? Une telle déclaration ne dépasserait pas, croyons-nous, les pouvoirs de l'administration : utile partout et en tout temps, elle acquerrait un mérite d'à-propos particulier, en ce moment où les indications de la science, provoquées par l'autorité publique elle-même et confirmées par les premiers sondages, semblent constater dans le sous-sol africain une infinité de courants et de nappes d'eau dont l'exploitation décuplerait la puissance productive du pays.

Quoi qu'il en soit de ces réserves de détail, nous signalons avec plaisir l'ère nouvelle qui commence pour la colonisation de l'Algérie. Que la vente des terres triomphe de quelques hésitations, qu'elle soit appliquée avec fermeté sur une grande échelle, comme y invite une étendue de 50 millions d'hectares (c'est la surface de la France), que l'on peut dire à peu près vide d'habitants, car elle n'en compte que 2 millions et demi, soit un habitant par 20 hectares, désormais l'émigration européenne verra un vaste horizon s'ouvrir à son activité. Chacun pourra devenir propriétaire dès son arrivée, sans sollicitations ni atermoiements, à des conditions connues et égales pour tous, avec des droits certains. Il appliquera tous ses efforts où il voudra, comme il voudra, sans autre règle que son intérêt propre tempéré par le seul intérêt public, sans aucune prescription arbitraire sur l'emploi de son travail et de ses capitaux; il n'enviera plus le sort de l'émigrant américain ou australien.

Le principe a dès aujourd'hui conquis un champ d'expérience et justifié ses promesses. Les conséquences se dérouleront d'elles-mêmes. Que l'on ne s'alarme pas de quelques difficultés au début, que l'on tienne compte des enseignements de la pratique, que l'on soit bien convaincu que le succès est aussi assuré en Algérie qu'aux États-Unis, et ces conséquences donneront pleine satisfaction à la métropole, dont les charges diminueront, comme à la colonie, comme aux colons.

2 juillet 1856.

Aliénation des terres (*suite*).

Les principes que nous défendions il y a peu de temps, au sujet de la vente des terres domaniales en Algérie, viennent de recevoir une éclatante sanction à l'occasion de trois nouveaux essais d'adjudication publique auxquels l'administration a consenti. Tous les avantages que nous invoquions ont été constatés; aucun des inconvénients qu'un journal alléguait ne s'est réalisé.

La première et la plus importante de ces nouvelles opérations a eu lieu à Oran le 25 mai dernier. Elle comprenait 2,020 hectares dans la plaine de l'Habra, divisés en 48 lots. La mise à prix de 50 fr. l'hectare a été portée par les enchères à une moyenne de 172 fr. 13 c., ce qui produira au Trésor une somme totale de 349,751 fr. Sur les 48 lots, 22 ont été acquis par treize acheteurs qui étaient venus de diverses régions de la France, comme le montre la simple énumération des départements de leur résidence : Seine-et-Oise, Seine-Inférieure, Calvados, Maine-et-Loire, Vienne, Saône-et-Loire, Isère, Drôme, Gard, Aveyron. Un seul indigène figure sur la liste des adjudicataires, encore est-ce en regard du lot le moins étendu.

La seconde et la troisième opération, qui s'appliquaient à des terres non irrigables et couvertes de broussailles dans la plaine de la Métidja, ont eu lieu à Blida le 2 juin. L'hectare a monté au prix moyen de 65 fr.

L'*Écho d'Oran*, dans un compte rendu détaillé de la première vente exécutée sous ses yeux, constate qu'il y avait un grand concours de prétendants, et que leur nombre dépassait de beaucoup celui des lots mis en adjudication. Les lots étaient si vivement disputés que quatre jours ont à peine suffi à l'opération. A côté de colons et de propriétaires déjà établis dans le pays figurent des fonctionnaires, d'anciens officiers, impatients d'unir leurs intérêts et leur destinée aux intérêts et aux destinées de la jeune colonie. Tous les acquéreurs sont d'une solvabilité notoire.

En présence de ces concluantes expériences, il est probable que la direction de l'Algérie ne refusera pas d'en apprécier tous les enseignements.

Il est de nouveau démontré que les terres algériennes, même de qualité médiocre et de culture difficile, ont une valeur qui ne descend pas au-dessous de 60 fr. l'hectare dans les plaines où s'est déjà répandue la colonisation européenne; que les bonnes terres irrigables valent, même à grande distance de tout centre de population, 170 fr. l'hectare en moyenne. Cela équivaut à dire que l'administration, en donnant gratuitement de telles terres, fait exactement la même opération que si elle en puisait le prix dans les caisses de l'État pour en faire cadeau à tels particuliers qu'elle juge dignes de cette faveur.

Ces nouveaux exemples constatent en outre que dans toutes les parties de la France l'Algérie commence à être appréciée. Si l'administration désire sérieusement, comme nous le pensons, voir se développer l'immigration des capitaux, des intelligences et des bras, le moment est opportun : il suffit de leur ouvrir l'accès de la propriété foncière, jusqu'à ce jour abordable seulement à quelques élus. Un grand nombre de Français, après avoir fait le voyage d'Afrique pour prendre part aux enchères, ont dû s'en retourner mécontents et les mains vides, après des dépenses assez lourdes, faute d'un nombre suffisant de lots aliénés. C'est là un fâcheux précédent, dont le retour ferait mal augurer de la bonne volonté de l'administration et nuirait gravement à la colonie.

Ces exemples constatent enfin que la concurrence des indigènes est un épouvantail dont il n'y a pas à s'inquiéter. Malgré les vœux fort peu déguisés de quelques fonctionnaires appartenant à l'armée, un seul acquéreur indigène a pu emporter un seul lot. Si, à Blida, une des fermes vendues a été achetée par un Israélite indigène, il n'y a dans ce retour du peuple d'Israël à la culture du sol qu'un progrès à encourager. Exclus de la propriété communale des tribus arabes, les juifs ont droit à être accueillis de bon œil comme colons civils. Leur intelligence et leurs capitaux appliqués à la colonisation lui seront d'un précieux concours.

Le prix de vente des terres de l'Habra, quoique supérieur de 32 fr. par hectare au prix obtenu l'an dernier dans la même zone, est loin d'être exagéré; il représente à peine le revenu net d'une année de culture. Il est ce qu'il doit être ; et les acquéreurs ont si bien mesuré leurs offres à la valeur du sol, que certains lots ont vu leur mise à prix à peine dépassée, tandis que sur d'autres elle a monté de 15 et 1,600 fr. à 9 et 10,000 francs.

Il y a néanmoins à considérer sérieusement que la popularité croissante du sol algérien, si elle devait toujours se heurter contre des surfaces aussi restreintes, provoquerait une hausse regrettable dans les prix. L'administration n'aura garde, nous l'espérons, de s'égarer dans une spéculation de mauvais aloi, qui a déjà été fatale à la colonisation dans ses origines, sans être lucrative au Trésor. La terre à bon marché doit être la devise d'un gouvernement intelligent, et pour qu'il en soit toujours ainsi, l'offre des terres doit se développer proportionnellement à la demande.

Un tel vœu est bien aisé à satisfaire, puisque, d'après les déclarations officielles, le domaine de l'État comprend, dans le Tell seulement, 5 à 6 millions d'hectares, dont une partie est tous les jours aliénée sous forme de concessions. Pourquoi donc serait-il plus difficile de vendre les terres que de les donner?

On s'exécute parfois, mais non de très-bonne grâce. C'est ainsi que, même dans la plaine de l'Habra, un certain nombre de parcelles ont été réservées par l'autorité locale pour être vendues de gré à gré à des colons bien méritants, au prix moyen qui résulterait de l'adjudication. Attribuée au désir de sauvegarder les intérêts d'anciens fermiers qui avaient exécuté des travaux utiles, cette mesure semble digne d'éloges; elle ne l'est qu'à demi. Aux États-Unis, ce n'est pas une faveur, c'est le droit même de préemption qui a été consacré au profit des précédents possesseurs. Le public algérien suppose, non pas toujours à tort, que les plus dignes sont rarement les plus habiles et les plus heureux à faire valoir leurs titres, et l'on s'attend à voir cette réserve territoriale détournée de sa destination. Si l'on n'avait en vue que de protéger les travaux accomplis, la méthode américaine était de tous points préférable. Le ministre de la guerre refuse, assure-t-on, de sanctionner ces petits calculs de localité, et entend que tous les lots de l'Habra soient livrés aux enchères : nous ne pouvons qu'applaudir à cette détermination.

Que la direction de l'Algérie y avise sérieusement ! En même temps que les intérêts du pays, ses propres intérêts, de l'ordre le plus délicat et le plus élevé, sont en jeu.

Craignant de voir finir bientôt le régime des faveurs, les solliciteurs se pressent d'emporter tout ce qu'ils peuvent obtenir de la bienveillance des fonctionnaires. Ceux-ci, de leur côté, s'empressent d'accomplir tout le bien qui dépend encore d'eux. Jamais les concessions ne furent aussi multipliées qu'aujourd'hui, où leur valeur vénale est devenue manifeste. Réfléchit-on bien que, par chaque 20,000 hectares concédés (à peu près la part d'une année), c'est 2 millions de francs environ qui échappent au Trésor public au profit de quelques privilégiés?

Le gouvernement de l'Algérie peut sans doute continuer de tels errements. Il en a le droit strict; il en a le pouvoir. Mais dans une voie aussi funeste, il soulèvera, qu'il le sache bien, les protestations unanimes de la raison et surtout de la conscience publique, dont les observations de la presse, tant en Algérie qu'en France, ne sont que la traduction bien affaiblie.

Juin 1857.

V

Décret sur la décentralisation.

Le décret du 30 décembre sur la décentralisation administrative en Algérie, n'introduit pas seulement des règles nouvelles dans la conduite des affaires civiles de cette possession française. Par son principe et par ses détails, surtout par le rapport ministériel qui le précède et en explique l'intention, ce décret est un témoignage en faveur du régime d'assimilation progressive de la colonie à la métropole. « On pourra dire avec plus de vérité encore que l'Algérie est bien la continuation du territoire de la France, » telles sont les expressions de M. le maréchal Vaillant : déclaration officielle qui imprime à ce document un caractère politique dont il convient d'apprécier la portée actuelle et les promesses plus lointaines.

Deux tendances contraires ont partagé, chacun le sait, les esprits, et les meilleurs esprits, au sujet de la direction supérieure à donner au gouvernement des affaires algériennes. Les uns réclamaient l'annexion pure et simple, avec toutes ses conséquences politiques, administratives, commerciales. L'ancienne régence d'Alger eût été un fleuron ajouté par la conquête à la couronne de France, comme le furent en d'autres temps l'Alsace, la Franche-Comté, la Flandre, le Roussillon, pour ne parler que des plus récentes acquisitions. Quelques exceptions locales ou temporaires auraient suffi à la première organisation des populations émigrantes et à la surveillance des races indigènes. Divisé en départements, soumis au droit commun, le nouveau territoire eût véritablement continué le territoire français. La Méditerranée, pensaient les partisans de ce système, n'y saurait mettre obstacle. Bien que séparée de l'Angleterre par le canal de Saint-Georges, l'Irlande ne fait-elle pas partie du Royaume-Uni? De nos jours, les mers intérieures sont entre les peuples des liens plutôt que des barrières : elles ne détruisent pas l'unité des États.

L'annexion était le vœu ardent de la grande majorité des Européens qui avaient passé en Afrique, en vue du commerce, de la culture ou de spéculations diverses; ils sentaient très-bien quelle base solide elle eût donnée à leurs espérances, quelle valeur à leurs propriétés. Une telle garantie dissipait toute inquiétude sur la conservation et l'avenir de notre conquête. Un essor plein de confiance succédait à l'hésitation générale. A vrai dire, et il n'y a pas à s'en étonner, le désir d'une telle sécurité inspirait les pétitions bien plus que le bonheur de posséder intactes toutes les institutions administratives de la France. Cette opinion ralliait quelques écrivains, un petit nombre de députés, mais peu de fonctionnaires algériens, aucun peut-être.

Ceux-ci inclinaient vers un système tout opposé, tendant à faire du pays conquis une véritable colonie, c'est-à-dire un État entièrement distinct de la métropole par l'administration, comme il l'était par la nature du climat, des produits, des besoins. Le nombre des indigènes, infiniment supérieur à celui de la population européenne; la tolérance promise à leur culte et à leurs mœurs par le traité de capitulation et conseillée par une sage politique; leur hostilité toujours suspecte et redoutable, disait-on, même sous l'apparence de la plus humble soumission : tout cela devait écarter l'idée de la prépondérance du pouvoir civil comme dans la métropole. En même temps l'intime solidarité des intérêts et des éléments constitutifs de l'unité algérienne, la protection particulière due à une société naissante au milieu de difficultés inconnues aux antiques sociétés de l'Europe, exigeaient la centralisation à Alger d'un gouvernement investi d'une autorité presque absolue. Affranchi surtout de la tutelle, trop lointaine pour être intelligente, des bureaux ministériels de la métropole, ce gouvernement devait laisser bien loin de toute comparaison les modestes attributions des préfets de départements et des commandants de divisions.

On réclamait donc pour l'Algérie quelque chose d'analogue au *self-government* des colonies anglaises, en le restreignant toutefois aux pouvoirs indépendants des chefs, et sans se préoccuper d'une pareille sollicitude pour les libertés des populations, correctif que l'Angleterre n'oublie jamais d'associer à la puissance de ses gouverneurs coloniaux.

Ces deux systèmes étaient trop absolus pour triompher l'un ou l'autre exclusivement : leurs tendances opposées se sont conciliées dans une idée heureusement exprimée, l'assimilation progressive. Mais comme cette formule couvre une transaction plutôt qu'une solution, elle est interprétée fort diversement. En dehors de l'opinion publique qui a cessé d'intervenir, les dissentiments que personnifièrent en d'autres temps le maréchal Soult et le maréchal Bugeaud, renaissent fréquemment, et le sort de l'Algérie, au point de vue administratif, est périodiquement remis en question. Le décret du 30 décembre n'est que le plus récent incident d'un débat qui remonte à un quart de siècle.

De cette divergence il serait injuste d'accuser les prétentions des hommes : elle découle de situations naturelles qui semblent impliquer contradiction. L'Algérie ne peut pas être une colonie dans le sens habituel du mot, non plus qu'une simple agrégation de départements français. Elle a un caractère intermédiaire entre la colonie et le département, caractère qui n'a pas de nom ni d'exemple dans notre système politique. De là viennent les difficultés.

L'Algérie est trop près de la France pour être une colonie vivant d'une vie propre, sans autre dépendance que le lien de la souveraineté politique, à la façon des colonies anglaises ou même des colonies françaises de l'Afrique, de l'Inde et des Antilles. Alger, à quarante heures de Marseille, à trois jours de Paris, prétendrait en vain échapper aux influences directes et continues de la France. Dès aujourd'hui, des services de transports à peu près quotidiens établissent d'un pays à l'autre, en fait d'idées, de marchandises, d'intérêts, de relations de famille, de voyageurs, un courant d'échanges plus intime qu'il ne l'était il y a vingt ans en France entre les départements limitrophes. De la France vient la haute et souveraine impulsion de la vie politique et intellectuelle, celle des capitaux, et, pour une grande part, celle des hommes, car tous les services publics et la presque totalité des entreprises particulières reçoivent leur personnel et leurs moyens d'action de ce côté de la Méditerranée. Sans méconnaître ce qu'il y a de sève dans les intelligences ou les ambitions locales, en y applaudissant au contraire, que deviendrait, il est permis de le demander, leur élan personnel, sevré de l'appui de la France et livré au soutien de leur seul entourage ? Ce que devient la greffe détachée du tronc qui la supporte et la vivifie. La prétention au *self-government* ne saurait donc être accueillie, surtout quand on la limite aux chefs du gouvernement, à l'exclusion du public. Encore ne parlons-nous pas de l'armée et de son budget, à l'égard desquels la colonie pourrait bien moins se suffire.

Néanmoins l'Algérie ne peut former un simple groupe de

départements isolés l'un de l'autre comme en France, sous le rapport administratif. D'une part, l'analogie du climat et des besoins, la solidarité des intérêts, et en même temps le vif contraste de tous les éléments naturels ou sociaux avec ce qui existe en France; le contraste plus vif encore entre une société naissante et une société mûrie par quinze siècles de progrès, entre une population exclusivement chrétienne et civilisée et une population aux neuf dixièmes à demi barbare et musulmane, ces analogies et ces contrastes font de l'unité algérienne une réalité, et de la fusion administrative avec la France une atteinte aux lois de la nature et à l'intérêt légitime des habitants, soit européens, soit indigènes.

L'accord de ces tendances, diverses plutôt que contradictoires, doit être demandé à une idée et à un mot qui ont disparu du dictionnaire politique de la France, mais qui vivent d'un souvenir impérissable dans notre histoire nationale : l'Algérie doit être une province de l'empire français. Nous rappelions tout à l'heure l'Alsace, la Franche-Comté, le Roussillon, conquis comme l'Algérie : la ressemblance serait mieux marquée si nous la comparions aux anciennes provinces, telles que le Languedoc, la Bretagne, qui, avant de succomber sous le niveau de l'uniformité départementale, vécurent longtemps d'une vie propre, au sein de la monarchie. La dernière venue des provinces françaises, l'Afrique du nord, traverse cette période où les éléments hétérogènes se préparent, dans une lente mais continuelle transformation, à une accession plus intime avec les États déjà constitués. L'empire romain dans l'antiquité; de nos jours, l'Autriche, la Prusse, la Russie présentent de nombreux exemples de pareilles associations. Durant cette phase, l'unité nationale, bien qu'admise en principe et appliquée dans ses traits généraux, ne répugne point à une certaine diversité d'institutions, reflet fidèle de la diversité d'origine, d'intérêts et de mœurs.

La province a disparu, il est vrai, de notre système politique, emportée par le souffle de la Révolution, et nous ne voudrions pas lui prédire une prochaine renaissance; il n'est cependant pas sans intérêt de constater que l'idée d'une unité supérieure au département n'est pas effacée des esprits, ainsi qu'en témoigne un vote du conseil général de l'Hérault dans sa dernière session. Ce vote réclame la création de vastes circonscriptions administratives comprenant sous la même juridiction un groupe de départements à l'instar des divisions militaires, des Cours d'appel, des conservations forestières. Quel que soit le sort réservé à cette vue, l'Algérie doit en réclamer le bénéfice pour son compte : le simple souvenir de ce que furent les provinces françaises éclaire d'une vive lumière sa propre condition dans les temps actuels, et nous ajouterions volontiers dans les temps à venir. Elle est une colonie moins la distance; elle est un groupe de départements, plus l'unité supérieure et collective. Qu'elle soit ainsi considérée sous un double aspect et traitée comme une province de la France, une juste part sera faite à sa liberté d'action, et une part égale au principe d'assimilation dont l'annexion est le terme final.

Le décret du 30 décembre sur la décentralisation administrative, bien qu'il semble conçu au profit exclusif des autorités locales, est un pas nouveau dans la voie que nous indiquons comme le vrai programme de la politique algérienne. Les délégations de la puissance publique accordées au gouverneur général, aux préfets et aux commandants de division, ne touchent à aucune des prérogatives essentielles du gouvernement métropolitain. Alger devient une préfecture centrale et le gouverneur un grand préfet, si on peut ainsi dire; quant aux préfets de département et aux généraux qui les représentent en territoire militaire, ils sont assimilés de plus près aux préfets de France, voilà tout.

Ces généraux, érigés en préfets, nous rappellent que la réforme, libéralement accomplie au profit des fonctionnaires, ne l'a pas été au même degré au profit des populations. L'Algérie ne sera que médiocrement touchée des avantages nouveaux dont on a doté ses administrateurs : ses affaires sont en général aussi vite et aussi bien expédiées à Paris qu'à Alger. D'autres bienfaits lui seraient plus précieux, et découleraient non moins logiquement de l'assimilation progressive. Indiquons-en quelques-uns.

En France, la direction des intérêts civils est confiée au pouvoir civil : en Algérie, elle l'est, sur de vastes étendues, au pouvoir militaire, qui ne saurait y déployer ni le même zèle ni la même entente. En France, chaque département participe aux élections législatives : l'Algérie est privée de tout accès à la représentation nationale. En France, un conseil général intervient dans le contrôle annuel de la gestion des préfets et dans la défense des intérêts collectifs : en Algérie, cette institution tutélaire a été en vain accordée par le décret du 16 décembre 1848 ; elle reste à l'état de lettre morte. En France, chaque département possède un budget départemental, instrument des progrès locaux : pour l'Algérie, la caisse coloniale a été absorbée dans le budget de l'État, sans que rien l'ait remplacée comme force vive aux mains du pays. En France, les citoyens nomment leurs conseillers communaux : en Algérie, l'État les dispense de ce soin. En France, toutes douanes intérieures ont été supprimées : entre la France et l'Algérie elles subsistent si bien, qu'en principe cette dernière est un pays étranger, admis seulement à la jouissance de certaines franchises, bien qu'il soit entièrement ouvert aux produits de la métropole. En France, il n'est pas absolument défendu de soumettre à la critique les actes de l'autorité : en Algérie, le gouverneur général et le préfet d'Alger ont interdit aux journaux toute discussion sur des faits ou des actes dans lesquels l'administration intervient directement ou indirectement. La France, ajouterons-nous seulement pour en finir, est dotée de chemins de fer; tout fait craindre aujourd'hui qu'ils ne soient pour longtemps encore refusés à l'Algérie.

En faisant ces rapprochements, nous n'entendons pas glorifier d'une manière absolue le régime administratif de la France ni déprécier à l'excès celui de l'Algérie. Mais au moment où le ministre qui préside aux destinées de l'Algérie s'honore d'avoir provoqué un décret qui fait de cette colonie « une prolongation du territoire français, » l'occasion nous a paru favorable pour signaler à son zèle des différences et des anomalies qui s'accordent peu avec ce principe de haute et juste politique. Dans la réforme qu'il vient d'accomplir, il verra sans doute, comme l'Algérie, comme nous-mêmes, le prélude et la promesse de réformes plus complètes.

13 janvier 1857.

Décret sur la décentralisation (*suite*).

Les vœux que nous exprimions il y a quelques jours en faveur des réformes administratives en Algérie devançaient à peine, ainsi qu'on a pu le remarquer, un nouveau rapport du ministre de la guerre, suivi de trois décrets favorables à l'extension du régime civil et des institutions municipales. Nous constatons volontiers cette satisfaction donnée à l'intérêt public, autant pour ce qu'elle contient que pour ce qu'elle promet. Si une approbation sans réserve ne nous est pas permise, car le régime municipal de la colonie reste privé de quelques-uns de ses priviléges essentiels, notamment de l'élection des conseillers municipaux, du moins on avance dans la bonne voie par l'extension du pouvoir civil et par un commencement de participation des citoyens à la gestion des affaires communales.

Tel est le double progrès accompli, pour certaines localités, par les décrets nouveaux qui portent la date du 30 décembre, comme celui sur la décentralisation. Pour en bien saisir la portée, quelques mots sur le mécanisme administratif de l'Algérie ne seront peut-être pas inutiles.

En principe, le territoire algérien tout entier est sous la haute tutelle du gouvernement militaire; mais à mesure que la colonisation se développe sur un point, et quand elle y a pris certaines proportions, la section territoriale passe aux mains du gouvernement civil, représenté par des sous-préfets et des préfets. Dans cette transition, on compte trois degrés. Le premier est l'érection en district, administré par un commissaire civil, institution essentiellement algérienne, dont les attributions multiples répondent à la simplicité confuse des sociétés naissantes. Tour à tour maire, officier de l'état civil, commissaire et juge de police, juge d'instruction, juge de paix, notaire, le commissaire civil cumule à peu près tous les pouvoirs. Un second pas mène à l'état de commune incomplète, administrée par un maire et des adjoints, chargés seulement des registres de l'état civil et de la police rurale, et subordonnés tantôt à un commissaire civil, tantôt au sous-préfet de l'arrondissement. Enfin, pour couronnement de l'évolution administrative, la commune est entièrement constituée, c'est-à-dire dotée, outre le maire et les adjoints, d'un conseil municipal, investi d'attributions analogues à celles des conseils de France. La commune possède alors un budget local avec ses revenus et ses charges, au lieu d'être alimentée seulement par les crédits que l'État attribue à la colonie. Quelquefois, dans les communes de récente fondation, un commissaire civil continue de remplir les fonctions de maire, sans que le caractère essentiel de l'institution soit modifié. C'est une nuance secondaire, et ce n'est pas la seule de l'échelle des transitions.

D'après ces explications, il est aisé de comprendre et d'apprécier les réformes accomplies par les nouveaux décrets. Trois districts sont constitués, c'est-à-dire détachés du territoire militaire et confiés à des commissaires civils : Dellys, Sidi-bel-Abbès, Jemmapes. Progrès sérieux, bien qu'il n'implique pas une transformation aussi radicale qu'on pourrait le penser. A cet égard règnent quelques exagérations, dont le maintien n'importe pas au triomphe des vrais principes. Ce qu'on appelle le régime militaire n'est pas un obstacle absolu à la prospérité d'un centre de population, pas plus que le régime civil n'est un signal certain de délivrance et de salut. D'aussi grands priviléges pour le bien et pour le mal n'appartiennent pas à des modifications purement administratives; ils sont réservés aux règlements économiques.

Il est seulement permis de dire que l'esprit civil est supérieur, comme instrument de colonisation, à l'esprit militaire. Le premier doit se consacrer aux intérêts civils, sous peine d'inaction complète; les bons services sont d'ailleurs des titres qui profitent à l'avenir des fonctionnaires. Il n'en est pas ainsi de l'esprit militaire : tout ce qui l'entraîne vers la colonisation le détourne de sa carrière spéciale; il ne s'y applique pas volontiers, et il y apporte des allures et des vues empruntées à une tout autre éducation. Les services civils de certains officiers ne sont que de brillantes et honorables exceptions, rarement utiles à leur avancement. A ce point de vue, qui est le vrai, brille la justesse de ce dicton populaire en Algérie, que le plus imparfait des régimes civils y vaut mieux que le plus parfait des régimes militaires. Celui-ci est le passé, celui-là est l'avenir; l'un est la guerre, l'autre est la paix. Aussi pensons-nous que le régime civil, au lieu de rester l'exception, devrait et pourrait, sans danger aucun, devenir la règle. Au moyen d'annexions de détail, dussent-elles, comme la dernière dont nous parlons, embrasser vingt mille hectares, il faudra bien des siècles pour affranchir de l'investiture militaire les cinquante millions d'hectares de l'Algérie.

Quant à la création de vingt-huit communes nouvelles, elle n'est pas tout à fait ce qu'elle paraît être, une conquête nouvelle des pouvoirs civils. La plupart de ces localités appartenaient déjà à l'administration des préfets et à la juridiction des juges de paix. Suivant la langue administrative de la colonie, langue fort incorrecte et qui appelle une révision, elles passent de l'état de communes non constituées à l'état de communes constituées. Le changement ne laisse pas que d'être considérable. Dans leur condition nouvelle, les communes acquièrent avec un conseil municipal un budget local, instrument des progrès de toute nature. Ce sera un excellent argument, au profit des départements et de la colonie qui sollicitent pareille faveur, que ce spectacle de communes déployant dans le gouvernement de leurs affaires des qualités qu'on n'osait attendre de leur inexpérience. Leurs aînées ont déjà fait preuve de sagesse, d'émulation, d'activité, de patriotisme, et ont montré par un nouvel exemple que l'institution municipale est la base des sociétés nouvelles, comme elle est, ajouterons-nous volontiers en portant les regards sur l'Europe, le meilleur lest, la meilleure force des anciennes sociétés.

Nous avons, dès le début, indiqué une réserve, et nous devons l'expliquer. Le principe municipal, si on veut le douer de toute sa puissance pour le bien, doit pénétrer dans le cœur et le sang des populations. Qu'il naisse, comme aux temps primitifs, du sein de la famille agrandie, ou qu'il dérive, comme de nos jours, de la libéralité de l'État, il devient fécond par son alliance intime avec les mœurs publiques. En tous pays, même en France, il comprend l'élection des conseillers communaux par les citoyens. Le choix du pouvoir sera peut-être aussi éclairé, aussi impartial ; ses élus seront tout aussi dévoués à leur mandat, nous n'éprouvons aucun embarras à le confesser, n'ayant sur l'infaillibilité du suffrage populaire aucune illusion à sacrifier. Mais, sans parler de droits et de liberté, les élections municipales feront seules l'éducation des citoyens dans le cercle d'activité où l'on fait appel à leur appui; par elles ils prendront goût à l'institution octroyée, l'adopteront de cœur et s'intéresseront à ses destinées. Sans élections ils n'y verront qu'un rouage de l'administration centrale, étranger à leurs affections, sinon à leurs intérêts.

A l'appui de ce sentiment, qu'il nous soit permis d'invoquer un témoignage considérable.

« L'expérience n'a que trop prouvé que, sous l'influence
« d'une sorte de communisme administratif qui les accoutume
« à tout attendre de la vigilance et de la sollicitude du pouvoir
« central, les masses, comme les individus, s'abandonnent
« volontiers à l'imprévoyance et à l'inertie. En perpétuant la
« minorité des populations, on ne fait que perpétuer leur en-
« fance et leur débilité : pour initier celles de l'Algérie à cette
« vie d'activité et d'énergie qui, en se généralisant, fait la
« vitalité d'une nation, il faut les appeler à la vie muni-
« cipale. »

Ces lignes, d'un trait si vif et si vrai, sont empruntées à un rapport de M. le maréchal ministre de la guerre, à la date du 18 juin 1854 : elles montrent, nous semble-t-il, dans un horizon fort rapproché, les perspectives que nous venons de rappeler. Notre interprétation fût-elle hasardée, l'Algérie n'en serait pas moins fondée à réclamer, comme une juste application du principe d'assimilation progressive à la France, son intervention dans le choix de ses conseils municipaux. Sans ce droit, point de vie municipale.

Janvier 1857.

VI

Substitution de la vente des terres aux concessions.

Au moment même où nous annoncions, il y a quelque temps, un nouveau programme de colonisation, comme complément nécessaire des chemins de fer algériens, le *Moniteur* publiait un décret précédé d'un rapport de M. le comte de Chasseloup-Laubat, sur la substitution de la vente des terres aux concessions. Depuis bien des années déjà, nous avons épuisé en quelque sorte les critiques contre ce dernier système et les vœux en faveur de celui qui triomphe aujourd'hui. Aussi applaudissons-nous de tout notre cœur à l'importante réforme que le ministre de l'Algérie et des colonies a tenu à honneur d'inaugurer.

Nous ne discuterons pas toutes les excuses que, pour justifier de trop longs retards, sa voix bienveillante invoque à la décharge du passé. Le langage officiel a des ménagements de bon goût envers des prédécesseurs qu'il faut accepter ; mais nous prendrons acte des aveux de ce document pour demander, au nom des intérêts les plus sérieux de la colonisation, que les exceptions maintenues au profit des concessions soient réduites dans les plus étroites limites,

Un article du décret que nous citerons avec une approbation sans réserve, est celui qui ramène toutes les obligations des concessionnaires antérieurs à la construction d'une maison, seule charge qui doive être désormais imposée, en retour du bénéfice exceptionnel d'une concession. Moyennant cette justification, toutes les propriétés provisoires, qui composent encore aujourd'hui les cinq sixièmes du territoire concédé, pourront obtenir des titres définitifs. Excellente manière de mettre fin à un régime qui rendait tout crédit impossible en livrant le droit de propriété à la discrétion des fonctionnaires et compromettait d'une manière grave la liberté d'action, la dignité personnelle et les intérêts des colons. Ainsi tombe du même coup la menace d'une dépossession immédiate, récemment adressée par le préfet d'Alger, dans une circulaire qui a péniblement surpris la colonie, à tout concessionnaire qui n'aurait pas entièrement rempli les conditions que lui imposait le cahier des charges. Comme ces conditions sont impossibles à remplir à cause de leur exagération, ce n'était rien moins que l'expropriation générale de tous les possesseurs actuels au profit de nouveaux venus qui, renouvelant les antiques coutumes de la conquête, auraient dit :

Veteres migrate coloni,

et auraient recueilli les constructions, les plantations, les défrichements de leurs anciens. Heureusement le décret impérial fait justice de rigueurs que, dans sa loyale et indulgente appréciation d'efforts, trop souvent infructueux, jamais le régime militaire n'avait évoquées.

Les facilités d'appropriation que le nouveau décret introduit pour les terres domaniales, il reste à les étendre à la propriété privée sise en territoire arabe. D'après la loi de 1851, mal interprétée, croyons-nous, ce territoire reste entièrement interdit et inaccessible à la colonisation européenne, c'est-à-dire à l'état de mainmorte. Comme il constitue les quatre-vingt-dix-neuf centièmes de l'Algérie, on peut affirmer que la colonie presque tout entière est condamnée à la production arabe, équivalent d'une demi-stérilité. La prospérité des chemins de fer, qui exige que tout hectare de terre, tout courant d'eau, toute forêt, toute mine, toute carrière, toute force naturelle et humaine, concourent à les alimenter, est absolument incompatible avec une telle immobilité, que n'impose d'ailleurs aucun motif sérieux d'intérêt public. Que le territoire collectif des tribus, comme celui des communes en France, ne puisse être aliéné, diminué, échangé qu'après de longues et minutieuses enquêtes, il faut s'y résigner comme à une nécessité de la prudence politique et du droit commun ; mais rien, en Algérie plus qu'en France, n'oblige à confondre la propriété communale et la propriété privée ; là, comme ici, cette dernière doit rester dans la libre circulation, au seul gré des transactions particulières, tandis qu'aujourd'hui elle est mise sous une sorte de séquestre à l'égard des Européens. Comme elle existe partout en pays kabyle, et sur une très-grande échelle même en pays arabe, une partie considérable de l'Algérie se trouve soustraite au droit commun, non sans de graves dommages pour la richesse générale. Que le gouvernement se persuade bien que, même en déployant toute son activité, il ne suivra que de très-loin l'initiative des particuliers. On n'évalue pas à moins de quarante mille les demandes de concessions, pour lesquelles lui ont manqué le temps et les moyens d'accorder satisfaction : avec les chemins de fer l'empressement décuplera, et les terres domaniales allouées ou vendues ne suffiront qu'au moindre nombre des espérances. Que le ministre ouvre donc toutes facilités aux arrangements qu'il plaira aux Européens et aux Arabes de stipuler entre eux dans le cercle de la propriété privée ; à défaut de cette ressource, les émigrants s'entasseront dans les villes, où leur affluence excitera les spéculations de terrains et de maisons, et l'on verra se renouveler les catastrophes de 1846 et de 1847 à Alger, ou bien, rentrant dans leurs foyers, les mécontents continueront de discréditer l'Algérie comme un pays d'illusions et de déceptions.

Des moyens faciles et efficaces ont été indiqués pour prévenir tout abus grave : l'annexion à l'acte de vente d'un plan géométrique de la propriété, l'indication des propriétaires antérieurs depuis trente ans, une sommation préalable au Domaine de faire connaître ses prétentions. Avec cette triple garantie, l'État et les particuliers seraient mis à l'abri de la mauvaise foi qui, en d'autres temps, suggéra de coupables spéculations, et toutes les forces vives de l'Algérie pourraient recevoir la féconde excitation du travail, de l'esprit, du capital européens, sans lesquels aucun essor puissant de prospérité n'est possible.

Parmi les travaux publics qui doivent faire partie du programme nouveau de colonisation, les routes et les ports sont généralement appréciés, et des crédits considérables viennent d'être affectés à cette destination. Les barrages et les canaux d'irrigation sont au contraire laissés au second plan, comme des entreprises utiles sans doute, mais moins urgentes. De tout point une telle appréciation est erronée et dérive de nos habitudes d'esprit parisiennes, nées sous un climat où la pluie, on n'en fait que trop souvent l'expérience, nous incommode plus qu'elle ne nous sert. Loin d'emmagasiner l'eau surabondante, ici nous nous ingénions à l'éconduire par le drainage. En Algérie, comme sur toutes les rives de la Méditerranée, l'agriculture suit des lois exactement contraires, et l'irrigation y est la première et la plus nécessaire des pratiques. A mesure qu'avançant du nord au sud, l'on approche de la zone saharienne, les caprices ou les perturbations de l'atmosphère vont se multipliant ; la sécheresse chronique, le vent brûlant du désert, rendent les récoltes de plus en plus aléatoires. Sur la ligne de contact des régions embrasées par le sirocco, comme est l'Algérie, le risque de tout perdre est toujours imminent. Contre ce risque, il n'y a qu'une assurance, l'irrigation ; mais elle est infaillible. Grâce à l'irrigation, la fertilité des terres est décuplée, en même temps que régularisée, et les jardins de l'Andalousie, les vignes d'Alicante, les plaines et les coteaux de la Lombardie, les champs de la Sicile, étalent toute l'année une vigueur de végétation que ne connurent jamais les froides régions du nord. Les mêmes pratiques se retrouvent dans l'Asie méridionale, et l'on voit à Ceylan d'immenses digues longues de 10, 15 et 18 kilomètres sur 50 à 60 pieds de hauteur. Par sa disposition en talus incliné, des sommets de l'Atlas aux rives de la Méditerranée, l'Algérie se prête à l'érection de barrages avec une merveilleuse facilité. Dans l'ordre industriel, ce doit être aujourd'hui le principal souci de l'administration, et elle a bien peu à faire, car les communes, les provinces, les particuliers même, associés en syndicats, sollicitent à l'envi la faveur d'exécuter les barrages ou offrent d'en supporter la charge au moins partielle : chacun comprenant bien que, si les routes et les ports sont utiles pour transporter des produits, il faut d'abord créer ces produits en quantité considérable et régulière, privilége qui n'appartient qu'aux terres irriguées. Nous n'ignorons certes pas qu'il existe en Afrique quelques beaux spécimens de ce genre de travail, et que plusieurs autres sont projetés, étudiés, décrétés même ou à la veille de l'être. C'est bien sans doute, et la reconnaissance publique ne manque pas à ces créations ; et néanmoins le salut de la colonie demande davantage : ce qui est fait n'est rien à côté de ce qui reste à faire, et tant que des ruisseaux et des rivières par centaines perdent leurs eaux dans la mer, comme de l'or jeté dans l'abîme, nul n'a droit de s'arrêter en route et de s'admirer complaisamment.

Avec l'irrigation généralisée, avec la viabilité perfectionnée, avec des ports moins inhospitaliers, l'Algérie cessera de mériter le reproche que lui a adressé l'Empereur, dans sa lettre à M. de Persigny, « de coûter à la France, depuis trente ans, le plus pur de son sang et de son or. » On peut dire que depuis la soumission d'Abd-el-Kader, qui déjà remonte à treize ans, le sang de l'armée qui tient garnison en Algérie a beaucoup moins coulé dans les champs africains que dans ceux de la Crimée, de l'Italie, de la Syrie bientôt; mais pour l'or, il est vrai que la colonie ne suffit encore qu'aux frais de son administration, non à ceux de sa défense. On pouvait mieux espérer, on doit mieux obtenir; or, on l'obtiendra par une large et logique réforme du système qui a dominé pendant ces trente ans écoulés, et qui se reconnaît dans la prédominance absolue de l'État sur les citoyens. Dans le sens d'une réforme au profit des citoyens, tout est à faire, tant les particuliers sont peu de chose en Afrique. Isolés, livrés à eux-mêmes, ils se heurtent à chaque pas contre un réseau inextricable de règlements et d'arrêtés. La commune, cette base solide de toute société, n'est constituée sérieusement nulle part, ni la province non plus, cette autre unité fondée sur la nature et la tradition. Les citoyens ne participent ni à l'élection des rares conseils municipaux qui existent, ni des conseils généraux ; ils n'ont pas de députés au Corps législatif, pas de délégués au comité des colonies, pas d'organes au conseil supérieur de l'Algérie, nulle part une ombre de représentation émanant du suffrage. Ainsi annulés et paralysés en toute occasion, dans la vie civile comme dans la vie politique, dans l'agriculture comme dans l'industrie, les habitants ont droit de rejeter sur l'État lui-même, qui mutile leur puissance d'action, la responsabilité de l'or que la colonie coûte à la France. Il serait digne de M. le ministre de l'Algérie et des colonies de vivifier l'œuvre de la vente des terres par le principe qui fait les peuples grands et les gouvernements respectés : l'activité et la liberté des citoyens, associés au rang d'honneur qui leur convient, à la souveraineté de l'État. A ce signe seul le régime civil se distinguera du précédent ; à défaut de ce signe, il n'y aura de changé que les mots, et les mêmes fautes perpétueront la même faiblesse, la même impuissance, les mêmes charges.

Nous avons nommé Abd-el-Kader. Pourrions-nous écrire ce nom et parler de l'Algérie sans penser, avec l'émotion de la reconnaissance et de l'admiration, au rôle héroïque et récent de notre ancien adversaire ? Lui, musulman, le plus éminent de ses coreligionnaires par la bravoure et le génie, comme par la science et la piété, qui pouvait être tenté de renouer une chaîne de gloire militaire rompue après quinze ans de luttes mémorables, il a entraîné dans les campagnes, comme autour de la ville de Damas, une poignée d'Algériens restés fidèles à son infortune, et à leur tête il a couvert de son épée, de son corps, de son prestige, autant de chrétiens qu'il a pu en sauver. Sa demeure les a abrités, et il a étendu sa protection, non pas sur les Français seuls, mais sur tous les Européens, sans distinction de nationalité, partageant avec eux ses vivres et ses vêtements : plus de dix mille chrétiens lui doivent la vie. Sublime dévouement dont l'histoire n'offre guère de plus touchant exemple !

Par l'éclat de tels services, l'émir n'aura-t-il fait que jeter un brillant reflet d'honneur sur une carrière désormais fermée à toute autre activité que l'étude et la prière ? L'Europe, dans son estime sympathique, ne trouvera-t-elle pas les gages qu'Abd-el-Kader vient de donner à la civilisation dignes d'inspirer confiance pour l'avenir ? Elle qui a tant besoin de trouver en Orient, au sein même de l'islamisme, des auxiliaires qui comprennent ses justes vœux et ses intentions de paix, repoussera-t-elle dans l'obscurité celui qu'au moment le plus imprévu la Providence vient de lui révéler ? Si la Porte cherche loyalement un chef pour le Liban, ou même un gouverneur pour la Syrie, éminent par le caractère, par l'autorité morale, par une haute intelligence, par une volonté résolue, et en même temps vénéré des musulmans pour sa religion et son origine, elle n'a pas besoin de l'envoyer de Constantinople: cet homme supérieur existe à Damas. Et si la Turquie fait semblant de ne pas le découvrir, l'Europe, qui a de sévères comptes à lui demander « de son sang versé, de ses drapeaux déchirés, de ses consulats pillés, des monastères chrétiens profanés, » l'Europe, la France en tête, a le droit de proposer et de faire accepter le personnage qu'elle regarde comme le meilleur garant contre le retour des mêmes crimes.

23 août 1860.

VII

Crédit foncier.

Le décret qui étend à l'Algérie la mission financière du Crédit foncier de France a donné lieu, en deçà et au delà de la Méditerranée, à des appréciations contradictoires qui nous paraissent les unes et les autres manquer d'exactitude. La puissante Société, qui a si habilement conquis la confiance publique, ne sera pas l'instrument de salut de la colonie, comme l'annoncent des admirateurs enthousiastes de tout ce qui émane du pouvoir, mais elle ne sera pas réduite à un vain rôle, comme le prétendent des esprits animés de sentiments contraires. Elle fera du bien dans une certaine mais modeste mesure; elle préparera un régime meilleur pour la propriété algérienne : telle est, croyons-nous, la simple et réelle vérité.

Il y aura au début de grandes déceptions, on doit s'y attendre. Une expérience qui compte déjà près de huit années de durée a démontré, en France, que la meilleure volonté du monde ne pouvait faire descendre les bienfaits de l'institution jusqu'à cette couche de petits propriétaires qui composent le fond de la propriété rurale. Pour eux, qui sont le plus altérés de crédit, la caisse de la rue Neuve-des-Capucines rappelle fidèlement la coupe de Tantale : leurs lèvres desséchées en approchent, sans pouvoir y atteindre. La faute en est aux choses, non aux personnes. Le crédit, comme l'a dit un savant économiste, n'est que le dégagement de valeurs engagées : où manque le gage, le crédit s'abstient. Or, le gage de petites propriétés offre pour des prêts à long terme, embrassant une période de trente à quarante ans, de trop faibles garanties de stabilité. La valeur capitale et la facilité de l'exploitation s'amoindrissent par le morcellement qui suit les partages de succession; les revenus risquent d'être emportés par une multitude d'accidents; les familles, n'étant pas largement assises sur le sol, sont dispersées par le tourbillon d'événements et de passions qui déplace, dissout, abaisse aussi souvent qu'il élève les générations contemporaines. Dans ce mouvement incessant de décomposition, on perd de vue, quand on est à distance, au centre de Paris, un petit débiteur et un petit bien rural. Chacun sait en outre que les frais généraux et spéciaux, inséparables d'un grand mécanisme financier, sont un peu élevés pour chaque acte de prêt, et ne se proportionnent pas, en cette matière plus qu'en toute autre, à l'importance des opérations. Ils grèvent plus lourdement les petites affaires que les grandes, à ce point qu'au-dessous d'un certain niveau, la charge est trop lourde pour que le prêt soit avantageux.

Ces considérations auront plus de force en Algérie, où la propriété a moins de valeur qu'en France, où le revenu court plus de risques, où la population est moins enracinée dans le sol. Le Crédit foncier ne prêtant que la moitié au plus de la valeur des immeubles, et le tiers seulement s'il s'agit de plantations et de vignes, les sommes qu'il offrira paraîtront insignifiantes comparées aux besoins, parce que cette valeur vénale, qui en France représente vingt-cinq à trente fois le revenu, le représente en Algérie seulement huit ou dix fois. En d'autres termes, en France on capitalise les immeubles sur le pied de 3 à 4 pour 100 du revenu; en Algérie, sur le pied de 8 à 10 pour 100. Tel est même le motif que l'on a opposé jusqu'à présent à l'extension du Crédit foncier aux colonies françaises. L'agriculture, a-t-on dit, y présente un caractère industriel, commercial et aléatoire qui élève les revenus dans une proportion bien plus forte que le capital, et par là elle offre plus de facilités au prêt agricole et personnel, auquel suffit la garantie du revenu, qu'au prêt hypothécaire, qui réclame avant tout le gage d'une valeur capitale bien certaine.

La Société du Crédit foncier ne pouvant méconnaître, en Algérie pas plus qu'en France, ces conditions vitales, il faut s'attendre à ce qu'elle laisse hors de son action cette multitude de petits lots de quelques hectares de terre que l'administration a multipliés en Afrique avec une fatale imprévoyance; même dans la moyenne et la grande propriété, les services proposés ou rendus resteront bien au-dessous des besoins et des espérances.

Est-ce à dire que, réduite à une intervention ainsi restreinte, la mesure soit privée de toute utile influence? ou bien la propriété algérienne, par l'irrégularité de sa constitution, opposerait-elle au Crédit foncier un obstacle invincible? On a manifesté l'une et l'autre crainte, toutes deux mal fondées, croyons nous.

Dans les principaux centres de population, surtout dans les villes du littoral, les maisons inspirent, à titre de gage hypothécaire, une confiance qu'attestent les minutes des notaires, et que justifie le haut prix des locations. Dans un rayon plus ou moins étendu autour des villes, les habitations rurales et les fermes ont une valeur vénale courante comme en France, et quelquefois à des prix aussi élevés. Dût le Crédit foncier s'en tenir à ces catégories d'immeubles, les campagnes en ressentiraient le contre-coup par le déplacement des capitaux aujourd'hui concentrés dans les villes, et qui seraient poussés au dehors, où ils retrouveraient des placements avantageux, qu'aujourd'hui ils dédaignent. Mais lorsque la colonie sera mieux connue et mieux appréciée, à l'aide des agents qui résideront sur les lieux, on sera étonné et satisfait d'apprendre que des opérations aussi sûres que profitables peuvent se conclure à grande distance du littoral. On saura que la peur des Arabes, qui est peut-être encore à Paris un épouvantail, n'est plus en Algérie, grâce à l'armée, qu'un fantôme. Le chiffre des hypothèques constatées de 1839 à 1856 témoigne de cette sécurité : il ne s'élève pas à moins de 357 millions de francs, sur lesquels plus de 200 millions restaient inscrits à la fin de 1856.

Des résultats indirects plus importants que les prêts naîtront de l'intervention du Crédit foncier. Le taux de 8 pour 100 (on ajoute 2 pour 100 en plus pour l'amortissement en vingt-cinq ans) deviendra bientôt la règle générale, sinon exclusive. Par l'autorité de cet exemple, l'intérêt légal, fixé depuis trente ans à 10 pour 100, sera ramené à un niveau moins élevé : réforme mûre depuis plusieurs années. Quant à l'intérêt conventionnel, la liberté absolue dont il jouit aujourd'hui obtient une adhésion trop unanime pour que le gouvernement songe à y toucher, et néanmoins il subira de proche en proche l'ascendant de la règle établie par le Crédit foncier.

L'amélioration du régime de la propriété dérivera aussi, croyons nous, de cette institution, bien qu'on ait puisé dans les imperfections du régime actuel une objection contre la sécurité des prêts hypothécaires. A vrai dire, la propriété algérienne, quand elle existe, est au moins égale, par la solidité, à la propriété française. Le Code civil, les ordonnances de 1844 et de 1846, la loi de 1851, la déclarent inviolable au même degré. Elle est même généralement plus facile à établir, et le Crédit foncier n'a pas à craindre en Algérie ces irrégularités de titres qui paralysent en France sa bonne volonté. L'État, propriétaire du domaine public, l'a aliéné en vertu d'actes qui ne laissent rien à désirer pour la sécurité et l'authenticité. Et pour les acquisitions qui ont été négociées avec les indigènes dans les temps qui ont suivi de près la conquête, presque toutes ont été régularisées en vertu de l'ordonnance de 1846, et la prescription trentenaire, ainsi que le disait M. le gouverneur du Crédit foncier dans son rapport aux actionnaires, ne tardera pas à couvrir les irrégularités qui ont pu exister à l'origine et qui survivraient encore.

Le mal n'est pas dans la constitution même de la propriété : il est dans le nombre excessif des possessions à titre provisoire. Le dernier *Tableau de la situation des établissements français en Algérie* nous permet de traduire en chiffres précis la critique si souvent émanée de notre plume, et qui se reproduit malgré nous à chaque incident. Au 31 décembre 1856, sur 264,785 hectares concédés dans toute l'Algérie, 50,335 seulement, c'est-à-dire le cinquième, étaient affranchis de clauses résolutoires. Tout le reste était à la discrétion de l'administration, situation absolument inaccessible à de prêts hypothécaires, où le prêteur ne voudra et ne pourra pas compenser le risque par l'élévation de l'intérêt. Pour le Crédit foncier, des titres provisoires ne seront pas des titres sérieux; mais ses rigueurs, soulevant des plaintes générales d'un bout à l'autre de l'Algérie, amèneront la prompte délivrance des titres définitifs, comme s'est déjà amélioré en France, sous une pareille exigence, l'établissement de la propriété dans les actes notariés.

Son heureuse influence, si nous prévoyons bien l'avenir, emportera bientôt le système entier des concessions. Quel pire obstacle en effet à l'établissement d'une valeur courante et commerciale des terres que la donation gratuite faite par l'État? Comment croire qu'au feu des enchères, en cas d'expropriation, les capitaux afflueront lorsqu'un acte de bienveillance peut les gratifier de ce qu'ils recherchent? Témoin et victime peut-être de cette funeste concurrence, le Crédit foncier ne manquera pas de la dénoncer avec l'autorité qui lui appartient, et il lui portera les derniers coups. Renfort qui n'est pas inutile ! Le système, tout ébranlé qu'il est, résiste encore ; il invoque la philanthropie et la politique ; on voudrait aider les faibles, encourager les forts, se réserver un petit coin de faveur pour les bonnes volontés sans argent ! L'intérêt public réclame contre toutes ces complaisances. Un système qui, en trente ans de durée et appuyé sur 2 milliards de dépenses, n'a pu introduire que 180,000 Européens en Afrique, parmi lesquels 10,000 familles seulement de cultivateurs, pendant que se peuplent d'un demi-million d'émigrants chaque année les colonies anglaises et les États-Unis ; un système qui n'a pu consolider dans cette durée que 50,000 hectares, c'est-à-dire à peu près la moitié d'un arrondissement, est jugé et condamné sans appel : aucun élan de zèle, aucun ordre d'en haut n'en corrigeront les vices inhérents à la nature même de l'intervention administrative en une matière qui est hors de ses attributs légitimes. Le ministère de l'Algérie et des colonies ne saurait d'ailleurs ignorer combien de fonctionnaires ont souffert des suspicions implacables du public, et parfois même des sévérités de l'administration, pour avoir témoigné quelque bienveillance à leurs familles ou à leurs amis, quelque souci de leur propre fortune. En nos temps de vertu chancelante, il n'est pas prudent d'accorder à un employé la puissance d'enrichir ou de ruiner les citoyens par le don ou le retrait d'une concession, au moment surtout où l'on songe à supprimer les conditions onéreuses qui étaient autrefois imposées, ce qui fera d'autant plus convoiter la faveur des dons.

Grâce à la loi d'enchaînement qui unit tous les progrès, la propriété, régularisée par les exigences du Crédit foncier, s'étendra des Européens aux indigènes, du territoire civil au territoire militaire, des particuliers aux tribus. Ainsi croulera cet état de mainmorte où l'on retient la presque totalité du sol algérien, par un excessif respect de la possession des tribus, et qui va jusqu'à interdire toute transaction immobilière entre propriétaires arabes et européens en dehors des territoires civils. Pour prévenir les abus que l'on craint, on a maintes fois indiqué des moyens simples et sûrs qui ne paralysent pas la circulation de tous les droits et de toutes les propriétés.

La nécessité où s'est vu naguère le gouvernement de réformer la justice musulmane, atteinte d'une incurable immoralité, a dû lui révéler les vices de la politique qui sépare en deux camps opposés la société arabe et la société française. Vaincu dans le domaine judiciaire, le même esprit de séparation se réfugie encore dans la propriété, dans l'enseignement, dans l'administration communale, même dans les travaux publics; et c'est au scrupule qu'ont éprouvé certains administrateurs français de troubler les Arabes dans leurs habitudes séculaires que l'Espagne devra l'honneur de poser prochainement le premier rail sur le sol africain.

Dans la critique de ce fatal système, opposé au rapprochement et à la fusion des races, les vœux des colons et la plume des publicistes ont préparé les voies à une puissante Compagnie qui les élargira; elle ne connaîtra pas deux sortes de gages hypothécaires, de propriété solide, d'emprunteur solvable; devant ses statuts, Arabes et Européens, territoires civils et territoires militaires seront égaux : même la loi musulmane devra se plier à la mesure du Code civil, si elle veut trouver grâce devant les jurisconsultes du Crédit foncier. On peut espérer d'ailleurs que les nouveaux développements que la Société prépare, entre autres les prêts sans hypothèques aux communes et aux syndicats, l'organisation du Crédit agricole, profiteront à l'Algérie aussi bien qu'à la métropole. En France, en un mot, la colonisation algérienne aura désormais acquis un nouvel auxiliaire, le mieux accrédité qu'elle puisse souhaiter. A la voix de la première grande Compagnie qui ait réuni dans le même faisceau financier les deux parties de l'empire français, le public capitaliste prendra confiance dans un pays dont il se méfiait jusqu'alors, et l'administration consentira plus volontiers les réformes nécessaires dans l'ordre économique.

Double service que nous estimons au-dessus même des prêts qui ne tarderont pas sans doute à inaugurer l'avénement du Crédit foncier sur la terre africaine !

1860.

VIII

Collège arabe-français.

Le décret du 14 mars, qui institue à Alger un collège arabe-français, ramène l'attention publique sur une des plus importantes entreprises que nous ait léguées la conquête de l'Algérie : nous voulons parler de l'éducation de l'Afrique par l'Europe, des musulmans par les chrétiens.

Cette entreprise, disons mieux, cette mission, les divers gouvernements qui se sont succédé en Algérie depuis 1830 l'ont abordée avec zèle, et ils l'ont avancée dans la mesure de l'état des esprits et des moyens d'action dont ils disposaient, soit en hommes, soit en allocations financières.

Presque au lendemain de la conquête d'Alger, de 1832 à 1836, des écoles mores-françaises furent instituées dans cette ville, ainsi qu'à Oran et à Bone. En 1837, Alger s'enrichit d'une école de langue française à l'usage des Mores adultes. Le 11 mai 1839, une décision royale, sanctionnant du premier coup les vœux les plus impatients, décréta la fondation à Paris d'un collège arabe-français, destiné à donner dans le même édifice, suivant les antiques coutumes du monde musulman, l'hospitalité aux parents et aux voyageurs, et l'éducation aux enfants.

Cette décision n'eut pas de suite, il est vrai, et il n'y a pas à le regretter. Elle était un gage de paix sincère donné au peuple arabe en un moment de suspension d'armes, plutôt qu'un acte suffisamment mûri de bonne administration. Le gouvernement égyptien, dont l'exemple servait d'appui à cette résolution, avait dû expatrier quelques-uns des jeunes gens qu'il destinait aux arts et aux sciences de l'Europe, parce qu'en Égypte brillaient à peine quelques étincelles de civilisation. En Algérie, au contraire, chaque ville est un foyer de progrès d'où rayonnent sur la société musulmane l'attrait et la lumière. Il n'y a donc pas un intérêt suffisant à braver les chances d'une expérimentation lointaine, pleine de périls : l'acclimatation, plus difficile à Paris pour les Arabes qu'à Alger pour les Français ; l'homme s'accoutumant plus volontiers et plus vite au soleil qu'à la glace; la nostalgie, écueil inévitable de toute reclusion d'enfants nomades loin de la patrie, de la famille et de la tente; les lacunes de l'éducation religieuse en un pays sans mosquées et sans imans; les semences imprudentes d'idées et de mœurs, sans rapport avec le milieu où elles doivent fructifier plus tard. Comptons aussi la méfiance des parents, devant tenir en suspicion, non sans quelque fondement, une éducation donnée par le vainqueur, en un pays ennemi et infidèle, hors de leur contrôle personnel, à des distances qui, à cette époque surtout, rendaient difficiles ces visites douces aux cœurs de tous les parents et enfants, musulmans aussi bien que chrétiens. Et pour prix d'une lutte heureuse contre ces difficultés, il est probable que ces jeunes gens, trop bien convertis à la civilisation, dépassant de trop haut et de trop loin l'esprit public de leurs concitoyens, n'auraient retrouvé au sein des tribus que le discrédit et l'impopularité. Le projet fut donc laissé à bon droit dans les cartons, et donna lieu seulement à l'envoi de quelques enfants dans les institutions universitaires et de quelques jeunes gens en promenade à Paris. Si nous en avons exhumé le souvenir, en insistant quelque peu sur ses inconvénients, c'est parce qu'il sourit encore à des esprits distingués qui ne conçoivent pas bien que l'Algérie est la France, qu'Alger est une succursale de Paris, la capitale d'une colonie grande comme un royaume, dotée déjà, ou qui peut l'être, de toutes les institutions d'une civilisation avancée.

Pendant les années suivantes, les plans d'éducation à l'usage des indigènes se renfermèrent dans le cadre de la pratique antérieure. Les écoles mixtes s'établirent ou se consolidèrent dans les principales villes. Les écoles communales s'ouvrirent de plus en plus aux enfants de toute origine. Une école de jeunes filles moresques fut fondée à Alger sous la direction d'une dame française.

La soumission d'Abd-el-Kader, à la fin de 1847, en pacifiant définitivement le pays, permit à la République d'agir avec plus de décision et d'ensemble sur l'éducation indigène. Au collége d'Alger, érigé en lycée, plusieurs bourses furent données à des fils d'interprètes et de chefs arabes. Les écoles mixtes déjà existantes furent réorganisées en quelques villes : ce qui n'était qu'un germe fut développé et constitué. Le décret du 14 juillet 1850 dota d'écoles mores-françaises, tant pour filles que pour garçons, les villes d'Alger, de Constantine, d'Oran et de Bone, et d'écoles de garçons seulement les villes de Blida et de Mostaganem. Enfin, un autre décret du 30 septembre 1850, pénétrant pour la première fois dans le domaine de l'instruction supérieure, fonda des écoles de haut enseignement dans quatre villes : Alger, Tlemcen, Constantine, Médéa, déjà renommées, sous le gouvernement turc, pour la science de leurs docteurs. L'école de Médéa dut être plus tard transférée à Blida, plus riche en maîtres et en élèves.

Tels sont en Algérie les antécédents de la question qui nous occupe. Nous les avons rappelés, en remontant un peu plus haut que ne fait le rapport du ministre, afin de montrer sur quelles bases, préparées de longue main, consolidées par le temps et le succès, repose l'assise nouvelle que le gouvernement ajoute à l'édifice des institutions algériennes en matière d'éducation. Le sentiment qui a inspiré la nouvelle création est excellent; les règles d'organisation paraissent satisfaisantes et se prêteront d'ailleurs aux réformes que l'expérience indiquera. Aussi ne doutons-nous pas de l'excellent effet qu'une telle mesure produira parmi les populations indigènes, et des résultats féconds qu'elle préparera pour l'avenir.

Un seul point nous paraît appeler une sérieuse réserve : c'est celui qui fait de ce collége une institution spéciale placée dans les attributions du ministère de la guerre, et par suite régie militairement.

Nous n'ignorons pas qu'un arrêté du chef du pouvoir exécutif, en date du 16 août 1848, a scindé en deux le service de l'instruction publique en Algérie, laissant les écoles musulmanes au ministère de la guerre et transférant les autres au ministère spécial. Mais cette division n'avait pas empêché le placement d'élèves musulmans au lycée d'Alger; elle n'empêchait pas d'étendre et de généraliser ce précédent, en faisant de l'institution nouvelle une simple annexe, une section du lycée. Le petit nombre d'élèves musulmans avait été le seul empêchement à une discipline particulière d'études, et de là, il faut le reconnaître, quelques inconvénients. Avec une section spéciale, conséquence d'une population plus nombreuse d'élèves, l'enseignement littéraire et scientifique pouvait être, sans sacrifier l'unité supérieure d'administration, adapté aux besoins de la société arabe, et la religion enseignée dans toute sa pureté par un iman, tout comme dans un collége spécial. Dans les récréations seules, les enfants européens et indigènes se seraient mêlés, et auraient contracté de bonne heure cette camaraderie qui prépare les amitiés de l'âge mûr. Dans un contact intime et quotidien se serait effacé ce qui peut se trouver d'antipathies héréditaires; les enfants arabes auraient appris la langue française mieux qu'ils ne le feront quand elle ne sera pour eux que la langue officielle des maîtres, en même temps que les jeunes Européens auraient appris l'arabe mieux que dans une ou deux heures de leçon par semaine. Nous voyons toute espèce d'avantages à ce rapprochement sans y découvrir aucun dommage, tandis que dans la séparation absolue plusieurs inconvénients graves nous frappent à première vue; deux surtout : les barrières élevées entre les races et le choix difficile des professeurs.

On sait la rivalité qui, au sein d'une même ville, existe entre les diverses institutions consacrées à l'enseignement public; grâce à de nombreux contre-poids, cette rivalité devient d'ordinaire la source d'une généreuse émulation. Mais à Alger, se manifestant par un contraste matériel et permanent de costumes, de langues, d'exercices, de régimes, de méthodes d'enseignement, ne se ralliant jamais dans un sentiment supérieur de bon accord, nous craignons bien que cette rivalité n'entretienne, si même elle ne l'excite, l'hostilité des races et des cultes qu'il faut amortir à tout prix. Ce sont des germes de division semés dès le jeune âge dans un champ où ils ne lèvent que trop bien. L'enfance est le seul temps de la vie où la fraternité ne soit pas un vain mot et la seule occasion de l'insinuer dans les cœurs. Pourquoi manquer cette occasion?

La condition des professeurs n'est pas clairement indiquée. Le décret ne dit pas dans quels rangs on les recrutera, ni si le ministre de l'instruction publique sera consulté. On se passera probablement de son intervention, parce qu'il ne trouverait pas aisément des hommes de mérite disposés à répondre à son appel. Nous nous expliquons. On sait qu'un des motifs qui ont fait remettre à ce ministre les établissements destinés aux Européens et aux Israélites a été la difficulté de recruter des professeurs de talent qui consentissent à abandonner, sinon leur carrière, du moins la filière de leur avancement hiérarchique, pour s'enrôler sous le ministère de la guerre, qui ne connaît pas leurs antécédents, qui ne s'intéresse pas à eux autant qu'à ses propres fonctionnaires, et ne peut préparer à la distinction de leurs services la récompense d'une position supérieure. On peut se passer d'eux, il est vrai, et prendre en dehors des rangs universitaires. Soit! mais que l'on n'oublie pas que, lorsque le ministère de l'instruction publique reçut en 1848 des mains de son collègue de la guerre le collège d'Alger, il dut renouveler tous les professeurs, à l'exception d'un seul, tant les bons choix, en dehors du ministère spécial, habitué à apprécier les titres, sont difficiles pour des militaires!

Tous ces inconvénients seraient évités, sans perdre aucun des avantages nombreux, précieux de cette création, en faisant de l'institution nouvelle, dans un local agrandi suivant le vœu de la ville d'Alger, une simple annexe du lycée, sous la haute et paternelle direction du ministre de l'instruction publique. L'accessoire suivrait naturellement le sort du principal. De plus, l'économie serait énorme, et ce n'est pas une considération qu'il soit permis de dédaigner dans les questions algériennes.

La séparation absolue, et nous maintenons qu'elle est telle, car la faculté d'admettre des externes européens n'est qu'un palliatif sans portée, acquerrait plus de gravité encore si elle découlait de vues théoriques et d'un plan politique contraires à la fusion des races. Sous ce rapport encore, l'Algérie n'a pas lieu d'être pleinement rassurée.

Les organes officiels du pouvoir ne parlent jamais de cette fusion qu'avec un dédain mal dissimulé, et nous savons en effet que les hommes de guerre qui ont vu les Arabes sous le feu du combat et dans les violences de la lutte ne croient pas la fusion possible; et, n'y croyant pas, ne la souhaitant pas même beaucoup, ils ne prêtent pas volontiers les mains à ce qui pourrait la préparer. Les colons, qui ont fréquenté les Arabes sur les marchés du commerce et du travail, sans croire à une fusion facile et prochaine, la considèrent comme l'espoir légitime d'un lointain avenir. Ce qui en sera, Dieu seul le sait; et nous ne voyons pas le moindre inconvénient pratique à livrer cette question, comme tant d'autres, à la dispute des philosophes et des historiens. Mais il serait profondément regrettable que, sous le prétexte qu'il n'y a pas de fusion possible, on s'appliquât à reconstituer, renforcer et perpétuer la société arabe et musulmane pour assurer au régime militaire un domaine où il régnerait sans partage. Il en est, ce nous semble, de la société arabe comme des vieilles maisons qui ne sont pas à l'alignement; il ne faut ni se hâter de les abattre ni les consolider par des travaux confortatifs : elles doivent achever paisiblement leur temps pour disparaître quand elles menacent ruine. Les bureaux arabes agissent un peu comme ces archéologues qui honorent et font valoir toutes les antiquités à titre de monuments historiques, et demandent à être chargés de leur conservation. Dans une certaines mesure, ce sentiment mérite le respect, mais à la condition de ne pas étouffer le monde moderne sous le monde ancien, la civilisation chrétienne sous la barbarie musulmane. Ne conservons que ce qui mérite d'être conservé. Les familles et les individus seuls ont des droits éternels : la tribu est une forme transitoire. Les colons comprennent mieux les intérêts supérieurs de l'humanité lorsqu'ils demandent que rien n'entrave la décomposition naturelle des tribus et la fusion ou le rapprochement des races, peu importe le nom, dans la mesure qu'il plaira à la Providence de l'accomplir, sous la seule influence du temps et des progrès pacifiques. Il suffit d'observer sur un navire français les mousses arabes recrutés sur les places publiques d'Alger pour constater combien s'évanouit aisément cette antipathie de races quand elle n'est point entretenue par la dififérence des costumes. Ces jeunes marins diffèrent bien moins des marins français que ceux-ci des marins anglais ou hollandais.

Nous ne terminerons pas sans signaler à l'estime publique les protestations réitérées contre l'esprit de prosélytisme qui se remarquent dans le rapport de M. le maréchal Vaillant. En Algérie, l'administration a maintenu avec une indépendance qui l'honore la pleine liberté des cultes contre toutes les suggestions contraires. Mais cette liberté n'est point compromise par le rapprochement des jeux et des travaux de l'enfance. Dans les écoles mixtes de l'Agérie, la distribution des prix donne toujours lieu aux scènes de la fraternité la plus touchante. L'an dernier, à Tlemcen, les élèves des écoles chrétiennes, sous la conduite de leurs Frères, étaient assis sur les mêmes bancs que les jeunes musulmans et israélites, pour recevoir dans une fête commune, des mains des mêmes autorités, leur part de couronnes. On a vu à Oran, succès plus rare, les jeunes filles catholiques, protestantes, israélites, musulmanes réunies dans la même solennité, sous l'œil de leurs pères et de leurs mères, entremêlées dans une même enceinte. Dans toutes ces occasions, la chaleur des applaudissements ne se mesure jamais à l'origine des lauréats, et aucune atteinte n'y est portée à la vivacité des sentiments religieux les plus divers.

Nous tenons que ces manifestations montrent la véritable voie du progrès social, et c'est pourquoi nous regrettons que la création du collége arabe-français d'Alger, excellente d'ailleurs sous tous les autres rapports, ait été engagée, par une simple règle de discipline, dans une voie contraire. L'antagonisme des races et des cultes y sera mis en relief et ravivé au lieu d'être atténué. Serait-ce trop demander pour l'enfance que de l'admettre au bénéfice de cette trêve des antipathies politiques et religieuses qui est un de ses plus beaux priviléges ? Nous ne le pensons pas.

15 avril 1857.

IX

Procès Doineau. — Les bureaux arabes.

Un triste et solennel procès appelait naguère l'attention publique sur les bureaux arabes de l'Algérie. Les débats de la Cour d'assises d'Oran disaient avec quelle tranquillité d'âme on *faisait disparaître*, en territoire militaire, un ennemi dangereux ou un prisonnier de guerre, et avec quelle facilité de rapides fortunes pouvaient s'y amasser. Devant ces accusations, plus nouvelles pour la France que pour l'Algérie, et pendant que l'armée attendait, digne et silencieuse, la magistrature n'a pas caché ses douleurs ni le barreau contenu ses critiques. Le gouvernement lui-même a été peut-être fort étonné de ce qu'il découvrait, et quelques-uns de ses amis les plus dévoués lui ont fait entendre un langage dont la bienveillance ne déguisait pas entièrement la franchise. Pour nous, avant de nous associer à la sévérité générale, il nous a paru équitable et convenable d'attendre que le *Moniteur algérien*, qui s'était empressé d'annoncer une justification des bureaux arabes, eût accompli sa tâche. Aujourd'hui qu'elle est terminée, nous pouvons avec plus de confiance exposer nos propres appréciations.

Nous déclarons d'abord sans détour que l'idée de supprimer

les bureaux arabes, qui se présente naturellement à l'esprit, nous paraît absolument inadmissible, et qu'il ne peut être question que de leur réforme. Entre le peuple conquérant et le peuple conquis, séparés par de profondes différences et des antipathies natives, un organe intermédiaire est indispensable pour servir d'interprète aux volontés de l'un et aux vœux de l'autre. Aussi croyons-nous que lorsqu'en 1844 le gouvernement du roi Louis-Philippe, sanctionnant les vues du maréchal Bugeaud, donnait aux bureaux arabes, déjà introduits dans la pratique par la force même des faits, une consécration légale, il appliquait une idée juste et faisait acte de prévoyance politique. Le nom même de bureau arabe était bien choisi, car il indiquait un rôle secondaire, subordonné à une direction supérieure. Et si la fonction eût toujours répondu au titre et aux attributions qui en découlaient régulièrement, l'institution eût échappé à tout reproche sérieux, sans cesser de rendre d'éminents services.

La sévérité de l'opinion est née de déviations manifestes, contraires à nos mœurs et aux lois naturelles de toute organisation normale. Si chacun de nous se plaît à honorer dans des chefs de bureau, au sein des diverses administrations, des fonctionnaires considérables et considérés, il ne saurait consentir à saluer en eux des sultans, maîtres souverains de la vie et de la fortune de leurs administrés, plus puissants eux-mêmes que leurs chefs hiérarchiques, car ils sont affranchis de toute responsabilité. Dans ses méfiances envers de telles usurpations, dès qu'elles existent, l'instinct public mérite d'être appuyé par quiconque a le véritable sentiment de l'ordre et de l'autorité. C'est au reste l'esprit qui dicta l'ordonnance du 1er février 1844, dont un article porte expressément: « Partout et à tous les degrés, les affaires arabes dépendront du commandant militaire, qui aura *seul* qualité pour donner et signer les ordres et pour correspondre avec son chef immédiat, suivant les règles de la hiérarchie. » Voilà les vrais principes fermement posés. Mais à la longue les faits ne l'emportent que trop souvent sur les principes ! C'est ainsi que le bureau arabe s'est emparé du commandement politique dans un trop grand nombre d'affaires arabes ; les bras ont pris le rôle de la tête, et alors l'institution a perdu la popularité et le crédit qui s'attachèrent justement à ses brillants débuts.

Il est vrai qu'à l'origine les circonstances n'invitaient pas à ces empiétements. Durant la période de guerre ou seulement d'agitation, c'est-à-dire jusqu'à la soumission d'Abd-el-Kader à la fin de 1847, lorsque les bureaux arabes appliquaient tous leurs efforts à procurer la défaite et la soumission des tribus, il n'y avait à craindre ni confusion ni conflit des divers pouvoirs. Le commandant militaire dirigeait les opérations ; le bureau arabe, instrument aussi dévoué qu'intelligent, les préparait ou les exécutait. Comme, en fait de tactique et de stratégie, l'officier supérieur par le grade l'est aussi d'ordinaire, et doit l'être toujours, par l'expérience et la capacité, il gardait dans le cours de la campagne et il exerçait le commandement politique dans toute sa plénitude. Le fait répondait au droit.

Avec la paix la situation a changé : aux combats a partout succédé l'administration des tribus. La supériorité légale du commandant politique, n'ayant plus guère à s'appliquer qu'aux affaires des tribus, a dû s'amoindrir partout et quelquefois s'effacer devant la compétence spéciale des officiers des bureaux arabes. Ceux-ci, généralement jeunes, actifs, très-capables, ambitieux même, il n'y aucune honte à l'avouer, versés dans la langue et familiers avec les mœurs des indigènes, sont devenus les maîtres des situations et les arbitres des difficultés : ils ont conquis le premier rang et l'autorité. Suivant une expression déjà employée, ils sont devenus les sultans des Arabes. Le commandement politique a pris le caractère qu'il prend partout où gouvernent des maires du palais, un caractère honorifique plutôt qu'actif; ou du moins sa part d'action, réservée à l'administration des troupes françaises ou aux rares affaires d'une gravité exceptionnelle, s'est trouvée presque insignifiante, comparativement à la part déléguée aux bureaux arabes, que l'on a investis du gouvernement des tribus qui composent presque toute la population et occupent la plus grande partie du pays.

Ainsi s'est établie, par une gradation inaperçue, avec le respect de toutes les formes légales, une interversion complète des rôles. L'inférieur a réellement administré; le supérieur a laissé faire, tout en acceptant la responsabilité. La nature même des services a aidé à ce déplacement d'attributions. Tandis que le commandement se personnifie dans un officier supérieur qui arrive aujourd'hui et part demain, sans laisser d'autre trace qu'un nom et un souvenir, bientôt effacés, le bureau arabe est un être collectif qui a ses racines dans le pays, ses traditions, ses influences acquises et transmises : il devait n'être qu'une branche de service, il est devenu une institution à part et indépendante. D'un fonctionnaire qui passe et disparaît, on s'inquiète peu, quelque haut qu'il soit; on compte sérieusement avec un corps qui dure, quelque rang subordonné que la loi lui attribue : c'est la force des choses.

Le gouvernement de la colonie, soit en Algérie, soit en France, enclin à une bienveillance toute paternelle pour les bureaux arabes, n'a peut-être pas surveillé avec assez de rigueur leurs tendances à l'émancipation. Elles frappent pourtant l'œil de quiconque parcourt l'Algérie, car elles éclatent même dans les symboles extérieurs, tels que l'architecture, les solennités publiques, les honneurs officiels.

Dans la plupart des postes ou des places de guerre en Algérie, près du modeste logement accordé au commandant supérieur, s'élève avec la majesté d'une grande caserne ou l'élégante coquetterie d'un petit palais l'édifice consacré aux affaires arabes. Pour en accroître l'importance, on y annexe volontiers la mosquée, le prétoire, le marché, le caravansérail, le café, les bains. Les Arabes pourraient-ils ne pas y voir le centre de l'autorité qui les gouverne, et ne pas considérer le maître de ces lieux comme le maître de leur destinée ?

Dans les solennités publiques, quel spectateur n'a pas été étonné de voir le splendide et imposant cortége de cavaliers indigènes qui se groupent et paradent autour du chef des affaires arabes ! Aux yeux éblouis des populations, la meilleure part du prestige et des honneurs ne remonte certainement pas au fonctionnaire le plus élevé en grade, au vrai président de la réunion : pour les foules, le personnage le plus entouré paraît le plus éminent.

Les Européens eux-mêmes se rendent complices de ces écarts de hiérarchie. Un voyageur veut-il parcourir le pays en dehors du cercle de la colonisation ? Sa première visite, quelquefois la seule, est pour les officiers du bureau arabe auxquels il reportera sa reconnaissance, et de proche en proche, sous la plume des écrivains, c'est au bureau arabe que l'on rendra hommage pour la sécurité qui règne en Algérie. En toute vérité, cette sécurité est due aux armes, au drapeau, à la justice de la France, personnifiés non dans l'instrument secondaire de son action, mais dans l'autorité supérieure du cercle ou de la province.

Erreur plus étrange ! le ministère de la guerre lui-même, dans ses rapports et ses publications, tombe dans la même faute, en glorifiant sans cesse les bureaux arabes pour leur action particulière, tandis qu'il revendique avec raison pour lui-même ou pour ses représentants officiels le mérite des travaux accomplis par ses autres bureaux.

Ainsi passe dans les mœurs publiques la violation permanente de cette règle essentielle de toute hiérarchie, d'après laquelle la puissance et les honneurs doivent toujours se mesurer à la fonction. Où cette règle est méconnue il faut s'attendre à de graves désordres et à de déplorables scandales. Le procès d'Oran a fourni à cet égard des leçons trop retentissantes pour que nous devions les commenter. Sur une terre française il ne doit pas y avoir de sultan ; et si par un tel titre l'adulation arabe n'entend signaler qu'une haute et légitime influence, ce titre appartient au seul représentant politique du gouvernement, préfet, sous-préfet, général ou commandant supérieur, suivant les territoires. Rien dans les allures ou dans les actes des fonctionnaires ne doit appeler une telle qualification sur la tête d'un simple chef de bureau.

Sans insister sur des débats judiciaires dont il est à croire que l'on aura compris toute la portée, nous aimons mieux compléter cet examen des causes premières du mal que nous signalons par l'indication des réformes qu'appelle l'intérêt public. Elles doivent tendre toutes à rentrer dans l'esprit et dans la lettre de l'arrêté ministériel du 1ᵉʳ février 1844, qui n'attribue au bureau arabe que le caractère d'un instrument d'études et d'action, et réserve au commandant militaire la direction suprême, même dans les affaires indigènes. Le fait doit être remis en accord avec le droit ; le contrôle doit redevenir sérieux, et le pouvoir se mesurer à la responsabilité.

Il y aurait donc, suivant nous, d'abord à remettre en vigueur l'ordonnance royale du 1ᵉʳ avril 1841, d'après laquelle nulle condamnation à mort ne doit être exécutée sans l'autorisation expresse du chef de l'État, à qui un rapport spécial doit toujours être préalablement adressé. Le gouverneur général (mais le gouverneur général *seul*) n'est autorisé à provoquer l'exécution que dans les cas d'extrême urgence, et à la charge d'en rendre compte immédiatement au ministre de la guerre.

Il y aurait à rappeler à tous les militaires, investis d'un commandement, que le gouvernement politique des tribus constitue, dans l'état actuel de l'Algérie, leur principale fonction, leur principal devoir; qu'il ne leur est permis, sous aucun prétexte, de le déléguer en tout ou en partie, sans engager très-gravement leur responsabilité. Si au-dessous d'eux ils ont des chefs de bureau et des employés pour l'étude des affaires, eux seuls sont les directeurs.

Ramenés à leur véritable rôle, les chefs de bureaux arabes, sans cesser d'être les auxiliaires et les organes de la politique de leur chef militaire, deviendraient essentiellement des agents de l'administration des tribus, comme le sont à Alger les commis du bureau indigène annexé au secrétariat général du gouvernement, comme le sont dans toutes les préfectures de l'Algérie les chefs de bureau arabe départemental. Depuis surtout que la paix est devenue l'état général et normal de l'Algérie, les fonctions des uns et des autres sont tout à fait analogues, et certes, il ne viendra jamais à l'esprit des populations de personnifier dans ces derniers la souveraineté de la France.

Tout maniement de fonds devra être attribué au ministère des finances et soumis aux règles ordinaires de la comptabilité. Toute preuve de la convenance et de l'urgence de cette réforme est superflue. Le *Moniteur algérien* assure qu'elle est déjà accomplie; nous pensons qu'elle ne l'est encore que partiellement et imparfaitement, à moins d'instructions inédites qu'il nous est permis d'ignorer.

Enfin, les indigènes, surtout les fonctionnaires, devront être autorisés à aborder leurs chefs hiérarchiques et les administrateurs français suivant les règles établies pour les Européens. Tant qu'un agha ou un kaïd ne pourront approcher d'un général, tant qu'un débiteur ne pourra se rendre chez le percepteur des finances qu'escorté ou plutôt surveillé par un membre du bureau arabe, les excès de pouvoir et les exactions resteront inconnus; et cela souvent même sans que la volonté du chef du bureau arabe y soit pour rien, et uniquement par le zèle inintelligent ou coupable d'un subalterne.

Les signes extérieurs, symbole des idées, devront répondre à ces réformes. Le local des affaires arabes devra être dans l'hôtel ou dans les bureaux du commandant supérieur ; les chefs de service devront travailler sous ses yeux ou à sa portée ; il devra se réserver la signature des ordres et de la correspondance. C'est autour de lui que les *goums* devront se rallier, comme à leur véritable chef. C'est à lui qu'auront affaire les voyageurs et les fonctionnaires civils.

Par ces mesures, qui ne sont pas des expédients de circonstance, mais qui sont les règles mêmes de toute organisation, seront conjurés la plupart des désordres qui ont alarmé la conscience publique. Ce n'est pas que des abus ne soient encore possibles, ils sont, en un pays conquis, le fruit naturel d'un pouvoir presque absolu ! Mais ils seront infiniment plus rares, parce qu'avec les positions s'élèvent le sentiment du devoir, la publicité des fautes et la responsabilité réelle.

Il reste cependant un dernier contre-poids à l'exagération du pouvoir militaire en Algérie : c'est un large développement de la population et de la colonisation européennes, qui entoure ce pouvoir d'une masse d'intérêts tellement liés et puissants que tout écart grave lui devienne impossible. Mais par cette indication nous touchons aux rapports des bureaux arabes avec la colonisation, sujet trop important pour n'être pas traité avec quelque détail. Nous y reviendrons et nous répondrons en même temps à ceux qui persistent, avec une confiance quelque peu candide, à inviter l'autorité militaire à donner sa démission aux mains de l'autorité civile.

Novembre 1857.

Procès Doineau. — Les bureaux arabes (*suite*).

Nous avons essayé, dans un précédent article, de saisir, à leur source même, les déviations que l'on reproche, non sans quelque fondement, aux bureaux arabes. A l'origine, simples instruments d'études et d'exécution, ils ont peu à peu empiété sur le commandement politique, et ils sont devenus, en beaucoup de cercles, les maîtres réels des affaires indigènes. Les tribus, croyons-nous, n'ont pas eu à s'en plaindre autant que nos amis les Anglais et que quelques Français, qui se font leur écho, se plaisent à le dire. Nous pensons, au contraire, que, considérée dans son ensemble, l'action des bureaux arabes, à l'égard des indigènes, a été bienfaisante, tutélaire, civilisatrice; en aucun temps, en aucun pays, les habitants primitifs d'un sol dévolu à la colonisation n'ont été traités par les conquérants avec une pareille mansuétude. Mais la même toute-puissance qui a dû faire et a fait beaucoup de bien, se trouvant livrée parfois à des mains dont la sagesse n'était pas le seul guide, a pu faire et a fait certainement de temps à autre quelque mal, avec d'autant plus de facilité qu'elle se sentait affranchie de tout contrôle sérieux et de toute responsabilité légale. Là se trouve une grave et funeste atteinte aux principes de toute bonne organisation et à nos devoirs de peuple vainqueur; nous avons dû la signaler.

Nous voudrions aujourd'hui montrer comment la même faute a nui bien davantage à la colonisation européenne, en créant aux bureaux arabes des sentiments et des intérêts contraires à cette colonisation. Mais nous ne pouvons mettre notre pensée dans tout son jour sans toucher par quelques mots à tout le système des institutions militaires de l'Algérie.

Dans ce système, le gouvernement supérieur est confié au ministère de la guerre représenté, à la tête de la colonie, par un gouverneur général qui est aujourd'hui, et sera sans doute désormais, un maréchal de France ; à la tête de chaque province, par un général de division, et à la tête des subdivisions et des cercles, par des officiers généraux ou supérieurs de divers grades. Au-dessous ou à côté d'eux fonctionnent des préfets et des sous-préfets pour les territoires civils. Les esprits même qui désireraient voir la direction politique à tous les degrés remise à des fonctionnaires civils, parce que ceux-ci se livreraient exclusivement aux soins de la colonisation, qui, pour les militaires, ne viennent qu'en seconde ou en troisième ligne, ces esprits doivent néanmoins reconnaître que rien, dans le mécanisme actuel, n'est essentiellement contraire aux intérêts des colons. En effet, chaque commandant politique embrasse dans l'unité de son territoire les Européens aussi bien que les indigènes; pour lui les intérêts des uns ne peuvent être opposés aux intérêts des autres, et sa mission consiste à les concilier. Plus intime sera le rapprochement des races, plus facile sera l'administration. Que le cercle auquel préside un officier se peuple d'Européens, son pouvoir sera agrandi et non diminué, car les nouveaux venus seront ses administrés au même titre que les Arabes eux-mêmes. Les progrès accomplis par ceux-là aussi bien que par ceux-ci rejailliront comme un honneur sur le fonctionnaire qui les aura provoqués ou favorisés.

Voilà bien, sauf un peu d'inexpérience des chefs militaires dans le maniement des affaires civiles, les conditions normales de tout gouvernement. Aussi les faits répondent-ils aux promesses de la théorie. Depuis que la question de l'Algérie s'est dégagée des hésitations et des luttes des premiers temps, il n'est pas un ministre de la guerre, pas un gouverneur général qui n'ait pris à cœur, avec une sollicitude active et soutenue, la colonisation européenne. Presque toujours ils ont trouvé dans les commandants de province des interprètes zélés de leurs vues politiques en cette matière. Quant aux chefs militaires d'un rang moins élevé, quelques-uns ont pu se montrer indifférents à un ordre d'études et de travaux qui ne leur était pas familier; mais ç'a été le très-petit nombre. L'immense majorité des commandants de tout grade s'est associée de cœur et d'action aux projets de l'autorité supérieure et aux efforts des colons. On n'en citerait peut-être pas un seul qui ait été de parti pris hostile à la colonisation, tandis qu'on en citerait beaucoup qui s'y sont distingués et ont mérité que, dans la mémoire reconnaissante des habitants, leur nom survécût à leur pouvoir.

Comme telle est la vérité, la colonie se montre impartiale, souvent bienveillante à l'égard des commandants militaires, et elle attend sans trop d'impatience que, dans chaque centre de population, le moment vienne de confier l'administration aux autorités civiles.

Il en est autrement à l'égard des bureaux arabes, dont on supporte avec peine ce que l'on appelle le joug et les usurpations. En se détachant, par une émancipation silencieuse, mais persévérante et continue, du sein du commandement politique pour former en dehors une institution à part, identifiée de cœur, d'esprit et de langage avec la société arabe, ces bureaux se sont fait une situation contraire aux développements de la colonisation européenne. L'intelligence et le patriotisme de quelques officiers peuvent bien triompher çà et là des instincts de leur position; mais de telles victoires sur soi-même ne sauraient être fréquentes, car elles supposent la vertu d'une haute abnégation. Aucun pouvoir, et surtout le pouvoir absolu, n'aime à se voir amoindrir : or, tout progrès de la colonisation amoindrit les bureaux arabes militaires, si bien que, lorsque l'Algérie sera pleinement colonisée, ils seront parfaitement inutiles, comme ils le sont déjà en territoire civil. Comment l'esprit de corps, ainsi menacé, ne lutterait-il pas, instinctivement ou sciemment, contre la marée montante de l'émigration et de la colonisation? En douter, ce serait méconnaître les lois les plus certaines de la nature humaine et nier l'évidence des faits.

Un préfet propose-t-il de resserrer un peu, pour faire place aux émigrants, les Arabes qui promènent à travers une immense étendue de terres incultes leur paresse de peuple pasteur et nomade, le bureau arabe ne se prête que de mauvaise grâce ou résiste même à un démembrement du territoire sur lequel il règne. Quelques tentes, parmi les tribus de son ressort, veulent-elles aller se transporter, pour une cause avouable, en territoire civil, le bureau arabe, au lieu de se réjouir qu'une agrégation politiquement dangereuse et peu favorable à la production se décompose au profit des familles et des individus appelés à plus de liberté et de prospérité, se récrie contre l'*égrenage* des tribus, et s'y oppose autant qu'il le peut; il imagine même des formalités arbitraires et coûteuses qui empêchent ses administrés de fréquenter les marchés ou de visiter leurs parents ou leurs amis en territoire civil. Enfin, des colons témoignent-ils l'intention de s'établir en territoire militaire, à portée ou au sein des tribus, le bureau arabe ne verra certainement pas avec plaisir arriver et grandir des influences avec lesquelles il faudra compter : c'est-à-dire qu'il s'y opposera de son mieux.

De telles allures découlent logiquement de la situation fausse où des empiétements successifs ont conduit les bureaux arabes. De simples agents d'administration devenus les patrons, les avocats, les chefs véritables de la race indigène, tirant d'elle seule leur raison d'être et leur illustration, il s'est trouvé que leur intérêt de corps exigeait la conservation intacte de la nationalité arabe. Cet intérêt s'est vite élevé à la hauteur d'une mission et d'un devoir dont la conscience a aisément formulé la théorie, en exaltant les mérites et les droits des indigènes, en n'appréciant pas ceux des colons à leur véritable valeur. De là à rejeter comme une usurpation toute réduction de territoire, comme un malheur toute décomposition de tribus, comme une chimère tout rapprochement et toute fusion des races; de là à refuser leur concours à la colonisation européenne et à la paralyser par la force d'inertie (car une lutte ouverte est impossible), il n'y avait qu'une petite distance qui a été bientôt franchie par la logique des situations, sans parler de l'ambition des hommes.

Ainsi s'explique cette lenteur des progrès de la colonisation algérienne, qui afflige tous ceux qui avaient fondé sur ce beau pays de brillantes espérances, toujours ajournées ou déçues.

Nous avons maintes fois constaté l'attitude pleine de réserve que conserve depuis plusieurs années le ministère de la guerre à l'égard de l'émigration. Il s'est abstenu avec grand soin de toute parole ou de toute mesure qui aurait pu détourner vers notre colonie africaine ces essaims d'émigrants qui, de toutes les parties de l'Europe, et de la France même, s'envolent vers le Nouveau Monde. Ce programme de conduite a été officiellement déclaré à la commission d'émigration constituée en 1854, et depuis lors, comme auparavant, le ministère de la guerre s'y est strictement conformé. Une conduite si différente de celle que suivent l'Angleterre et les États divers de l'Amérique, si préjudiciable aux intérêts de la France comme à ceux de l'Algérie, et si opposée aux vœux bien connus et bien souvent réitérés du gouvernement en faveur de la prospérité de la colonie, une telle conduite est inexplicable pour quiconque ignore les embarras du ministère. Il est embarrassé parce que les émigrants réclament des terres, et il n'y en a pas de disponibles. Les bureaux arabes les détiennent, et ils n'en cèdent guère. En vain ils ont ordre de procéder au cantonnement des tribus, ils le font avec une lenteur telle que dix siècles n'en verront pas la fin, ou bien ils gardent pour les indigènes les meilleures terres et ne livrent aux colons que les plus médiocres. En pareille situation, pousser les émigrants vers l'Algérie, c'est les tromper et les ruiner ; car ceux qui s'y rendent de leur propre mouvement s'en retournent pour la plupart irrités et appauvris. En 1854, sur 36,198 personnes qui sont allées en Algérie, 26,595 en sont reparties, faute d'y trouver une place. Or le pays, grand comme la France, ne compte pas 2 millions et demi d'habitants !

Les colons accusent les bureaux arabes de leurs souffrances, et, sauf la part à faire aux exagérations, même dans les causes les plus justes, ils sont bien excusables. Emprisonnés dans le cercle étroit de quelques hectares comme dans un cadre de fer, ils ne peuvent s'agrandir. La colonie tout entière y a besoin de capitaux; mais les capitaux fuient un pays où l'espace, la première des conditions prospères pour une agriculture naissante, manque à leur essor. Aujourd'hui la densité de population sur les territoires livrés à la colonisation est la même qu'en France, trois habitants pour cinq hectares, beaucoup trop pour une société nouvelle; mais ce ne sont pas les bras qui surabondent, c'est la terre qui leur fait défaut. Les vœux des colons sont d'autant moins suspects qu'ils sont appuyés par tous les fonctionnaires civils. Cependant, pour vaincre la résistance des bureaux arabes, il suffit de les faire rentrer dans leur rôle primitif par une simple instruction officielle et des ordres formels du ministre de la guerre. C'est pour le moment tout ce que l'Algérie réclame ; car, avec une réforme opérée dans ce sens, tomberait la principale barrière qui détourne de l'Algérie l'émigration européenne; du moins les terres pourraient être mises en circulation.

Ces conclusions modérées ne suffisent pas à certains esprits, qui dernièrement réclamaient le remplacement immédiat de l'autorité militaire par l'autorité civile. Nous ne les suivrons pas sur ce terrain. Nous avons l'habitude de porter nos efforts où ils ont quelque chance d'être utiles ; or la destitution ou la démission du pouvoir militaire en Algérie, le surlendemain de la guerre d'Orient, le lendemain de la conquête de la Kabylie, en présence d'un état de l'Europe qui n'est pas encore la paix universelle bien consolidée, ne nous paraît pas une de ces questions qu'il soit urgent de discuter. Nous jugeons même inopportune et contraire à l'intérêt de la colonie toute argumentation qui conduirait le gouvernement à choisir entre le pouvoir militaire et la colonisation.

Heureusement il n'y a aucune antithèse entre ces deux ordres de faits ; bien plutôt ils s'aident mutuellement. Les capitaux, dont le concours est réclamé avec raison, aiment avant tout la sécurité pour les personnes et les travaux, ce qu'une armée nombreuse, brave et disciplinée, procure mieux que la milice. Et quant aux garanties d'ordre civil et administratif, on se trompe en répétant, d'après un préjugé trop répandu parmi ceux qui n'ont pas habité l'Algérie, que ces garanties manquent dans les territoires militaires.

Rien n'est moins exact ; nos lois civiles sont absolument les mêmes dans les deux zones, malgré quelques différences dans le système administratif, si bien que jamais émigrant bien renseigné ni colon sérieux ne s'est inquiété si ses terres étaient en territoire civil ou militaire. Sans entrer dans un débat théorique qui nous mènerait trop loin, nous persistons à opposer à nos contradicteurs l'autorité des faits.

Il est notoire que les concessions sont également recherchées, les aliénations publiques également suivies dans les deux territoires. Les Compagnies, qu'un journal estime, avec une bienveillance tout à fait exagérée, bien au-dessus des familles de colons, sont moins difficiles qu'il ne l'est lui-même. Il saura qu'il s'en est présenté bon nombre, recrutées même parmi les capitalistes anglais, pour exécuter les ports, les routes, les chemins de fer de la colonie, pour exploiter les forêts, les mines et les chutes d'eau ; et si partout elles ne sont pas encore à l'œuvre, il suffit de leurs offres pour démentir les inquiétudes qu'on leur prête gratuitement. En jetant les yeux sur l'Europe, on verra partout les Compagnies immobilisant avec confiance leurs millions dans le sol et les travaux publics, même au sein des États où la volonté du souverain est la loi suprême, et on cessera d'attribuer aux capitalistes, à l'égard des libertés politiques, les seules qui manquent à l'Algérie, des susceptibilités qu'ils n'ont jamais connues.

Ce n'est pas le seul point où ce journal se montre fort mal renseigné. Un seul trait le prouvera : c'est à propos des ventes de terre, dont il persiste, seul entre tous, à méconnaître la portée. Il n'a pas craint d'avancer que les terres domaniales récemment vendues à Sétif aux enchères, n'ont atteint que le prix de 6 à 7 fr. l'hectare : or *le Moniteur algérien* constate que ce prix a été de 75 fr. A l'Habra, on les a payées 80 fr., dans la Metidja 93 fr. Ces chiffres sont authentiques et parfaitement connus, et cependant le monde entier aura été informé par un journal sérieux que tel est le discrédit qui pèse sur l'Algérie, faute de garanties administratives, que la terre s'y vend à peine 6 à 7 fr. l'hectare ! Singulière façon, on en conviendra, de servir un pays pour lequel on professe une admiration et un amour sans bornes !

Aujourd'hui l'effort de la colonie se porte sur trois objets : la franchise d'entrée dans la métropole pour ses produits, la reconnaissance et la vente des terres domaniales, l'exécution des chemins de fer. Ces trois succès, on peut les obtenir du gouvernement militaire tout aussi bien et plus facilement peut-être que d'un gouvernement civil. Le patriotisme intelligent doit donc s'abstenir d'aliéner à l'Algérie la bienveillance du ministère de la guerre, en lui demandant son abdication, alors qu'il suffit d'une réforme des bureaux arabes pour aplanir les principales difficultés du temps présent.

A chaque année suffit sa peine. Lorsque, grâce à ces trois

capitales réformes obtenues, la population de l'Algérie aura décuplé en peu d'années, lorsqu'à sa suite la colonisation aura pénétré dans tous les recoins du pays, les intérêts civils auront acquis une importance qui leur permettra de solliciter une plus large part dans l'administration. Le pouvoir militaire cédera de bonne grâce quelque chose de sa suprématie, comme il l'a fait déjà par l'institution des préfets, des sous-préfets, des commissaires civils, des maires, des magistrats et des fonctionnaires de tout ordre. Et le jour viendra où l'équilibre s'établira à l'amiable entre l'un et l'autre pouvoir, dans la mesure même qu'appellera l'intérêt public : les uns garderont les affaires militaires, les autres prendront les affaires civiles. Vouloir précipiter aujourd'hui ce résultat, c'est vouloir cueillir le fruit avant sa maturité.

Décembre 1857.

Une interversion a été faite par erreur : le Collége français-arabe et le procès Doineau devaient faire suite au *Décret sur la Décentralisation*, page 74.

X

D'Alger à Tombouctou.

On se souvient peut-être qu'au mois de janvier dernier, quatre voyageurs au vêtement sombre, à la face voilée, entraient dans Alger, montés sur des chameaux d'une espèce nouvelle. Pendant que la curiosité de la foule était excitée par leur bizarre accoutrement et leurs armes de sauvages, quelques vieilles négresses se sauvaient tremblantes de peur, comme sous le coup d'une lointaine et effrayante réminiscence. Les explications d'un officier français et de Sidi-Hamza, notre khalifa des Ouled-Sidi-Cheikh, qui accompagnaient les inconnus, donnèrent bientôt la clef du mystère. Ces étrangers appartenaient à la nation des Touaregs, Arabes de proie, suivant l'expression africaine; pirates du désert, comme disent les écrivains d'Europe : peuplades d'origine berbère, disséminées entre le Sahara algérien et le Soudan, au milieu de vastes et inabordables solitudes, où elles vivent de brigandages, rançonnant ou pillant les caravanes, et enlevant les nègres pour les revendre aux trafiquants de l'intérieur et de la côte.

Quel motif amenait ces habitants du désert dans une ville où aucun des leurs, de mémoire d'homme ou d'historien, ne s'était jamais montré? A les entendre, c'était un sentiment de paix et d'amitié, un désir de commerce. Attirés par le renom de nos richesses et de nos exploits, ils venaient faire connaissance, au nom de leurs frères, avec le sultan d'El-Djezaïr, la bien gardée, et lui proposer un pacte d'alliance.

Présentés au gouverneur général, ils lui ont dit : « Vous avez des *chachias* (calottes rouges de laine), des draps, des soieries, des cotonnades, des pipes; portez-nous ces produits de votre industrie et d'autres encore, et nous vous donnerons en échange de l'ivoire, des peaux de toutes sortes d'animaux, des parfums, de la cire, de la gomme, de la poudre d'or : nous y trouverons les uns et les autres des bénéfices considérables, et ces bénéfices resserreront de jour en jour les liens de notre amitié. »

Autant que le voyage lui-même, la dignité de leur attitude, la gravité de leur langage confirmaient la sincérité de cette déclaration. L'accueil du gouverneur général comme celui de la population a dû les convaincre que leur mission répondait aux intérêts et aux vœux de l'Algérie. Il n'a plus été question de leurs méfaits, tant l'indulgence est naturelle au cœur des Français ou l'oubli facile à leur mémoire! Promenés, fêtés pendant dix jours, courant des salons au théâtre, des jardins publics à l'hippodrome, où leurs chameaux dits *mehari* ont un peu déçu l'attente des curieux, les Touaregs ont repris la route de leurs déserts, emportant sans nul doute un souvenir reconnaissant de l'hospitalité française. Ils eussent laissé eux-mêmes de leur passage une impression aussi durable qu'elle a été vive, sans les préoccupations politiques du moment; car il y avait dans cette démarche un hommage spontané de la barbarie envers la civilisation digne de survivre aux incidents éphémères de la vie courante.

Avec le calme de la paix il convient, ce nous semble, de rappeler et d'apprécier le programme des Touaregs. Entre les terres tout à fait ignorées ou peu connues, l'Afrique centrale sollicite plus que toute autre les recherches de la science et du commerce. Depuis un demi-siècle, le Soudan, ou pays des Nègres, est devenu l'objet des plus hardies explorations, dont les points de départ ont été Tunis, Tripoli, la haute Égypte, le Sénégal; c'est par dizaines que se comptent déjà les voyageurs qui ont péri victimes de leur courage; et néanmoins le Soudan, et en avant du Soudan le Grand-Désert, et derrière le Soudan le centre de l'Afrique, sous l'équateur et dans l'hémisphère méridional, sont couverts encore de voiles qu'aucune main n'a pu soulever. Si un Français, René Caillé, a eu la gloire, il y a trente ans, de révéler Tombouctou à l'Europe, son exemple, que la possession de l'Algérie aurait dû, semble-t-il, rendre fécond, n'a pas trouvé chez ses compatriotes un seul imitateur. La commission scientifique de l'Algérie, instituée prématurément, n'a pu dépasser le rayon de notre domination en 1840, c'est-à-dire les premiers horizons du Tell. Le commerce s'est tenu encore plus à l'écart des spéculations lointaines, et les caravanes elles-mêmes commencent à peine à reprendre la direction de l'Algérie, qu'elles ont abandonnée pendant vingt-cinq ans. Il est juste de dire que la réduction d'abord, et plus tard la suppression de l'esclavage, en tarissant la source du principal trafic et des plus hauts bénéfices, ont contribué autant que la guerre à rejeter les caravanes à l'est et à l'ouest.

Fidèle à son génie national, l'Angleterre est venue en aide par la politique au zèle de ses missionnaires, de ses savants et de ses marchands. Elle a installé un consul à Ghedamès, un autre à Morzouk au cœur du Fezzan, au seuil du Grand-Désert. Sous les auspices d'autres consuls, le Maroc tout entier est traversé par les courants du commerce anglais, qui alimente en contrebande toutes nos oasis méridionales et jusqu'à la ville de Tlemcen. Au cœur de l'Afrique, nous le retrouvons remplissant des produits nationaux les boutiques des marchands blancs et noirs, musulmans et juifs, des cités du Soudan.

Par ce rapprochement, nous faisons appel seulement à une noble émulation. Dieu nous garde d'aucune envie ! Mais le moment n'est-il pas favorable pour rappeler à la France que du côté de l'Europe, l'Algérie est la route la plus courte des oasis sahariennes et du Soudan ? et cette route sera désormais la plus facile et la plus sûre, grâce aux bonnes dispositions des Touaregs.

Sur l'aile de la pensée et à titre d'amorce, de prélude peut-être à une prochaine réalité (car le projet d'une exploration de l'Afrique centrale, hautement encouragée par la Société de géographie, fermente dans bien des têtes), osons tenter ce long et hardi voyage. Puissions-nous recruter une nombreuse caravane de lecteurs sympathiques !

Nous sommes à Alger, à Oran, à Bone ou à Philippeville, peu importe le point de départ : tous les chemins d'Algérie mènent au Désert. Devant nous, de l'est à l'ouest, se déroule une première zone coupée de monts et de plaines, que l'on appelle le Tell, nom arabe qui, d'après le savant M. de Slane, signifie colline, et ne dérive pas de *tellus*, mot latin inconnu aux conquérants musulmans de l'Afrique. Pour peu que les pluies n'aient pas trop défoncé les routes, on traverse en une journée de diligence, ou plutôt d'omnibus, la moitié à peu près de cette bande, et sur le soir on se trouve à Médéah, à Tlemcen ou à Constantine, au cœur du pays. Là on s'organise en convoi pour suivre la route du sud à cheval ; mieux vaudrait monter de suite à chameau, si l'allure de cet animal ne donnait aux Européens novices la peur d'un affreux mal de mer, ce qui les engage à retarder autant que possible cette dure nécessité, à laquelle on s'habitue du reste assez vite, comme on l'a vu par l'exemple des soldats chargés d'organiser, tant en Égypte qu'en Algérie, des régiments et des compagnies de dromadaires. En un jour ou deux de marche, on peut atteindre les limites du Tell, et l'on entre dans la seconde zone, d'un aspect tout différent, qui se nomme le Sahara algérien, parsemée d'îles de verdure qui sont les oasis. Comme ces îles sont les étapes des caravanes dans tout le désert, apprenons, dès le début de notre voyage, à les apprécier.

Le Sahara, quoique infiniment moins accidenté que le Tell, ne forme pas un plateau uni. Tantôt il est creusé en cirques profonds, tantôt il incline fortement, surtout vers le sud, tantôt ses roches se brisent en couches tourmentées. Dans les plis du sol, au pied des collines, au plus profond des étroits défilés, partout où coule un filet d'eau (*ouad*) se forme une oasis (*ouadhl*). Dans certaines régions, autour de Tuggurt notamment, de vrais puits artésiens, creusés par les indigènes, et tout récemment par les Européens, font jaillir l'eau d'irrigation d'une profondeur qui varie de 30 à 80 mètres. Par tout le Sahara, l'eau est le principe de la production, et par suite de la population. Qu'une fontaine tarisse, qu'un puits se comble, et un foyer de population et de travail s'éteint; humble foyer qui disparaît sans laisser d'autre trace qu'une vague tradition et quelques ruines. Qu'une source filtre à travers les parois des roches, que la pioche ou la sonde creuse un puits, et aussitôt une oasis naît, fleurit et se peuple. Sur le roc le plus voisin se groupent les maisons du village, bâties en pierres ou en briques cuites au soleil ; tout le sol irrigable se couvre de plates-bandes cultivées et d'arbres fruitiers qu'une première enceinte protége contre les sables et les ennemis. Une seconde entoure et défend les habitations, pour lesquelles une forteresse ou *kasba* veille du haut de ses tours. Une mosquée sanctifie cette laborieuse création, en faisant retentir au-dessus des terrasses les pieux et réguliers appels de la prière. Quand les discussions civiles, malheur fréquent, hélas! aussi bien dans les villages du Sahara que dans les royaumes d'Europe, ne divisent pas les populations en partis divers, ce nid d'ombrage, asile de paix et de travail, prospère sous le plus naturel des gouvernements, une *djemâa*, ou assemblée de notables, présidée par un cheikh reconnu plutôt que nommé, très-puissant, sinon absolu.

Dans toutes les oasis sahariennes, un arbre décore le paysage, nourrit et enrichit la population : c'est le palmier-dattier, à la haute et svelte tige, aux élégants et verdoyants panaches. Les plantations de palmiers y forment de véritables forêts, en entier créées de main d'homme. Sous leurs voûtes ondoyantes, croissent les arbres les plus variés : figuiers, grenadiers, jujubiers, abricotiers, pêchers, entre lesquels serpentent en torsades gigantesques des vignes aux lourdes grappes noires. Au dire d'un voyageur (1) dont le témoignage suppléera au notre, car il ne nous a été donné de visiter que les jardins plus modestes du Tell, ces forêts splendides, belles dans tous les temps, le sont surtout à l'époque des grandes chaleurs, alors qu'au loin tout est brûlé, et que la vue, franchissant la plaine étincelante de lumière, ne rencontre à l'horizon que le flanc rougeâtre des montagnes stériles. Un air frais y circule, rapide et plein d'aromatiques émanations; à travers les colonnades sans fin des troncs de palmiers, l'ombre, une ombre légère et douce projetée par les feuilles effilées des palmes flexibles, y invite au repos; mille oiseaux, voltigeant au milieu des rameaux touffus, égaient de leurs chants le calme délicieux qui vous entoure. En créant ces jardins, l'homme n'a cherché que le produit, bois ou fruit; la nature lui venant en aide, il a rencontré la plus ravissante poésie. Si d'une oasis à l'autre le paysage est souvent sévère jusqu'à la tristesse, tous les enchantements de l'œil et de l'âme vous attendent à la halte, et le contraste en doublera les charmes.

(1) M. O. Mac Carthy.

Mais ces landes elles-mêmes, qui sont le cadre habituel du voyage, sont loin d'être sans prestige. Longtemps discréditées sous le nom de désert, elles se peignaient à la pensée comme des plaines de sables mouvants, brûlées par des chaleurs caniculaires et peuplées de tigres et de lions ou de reptiles venimeux, images en petit du Grand-Désert, tel qu'on se le figure encore. Entre autres écrivains, un officier français a soufflé sur ces fantômes et les a dissipés. Du fond de son cabinet de directeur des affaires arabes à Alger, M. le lieutenant-colonel Daumas a scruté les mystères de ces solitudes en questionnant des milliers d'Arabes et en soumettant leurs déclarations à un sévère contrôle. De son enquête est résulté un livre précieux, le *Sahara algérien*, exact comme un procès-verbal, coloré comme un poëme, qui a eu l'honneur d'ouvrir la voie à de plus complètes investigations. Ce pays, prétendu inhabitable, se trouve pour le moins aussi peuplé que les campagnes du Tell. Où nous supposions des sables stériles, le Saharien admire des steppes verdoyantes pendant une moitié de l'année ; terre de richesse par le bétail qu'elle nourrit, terre de fêtes et de plaisirs par les joies de la chasse au faucon ou au lévrier, par les tournois de l'amour et même les jeux sanglants de la *razzia*, avant que les Français y missent ordre. Se montre-t-on disposé à plaindre ses habitants des nécessités de la vie nomade? Il n'est de bonne eau, vous répondent-ils, que celle qui toujours coule. Ramené à un sentiment plus large, l'esprit civilisé se fait vite à une estime sincère du Sahara, et pour peu que l'âme soit disposée au recueillement, elle écoutera bientôt avec amour, dans les chants des bardes sahariens, que personnifie avec éclat Abd-el-Kader, toutes les grandes harmonies de la nature : horizons infinis dont la merveilleuse transparence de l'air permet de suivre toutes les dentelures ; éblouissantes splendeurs de la lumière solaire ; incomparable sérénité des nuits étoilées, fraîches rosées du matin, tièdes brises du midi, le calme de l'immensité. Au jour naissant, le paysage s'anime du bêlement des troupeaux, des pas légers de la gazelle, ou des courses précipitées de l'autruche et de l'antilope, pendant qu'au haut des cieux l'aigle plane. Impressions instinctives ou raisonnées, ces scènes exaltent l'âme du Saharien, et le pénètrent d'une sève enivrante de liberté qui lui fait prendre en profond dédain l'homme du Tell enchaîné à la glèbe par une maison de boue.

Si la poésie commence la réhabilitation du Sahara, il appartient à l'économie rurale de la compléter. Il suffit de signaler l'analogie qu'un tel pays présente avec un autre désert, inaperçu de tous, qui existe en France même, et où la neige et le froid jouent le même rôle que le soleil et le sable en Afrique.

Nous voulons parler de cet énorme massif de montagnes qui sépare le bassin de la Garonne de celui de la Loire, et que les rails du Grand-Central enserrent de toutes parts sans l'avoir encore entamé. Sous les noms de Mont-Dore, de Cantal, de Cévennes et autres, ce massif étend ses plateaux ou ses versants sur un groupe de départements : le Puy-de-Dôme, le Cantal, l'Aveyron, le Gard, la Lozère, l'Ardèche, la Haute-Loire. Pendant plus de la moitié de l'année, les sommets de ces chaînes sont de vrais déserts couverts de neige, abandonnés des hommes et des bestiaux ; seulement dans les vallées les mieux abritées se cachent quelques hameaux et villages, centres de production et de commerce, étapes et refuges du voyageur, véritables oasis de la montagne. Autrefois des monastères s'élevaient aux endroits les plus périlleux pour recueillir le pèlerin chrétien, comme aujourd'hui les *zaouïas* sur les routes isolées du pèlerin musulman. Vienne le soleil de mai fondre ces neiges, et le pays tout entier devient un immense et frais pâturage où s'empressent d'accourir les bergers des plaines basses avec leurs troupeaux de vaches ou de moutons. La solitude aussitôt s'anime, se peuple et s'égaie.

Ainsi s'écoule la saison d'été. Aux premiers froids d'octobre, l'émigration (l'agriculture dit la *transhumation*) salue avec tristesse ses derniers beaux jours; bientôt la neige tombe, et, comme la sécheresse au Sahara, elle chasse bergers et troupeaux vers la région avoisinante du Tell. Le silence régnera de nouveau pendant tout l'hiver sur les montagnes. L'Arabe qui les visiterait dans cette saison les prendrait pour les plus inhospitaliers des déserts, et ne manquerait pas de dire que les populations ne peuvent y vivre, menacées qu'elles sont d'y être englouties sous des avalanches de neige et des blocs de glace. Ainsi avaient jugé du Sahara les Français, pour n'en avoir connu qu'un aspect; ainsi font-ils encore du Grand-Désert! Epouvantails qui ne sont que des illusions!

Par ce simple rapprochement, on apprend à distinguer les déserts éternels, inaccessibles à l'homme (et ils sont bien rares sur le globe!), des déserts temporaires, si on peut dire, habitables à périodes intermittentes, et pouvant dans ce laps de temps utilement concourir à l'entretien des populations, sans autre dommage que la nécessité d'émigrations régulières. Ces déserts de second ordre, ombres adoucies des premiers, se nomment, suivant les lieux, landes ou steppes. Ce dernier nom leur convient parfaitement en Algérie, car les *stipa* de diverses espèces y constituent le fond de la végétation. Comme terres de dépaissance, elles ont leur place dans les harmonies générales de la nature, et acquièrent un véritable prix commercial par le voisinage des terres de culture, qui d'ordinaire en occupent le pourtour. Demandez aux populations des plaines et des vallées qui s'étendent au pied des montagnes d'Auvergne, des Voges, des Alpes, des Pyrénées, quel cas elles font de leur Sahara, c'est-à-dire de leurs pâturages. C'est le complément nécessaire, répondront-elles, de leur existence agricole.

Ce rapport providentiel des champs et des pâtures ne fut entrevu que tardivement en Algérie; mais une fois compris il y passa vite à l'état de théorie, et devint même la base du système politique de gouvernement. Maîtres du Tell, on crut pouvoir se dispenser de conquérir le Sahara, dont l'obéissance paraissait assurée par la faim; mais l'expérience ne tarda pas à apprendre que le Maroc et la régence de Tunis possédaient aussi un Tell, toujours ouvert aux tribus rebelles de notre Sahara. Nous avons dû soumettre successivement les hauts plateaux et les oasis. Aujourd'hui le drapeau français flotte à Géryville, à Laghouat, à Biskara, à Tuggurt. Plus au sud, les Mozabites et les Chamba reconnaissent notre domination. C'est dire que, sous le patronage invisible de l'autorité française, représentée par les bureaux arabes, le voyageur peut s'aventurer avec confiance dans toutes les directions.

« Telle est la sécurité qui règne maintenant dans ces lointains parages, autrefois si redoutés, disait naguère le *Moniteur algérien*, que quiconque veut les parcourir peut s'y engager sans escorte, sans armes, sans protection aucune, sûr de trouver partout généreuse hospitalité et respectueux accueil. »

Ainsi rassurés, nous continuons avec confiance notre voyage, et faisons près de cent lieues dans les terres algériennes, en avançant vers la station du rendez-vous commun, qui sera l'oasis de Touât.

Les voyageurs partis de Laghouât auront à traverser le pays des Mozabites, ces hérétiques de l'islamisme, devenus les modèles des négociants probes et laborieux, comme ailleurs les hérétiques du christianisme. Nos compagnons partis de Batna visiteront Biskara, Tuggurt et Ouargla. Les voyageurs de l'ouest, en quittant la ville sainte de Tlemcen, demanderont, après avoir serré la main de Sidi-Hamza, l'hospitalité aux Ouled-Sidi-Cheikhs, tribu de marabouts, à moins que, pour jeter un coup d'œil curieux sur le Maroc, ils n'aient dévié vers Figuig. Les uns et les autres, en se rapprochant de l'oasis de Touât, ne manqueront pas d'invoquer les bons services des

Chamba, honnêtes facteurs, fidèles colporteurs, qui desservent, nous allions dire les bureaux de poste des Mozabites et des Touatiens. Sous leur conduite, chacun de nous pourra, libre de soucis, admirer les beaux pays de Zirara et du Djebel-Batten, riches en bois, en eaux et en pâturages. Les dessinateurs enrichiront leurs albums, les botanistes leurs portefeuilles, les géologues leurs caisses, les entomologistes leurs boîtes à insectes, pendant que les savants constateront une température de 30 à 40 degrés centigrades tout au plus, celle de Paris en juillet dernier. De leur côté, les chasseurs poursuivront gazelles et chacals, les trouvères recueilleront des légendes de la bouche des Arabes, les plus conteurs des hommes. Les poëtes et les pieux, si nous avons eu l'heureuse chance d'en recruter, élèveront notre âme vers la nature et Dieu, double source de poésie et de foi. A défaut des chrétiens, les musulmans ne manqueront pas de dire pour nous la prière, fidèle compagne de leurs ablutions !

Ainsi nous entrerons isolés ou groupés, le cœur épanoui et l'esprit dispos, dans cet archipel de jardins, célébré par tous les indigènes comme un paradis terrestre, que l'on nomme l'oasis de Touât.

Ce vaste district de 75 à 80 lieues de long sur 25 à 30 de large, depuis quelques années indépendant du Maroc, compte autant de villages que l'année compte de jours. Il est le vestibule du Grand-Désert, un carrefour où se croisent, à l'aller et au retour, la plupart des caravanes qui de Ghat, de Ghedamès, de Tripoli, de Nefta, du Sahara algérien et marocain, se rendent à Tombouctou et au royaume de Haoussa. De tous ces ruisseaux réunis se forme un grand fleuve qui s'avance à travers les solitudes, imposant par le volume de son courant.

Les Touatiens, d'origine berbère, mais fortement mélangés de sang noir, parlent le dialecte berbère appelé *zenatia*. Jardiniers et planteurs, ils cultivent dans leurs vergers, comme tous les *ksouriens* ou habitants des villages sahariens, à l'ombre des palmiers et autres arbres fruitiers, le blé, l'orge, le maïs, le millet, la garance, le henné, le tabac, les fèves, les pois chiches, se montrant habiles à creuser des puits artésiens quand l'irrigation naturelle fait défaut. Dans leur voisinage, les Arabes pasteurs campés sous la tente élèvent des troupeaux.

Pour les produits d'Europe, le commerce d'importation est aux mains des Anglais, qui ont profité des longs troubles de l'Algérie pour mettre en rapport leurs comptoirs du Maroc avec les principaux négociants du Touât. Mais le passage des caravanes apporte dans les villes de l'oasis, dont les principales sont Timimoun et Insalah, un aliment beaucoup plus considérable, qui procure à toute la population une facile prospérité.

Des indications récentes ont donné la certitude que la houille existe dans cette région : un indigène envoyé d'Alger en a rapporté des blocs de bonne qualité. A cette nouvelle, les ingénieurs des mines de l'Algérie se sont émus, et peut-être apprendrons-nous dans peu qu'une mission officielle leur a été confiée pour une plus complète information, acheminement probable à l'installation d'un résident français.

Si nous en croyons les Arabes, dont le général Daumas a recueilli avec une scrupuleuse fidélité les déclarations, les jardins des villes du Touât, toujours verts et bien ombragés, toujours rafraîchis par l'eau de mille rigoles, sont envahis chaque soir par une population que la nuit n'en chasse pas toujours. Hommes et femmes prennent le frais, et dansent ensemble au son de la flûte en roseau et du tambourin. Les improvisateurs arabes animent de leurs chants ces fêtes, on pourrait dire ces bals champêtres, dont le laisser-aller prouve que Cythère n'est pas seulement dans l'archipel de la Grèce, et que Taïti se trouve ailleurs que dans les flots lointains de l'océan Pacifique.

Parvenus à Timimoun, vers l'extrémité méridionale de l'oasis de Touât, nous avons accompli en vingt-cinq à trente jours, sans péril et sans fatigue, un parcours d'environ 300 lieues. Nous avons fait près du tiers du chemin de Tombouctou. Nous avons mangé sous bien des tentes et des maisons le couscoussou et le sel, et noué bien des amitiés de passage dont le souvenir réjouira longtemps notre cœur, car, dans ces courtes rencontres, l'on ne voit les hommes que par un de leurs meilleurs côtés, le goût de l'hospitalité.

Un long repos retrempera nos forces et notre courage, en même temps que la vigueur des chameaux. Au besoin, nous renouvellerons provisions et marchandises. Préparés à de nouvelles et plus sérieuses épreuves, les tronçons de notre petite caravane se rallieront à une caravane plus importante commandée par un chef éprouvé. En pensant à la patrie absente, à nos familles inquiètes, à nos amis, dont nous plaignons les ennuis au sein du calme monotone de la civilisation, nous attendrons avec confiance le signal du départ pour Tombouctou.

11 septembre.

D'Alger à Tombouctou (*suite*).

Au jour fixé pour le départ, la caravane se groupe, se range, s'ébranle, part. Nous ne quitterons pas les délices de l'oasis du Touât sans de touchants adieux et sans penser aux privations à subir pendant un mois de traversée dans le désert;

mais bientôt le courage imposera silence aux regrets. En avant! crieront les chrétiens. Il n'y a de Dieu que Dieu, et Mahomet est son prophète, chanteront les musulmans. Et nous voilà embarqués vers de nouvelles aventures!

Pendant que nous cheminons lentement à travers les forêts de palmiers, dès les premiers pas, un heureux augure remplit les âmes d'espoir, comme un présage de bonheur.

« Au détour d'un sentier, la caravane fit rencontre de la belle Meçaouda, femme d'un de nos cheikhs ; elle revenait de son jardin, suivie d'une négresse qui portait sur sa tête une corbeille pleine de fruits.

» Aucune femme dans l'oasis n'est plus belle que Meçaouda, ni plus élégante. Son nom veut dire heureuse. La joie nous revint, et nous nous écriâmes : Dieu bénira notre voyage!

» L'un de nous s'approcha d'elle et lui dit : Meçaouda, c'est Dieu qui t'envoie! Dénoue ta ceinture et fais-la flotter au vent, tu nous porteras bonheur ; au retour, nous t'en donnerons une plus riche et plus belle, avec les plus jolies pantoufles de Haoussa.

» S'il plaît à Dieu, répondit la jeune femme, vous voyagerez et reviendrez avec la paix.

» Et dénouant sa ceinture de soie, elle en prit les deux extrémités et les agita en nous souriant (1). »

Puisse la science respecter longtemps les présages du Sahara!

Quant à nos compagnons que ne rassurent pas les pronostics les plus gracieux ni les amulettes les mieux cousues, chemin faisant, nous les provoquons à une sérieuse appréciation des risques de ce voyage, affreux de loin, presque agréable de près.

La comparaison du désert à une peau mouchetée de tigre ou

---

(1) *Itinéraire du Sahara au pays des Nègres.*

de panthère a vieilli. On lui préfère celle d'un océan de sables parsemé d'îles tantôt isolées, tantôt groupées en archipel, où appareillent des flottes de caravanes, qui naviguent en petit cabotage de cap en cap, ou en long cours du Sahara au Soudan, entre les écueils de sable et les dangers des tempêtes, n'échappant au naufrage que pour tomber aux mains des forbans, les Touaregs.

Ceci n'est qu'un faible échantillon des métaphores et des images qui sont nées d'une simple analogie établie entre la mer liquide et la mer sablonneuse. Cette analogie, on peut la conserver, mais à la condition de quelques adoucissements dans les teintes. Un pays parcouru en tous sens, depuis trois mille ans et plus, par des milliers de caravanes, qui pour la plupart arrivent à bon port, n'est pas une mer livrée aux tempêtes : c'est un véritable océan Pacifique où les sables balayés par les vents, où leurs dunes progressives et non mobiles, représentent les houles légères qui rident la surface des eaux et forment çà et là quelques atterrissements. Si l'on ne peut exiger de la poésie qu'elle mesure ses images au mètre, au risque de se priver de brillants coups de pinceau, il est permis de le demander à la géographie, science presque mathématique, qui a tellement discrédité l'empire des solitudes, qu'en y mettant le pied le voyageur se demande si, comme au seuil de l'enfer, il ne doit pas laisser toute espérance à la porte. Or, on connaît à Alger tel indigène qui a fait dix-huit fois le voyage de Tombouctou et ne s'en porte que mieux. Il s'en trouvera par centaines qui le feront à volonté pour mille francs et moins! C'est leur voyage de Paris; car, suivant le proverbe : *La pauvreté, son remède est le Soudan.*

Laissons donc les peurs vulgaires au sauvage qui adore sous des formes horribles toutes les forces invisibles dont il se sent entouré et écrasé, ou au paysan qui peuple de spectres les cavernes où il n'ose pénétrer. En des temps de critique scientifique, l'esprit humain doit s'abstenir de dévouer aux sombres génies du mal les régions qu'il n'a pas encore explorées; qu'il se borne à les consacrer au dieu inconnu!

Au début de l'occupation française en Algérie, le désert, avec toutes ses horreurs traditionnelles, devait se trouver à quelques journées de nos postes, à la lisière du Tell; au flambeau des enquêtes et des expéditions, le désert a reculé de plus en plus. On le poursuit sans jamais l'atteindre; comme un mirage, il fuit devant notre horizon. Où l'on cherchait des plaines de sable se trouvent des steppes verdoyants ou desséchés, mais toujours praticables. Il est placé aujourd'hui au terme de nos perspectives, au voisinage de l'oasis de Touât, par le 29e degré de latitude; qu'une mission s'y rende pour en dresser procès-verbal, et il aura reculé au sud. C'est que le désert tel qu'on le dépeint, zone sablonneuse de quatre ou cinq cents lieues de large, où l'homme ni l'animal ne peuvent fixer un pied solide, encore moins établir de demeure sans mourir de faim et de soif, sans être ensevelis dans des tourbillons de poussière, ce désert est un conte, un mythe, le frère méridional de l'Atlas qui supportait le ciel sur ses épaules.

Chassons-en d'abord les lions, les tigres et autres carnassiers dont le vorace appétit s'accommoderait fort mal d'une trop maigre chère; la rareté de l'eau suffirait à le leur rendre inhabitable. Le lion se trouve dans les forêts de l'Algérie, le tigre dans celles du Soudan, dit-on. Ici et là, fuyant l'homme, ils ne méritent en aucune façon le fastueux titre de rois du désert.

Sur les tempêtes de sable, linceul de mort des caravanes, voici l'opinion d'un homme qui passe sa vie au désert, comme d'autres au bois de Boulogne :

« Nulle part la pluie ou les vagues de sables soulevées dans la plaine n'engloutissent les caravanes. Cette fable est cependant classique... Je suppose, quant à moi, que ces troupes, ces caravanes, perdirent tout simplement leur route, trahies peut-être par des guides infidèles, et succombèrent aux lentes tortures de la soif. » Et M. d'Escayrac de Lauture démontre par A plus B que la physique s'oppose, au nom de la pesanteur des dunes de sable, à de telles funérailles.

Au sujet du terrible simoun, qui dessèche et consume le voyageur comme une fournaise brûlante et le transforme en un squelette blanchi, le même voyageur n'est pas moins rassurant.

« J'ai plus d'une fois moi-même eu à en souffrir dans le désert ; je respirais avec peine les bouffées ardentes qui me brûlaient le visage ; j'avais la bouche, le nez, les yeux pleins de poussière, mais je ne me sentais ni malade ni faible, et quand le simoun cessait de se faire sentir, il ne me laissait aucune lassitude. — Il y a beaucoup d'exagération dans ce qu'on raconte des caravanes. »

Contre la soif, ennemi plus sérieux, des puits et des sources se trouvent distribués sur toutes les routes, étapes obligées des caravanes. Dans le monde musulman, les puits sont des dons sacrés de Dieu, que l'on entoure d'un mur, que l'on abrite de branchages ; souvent ils sont protégés par un saint marabout qui s'en est fait l'ange tutélaire, à condition de vivre des aumônes des passants, ou par une *zaouïa*, espèce de chapelle et de monastère qui offre à tout venant une simple et sûre hospitalité.

Concluons que, du côté de la nature, à la condition de se conformer aux prescriptions des guides, il est aisé de se prémunir.

En est-il de même du côté des hommes ?

Deux dangers sont signalés : le fanatisme musulman et le brigandage des Touaregs.

On commence à bien savoir aujourd'hui à quoi s'en tenir sur le fanatisme musulman qui a défrayé tant d'amplifications.

Au témoignage pour ainsi dire unanime des voyageurs, nulle part les croyants de tout culte ne sont plus libres que sous l'empire du Coran. René Caillé, qui, pour parvenir à Tombouctou, jugea prudent de se travestir en derviche musulman, a déclaré depuis que ce travestissement, s'il eût été découvert, le mettait bien plus en péril que la franche profession de son culte. Ainsi ont pensé la plupart des voyageurs anglais et français qui ont parcouru le désert ou le Soudan. Ceux qui ont péri victimes de leur courage n'ont pas été martyrs de leur foi. La persécution religieuse, en dehors des temps de guerre et d'agitation politique, suppose des raffinements de théologie étrangers aux peuples musulmans. Il suffira, pour ne soulever aucune réprobation, de respecter sérieusement les pratiques dévotes de ses compagnons, ou d'en avoir l'air ; nous conquerrions leur estime et leur amitié si, par la prière et le recueillement religieux, nous nous montrions nous-mêmes tant soit peu bons chrétiens. Chacun sait la vénération des musulmans pour le prêtre et la sœur de charité ; à leur défaut, les caravanes feront bien de s'adjoindre des médecins, honorés dans tout l'islam presqu'à l'égal des prêtres, et sacrés même au millieu des fureurs de la guerre.

Tout en devisant, nous voici parvenus au travers du pays des Touaregs, ces ravisseurs des nègres, ces écumeurs du désert, qui, sur leurs rapides *meharis*, chameaux coureurs faisant cent lieues par jour, passent leur vie à la piste ou à l'affût des caravanes, qu'ils pillent et massacrent sans pitié.

Voilà la légende. Quelle est l'histoire ?

A en juger par le livre du général Daumas, comme par le récit des voyageurs anglais, et sans parler encore de leur visite à Alger, les Touaregs sont moins effrayants de près que de loin. Les *poutres du désert*, c'est le nom qu'ils doivent à leur taille haute et sèche, ressemblent fort à des pailles. Au pieux Richardson ils offrirent leurs plus belles filles en mariage s'il voulait se faire musulman et habiter parmi eux. Pendant des mois entiers, il vécut dans leur ville de Ghrât, affichant toute l'indépendance d'un puritain anglais, et il se fit, depuis le roi jusqu'au chamelier, des amis de tout le monde. Il lui suffit du talisman des présents ; et quels présents ! quelques mètres de calicot, quelques livres de tabac.

Des présents pour les chefs, un impôt en nature pour la tribu, telles sont aussi les sauvegardes des caravanes.

Au lieu de raisonner la théorie des douanes, les Touaregs la pratiquent. Comme les caravanes ne peuvent se rendre du Sahara au pays des Nègres sans traverser leurs plateaux ou leurs défilés, ils en profitent pour imposer, à titre de droits de passage dans leurs États, des présents et une contribution en nature. La caravane que met en scène le général Daumas eut à payer 1,000 à 1,200 fr., pas un centième de la valeur des marchandises. Etes-vous de leurs amis, et consentez-vous à payer les taxes, ils vous accordent loyalement hospitalité et protection ; ils vous guident au départ, vous enseignent la bonne route, vous recommandent au loin; et, patronnés par eux, vous arrivez au port sains et saufs. Mais malheur à la caravane qui tente d'échapper à leur douane! Elle est impitoyablement rançonnée, pillée, souvent massacrée.

Sauf la finale, sauf les formes, les choses se passent-elles bien différemment dans les sociétés civilisées ? Demandez aux contrebandiers.

Ajoutons que, sous forme de vente avec bénéfices, l'impôt rentre aussitôt, en grande partie, aux mains des caravanes. A peine s'est-on reconnu pour amis par l'acquittement des droits et des présents, que femmes et filles accourent auprès des chameliers pour faire étaler et acheter les marchandises. Jours de fêtes, on le sait, que ceux où le colpoteur arrive au village : et comme il rattrape l'argent que lui ont coûté les politesses du cabaret! Pour cinq aiguilles, les femmes des Touaregs donnent une poule, pour soixante aiguilles un mouton. L'impôt fut-il jamais un meilleur placement?

Avec des forbans d'aussi bonne pâte, on comprend que les alliances soient faciles.

Pour s'en faire des amis, les chefs de caravane emploient un moyen dont l'originalité ne saurait être niée, sinon imitée. Ils épousent une femme parmi les Touaregs, en même temps qu'ils en possèdent une chez les Chamba, ennemis des Touaregs, une troisième à l'oasis de Touât, et une quatrième à Tombouctou. Ils échelonnent ainsi sur toute leur route les quatre femmes légitimes qu'autorise le Coran. Autant de ménages, autant de familles, autant de tribus amies pour les caravanes que conduira l'époux, le père, le parent.

La démarche des Touaregs auprès du gouverneur général, dispensera les Français d'un pareil patronage : le crédit politique compensera avec avantage l'alliance matrimoniale. Nous n'échapperons pas sans doute à la taxe douanière, et franchement il y aurait quelque exigence à demander aux barbares l'initiative de la liberté commerciale : tout au plus obtiendrons-nous de déguiser l'impôt sous le nom et la forme de présents ; mais, sous un titre ou un autre, nous sommes assurés d'acquérir toute garantie de protection pour nos études et notre commerce.

Amicalement accueillis sous leur tente en peau de buffle tannée et enduite de beurre, nous examinerons à loisir ces étranges personnages qui, pour la première fois, posent devant l'œil curieux des Français dans toute l'originalité de leurs allures.

Les Touaregs, au nombre d'un million d'individus environ, habitent au centre du Grand-Désert un triangle de deux cents lieues de côté. Divisés en nombreuses tribus, les uns résident dans des villes dont Ghrât est la principale, d'autres dans des villages, d'autres enfin sous la tente en pleine campagne.

Par leur origine ils appartiennent, comme tous les Kabyles, à côté desquels il faut les compter, à la race berbère qui, autochthone ou non, occupe l'Afrique du nord dès les premières lueurs de la tradition historique. Elle en représente sans doute le plus ancien élément de population, refoulé de siècle en siècle par des invasions successives jusque dans les solitudes inaccessibles. Seuls entre tous les Kabyles, les Touaregs ont conservé l'alphabet berbère, remplacé dans tous les autres pays musulmans par l'alphabet arabe. Depuis quelques années seulement, les lettres de cet alphabet national sont parvenues à la connaissance des savants qui, à première vue, ont constaté leur frappante similitude avec les caractères, jusque-là indéchiffrables, des inscriptions en deux langues (dont l'une est la langue punique), découvertes dans le cercle de Guelma. Quel peuple vivait pêle-mêle avec les Carthaginois sur la terre de Numidie, assez fraternellement pour confondre les épitaphes dans les nécropoles? Les Libyens seuls, répond l'histoire. L'alphabet touareg est donc l'alphabet libyen; Touaregs et Libyens sont une seule et même race, descendant les uns et les autres, à vingt-cinq siècles d'intervalle, d'un père commun, le patriarche Ber. Rarement l'archéologie eut la main plus heureuse !

Quelques gouttes de sang vandale ne se sont-elles pas mêlées au sang indigène ? On le soupçonne en découvrant au milieu de ces populations au teint bruni de belles jeunes filles blondes aux yeux bleus, doux et vif contraste qui s'admire également dans les monts Aurès, du côté de Batna.

Les Touaregs sont musulmans à la façon des Berbères, c'est-à-dire assez tièdement. On conjecture qu'ils ont reçu aux premiers âges de la prédication chrétienne en Afrique quelques germes de l'Evangile, en remarquant que la poignée de leur sabre est toujours en croix, comme certains tatouages au front de leurs frères, les Kabyles de la côte.

C'est au voile noir qui cache presque en entier leur figure, laissant à peine entrevoir leurs yeux flamboyants, que les Touaregs doivent en grande partie l'effroi de leur nom. En tout pays les *voilés* sont des fantômes ! Rien de plus simple que cette coutume, si l'on en recherche l'origine. Les Touaregs, en quête d'aventures quand ils ne gardent par leurs troupeaux, vivent dans une atmosphère souvent embrasée par le rayonnement des sables et chargée de poussière impalpable; contre ce double inconvénient le voile est une défense, le bouclier de la figure. Ainsi l'on voit en Algérie les Arabes qui voyagent s'envelopper de leur haïk la bouche et le menton, surtout par les temps de sirocco. Ainsi encore, dans nos expéditions du Sud, les généraux français ont souvent eu l'attention de distribuer aux soldats des voiles verts, intarissable sujet de plaisanteries qui ne nuisaient pas au mérite de cette ingénieuse innovation. Si les femmes, chez les Touaregs, ne portent pas de voile, sauf dans les cérémonies de réception, c'est que telle n'est pas la coutume de la race berbère, qui entend le Coran à cet égard d'une tout autre façon que la race arabe. Vivant d'ailleurs sous la tente, dans le voisinage de lieux abrités et ombragés, elles n'en éprouvent pas le même besoin que les hommes. Telle est l'explication toute naturelle de ce contraste, en apparence bizarre. Mais il est arrivé à la longue ce qui arrive toujours pour les symboles matériels. Le sens de leur origine se perd, l'usage passe au rang des devoirs et des lois. Les Touaregs ont fini par croire qu'il n'est pas digne d'un homme et d'un noble de laisser voir sa figure; et venant dans le Tell, ils n'ont eu garde de déposer un ornement qui, dans le désert, est un emblème d'honneur pour leur race et leur sexe.

Quelques autres traits de mœurs tendent à leur concilier l'indulgence, en attendant la sympathie. Au dire du docteur

Oudney, le compagnon de Clapperton, la gaîté des femmes touaregs, la liberté de leurs rapports avec les hommes, les égards marqués que ceux-ci leur témoignent, forment un contraste frappant avec ce qui se passe dans les autres pays musulmans. Et, conséquent dans ses déférences pour les femmes, ce peuple a établi le système de succession politique et privée, par les filles et non par les garçons, le contre-pied de la loi salique et de la loi romaine. « Les mères, disent d'ailleurs ses sages, sont beaucoup plus certaines que les pères. »

Richardson, en visitant dans la ville de Ghrât des écoles du soir, n'a pu s'empêcher de s'écrier : « Nous pouvons nous vanter de nos libertés, de notre Grande Charte, de notre indépendance, de notre commerce, de nos richesses, de l'étendue de nos possessions; mais nous ne pouvons pas nous vanter de ce dont s'enorgueillissent les barbares du désert, nous ne pouvons pas dire que tout le monde chez nous sait lire et écrire ! »

Le pays n'offre pas moins de spectacles imprévus que les mœurs. Quelle surprise, pour qui a médité d'avance toutes les peintures classiques du désert, de trouver les Touaregs campés dans un massif de hautes montagnes, le Djebel-Hoggar, qui élève à une altitude encore inconnue ses cimes couvertes de nues humides et souvent de neige. Pendant l'hiver, le froid y est si vif, que les habitants se couvrent de vêtements de laine doublés de pelleteries. Des flancs des montagnes coulent de nombreuses rivières aux bords ombragés, aux écumantes cascades, qui portent la fraîcheur et la fertilité dans des jardins riches en légumes, dans des vergers où fleurissent les pommiers et les poiriers à l'ombre des dattiers. Dans les pâturages environnants paissent des troupeaux de moutons à poil ras et à large queue graisseuse, et les chameaux au pied de gazelle, les rapides *meharis*.

Voilà un des aspects du désert ignorés jusqu'à ce jour. Sachons donc que sur la route du pays des Nègres, à dix jours du riant pays de Touât, les caravanes peuvent trouver une nouvelle étape, abondamment fournie de toutes les provisions de voyage, entrepôt de production et de commerce. L'hospitalité, pour qui saura obtenir l'amitié des maîtres au moyen de quelques présents, et en se soumettant aux lois douanières du pays, n'y sera ni plus chère ni moins sûre qu'en tout autre pays du globe.

Aussi conviendra-t-il que notre caravane, qui aurait pu suivre une ligne plus droite vers Tombouctou, à l'ouest du Djebel-Hoggar, dérive vers cette contrée, résidence du sultan des Touaregs nomades. Outre qu'elle évitera la plus mauvaise partie de la route, le plateau de Tanezrouft, où ne se trouve aucun puits pendant huit jours de marche, elle nouera d'utiles amitiés et refera ses forces. En mettant le cap au sud, l'escadre rencontrerait en peu de jours une nouvelle île, nouvelle oasis, le pays d'Ahir, situé au pied des monts Doguem, qui élèvent à 1,200 mètres de hauteur leurs flancs remarquables par la plus riche végétation et de charmants paysages. Mais dans cette direction elle aboutirait au royaume de Haoussa. Cinglant au sud-ouest, vers la station de Mabrouk, nous arriverons bientôt à Tombouctou, après avoir quitté le Djebel-Hoggar depuis vingt jours, l'oasis de Touât depuis quatre semaines, Alger depuis deux mois, auxquels il faudra ajouter trois jours, si nous sommes partis de Paris. Comme nous aurons sans doute prolongé nos haltes en vue de la science et du commerce, le voyage aura pu durer trois mois. Il en faut autant pour le retour. Une promenade à Tombouctou, c'est donc l'affaire de six mois, une saison d'hiver et de printemps : promenade de bien peu de temps et de fatigue pour tant de profit et de savoir.

Les marchandises de la caravane auront centuplé de valeur,

et celles que ses chameaux rapporteront du Soudan acquerront aussi à leur tour une valeur centuple. Les articles d'importation, venus d'Europe ou recueillis en route, auront dû être : les cotonnades blanches ou de couleur, les *chachia*, les lainages fins, les draps, les soieries, la mercerie, la quincaillerie, la verroterie, le corail et les bijoux de parure, les couteaux, les ciseaux et les sabres, le safran et le papier, les pipes et le tabac. Les marchandises de retour seront : les dépouilles d'autruche, l'ivoire, la poudre d'or, l'indigo, le séné et bon nombre d'articles destinés aux populations sahariennes, moresques et nègres de l'Algérie, tels que chameaux, peaux de buffle et de bouc tannées, saies bleues, étoffes de lin, pantoufles historiées, natron, tamis en jonc, plats de bois noir, essences et parfums, noix de gourou, tout ce qu'ont promis les Touaregs au gouverneur de l'Algérie, et bien au delà. Quant aux voyageurs étrangers au trafic, ils reviendront de Tombouctou par le Sénégal, pour gagner le prix fondé par la Société française de géographie.

Car le gain ne sera, hâtons nous de le dire, que la moindre récompense de cette courageuse initiative ; à lui seul il eût été un aiguillon insuffisant. Combien de problèmes scientifiques auront été éclairés par l'observation ! Niveau, constitution géologique, température du désert, dépression de ses bassins, altitude de ses montagnes, direction de ses vents, régime de ses eaux superficielles et souterraines, la flore et la faune, que de sujets vierges de toute monographie ! A elle seule, la race humaine fournira un champ d'études aussi neuf que vaste et varié. Les sciences historiques elles-mêmes, dans ce patrimoine nouveau livré à l'intelligence humaine, recueilleront de précieux monuments. L'islamisme que les Foullanes y introduisent de notre temps n'est qu'une renaissance. Dans une bibliothèque de Constantine, M. le professeur Cherbonneau a récemment découvert, entre autres manuscrits précieux, le *Tekmilet-ed-*

Dibad, d'Ahma-Baba, de Tombouctou, biographie des docteurs musulmans de l'Afrique septentrionale. Là nous apprenons que, dès les premiers siècles de l'hégire, Tombouctou fut le siége d'une florissante université musulmane avec son cortége de saints et savants professeurs, avec une bibliographie à faire pâmer d'aise tous les arabisants de l'ancien monde !

Heureux les jeunes ! ils verront bien d'autres merveilles. Ils verront la sonde de l'ingénieur plonger dans la mer souterraine qui s'étend sous le désert, et en faire jaillir des fleuves qui créeront ou agrandiront les oasis, fixeront les dunes par la culture et les plantations, ouvrant de proche en proche le désert à la colonisation. Ce fut le rêve des jeunes généraux de l'Afrique, ce sera l'œuvre du génie industriel des temps nouveaux. L'ambition des ingénieurs est, comme celle des conquérants, sans limite : ils songent déjà à un chemin de fer d'Alger à l'oasis de Touât, en vue des mines de houille à exploiter : un jour, que verra le dix-neuvième siècle, ils prolongeront les rails jusqu'à Tombouctou, et le voyage de trois mois deviendra une course de trois jours.

Oui, heureux les jeunes ! mais heureux aussi les premiers qui auront montré la voie ; et que leur cœur reconnaissant n'oublie pas au retour la riche ceinture de soie et les pantoufles illustrées promises à Meçaouda, la belle fille du Touât, qui leur a porté bonheur.

19 septembre.

XI

Les puits artésiens du Sahara.

Nous avons quelquefois mentionné en passant les puits artésiens que l'industrie française creuse ou renouvelle depuis plusieurs années dans le Sahara algérien, à la grande joie des populations indigènes. Un écrit récemment publié sur ce sujet par M. Charles Laurent, ingénieur civil, nous fournit l'occasion de faire connaître avec quelques détails ce genre d'entreprises, aussi importantes pour notre domination politique que pour la prospérité de ces contrées. De tous les bienfaits que la civilisation apporte aux peuples barbares, il n'en est peut être aucun qui soit aussi précieux par ses résultats, et en même temps aussi dégagé de tout alliage impur.

Le théâtre de ces entreprises est la partie orientale du Sahara algérien, celle qui occupe le sud de la province de Constantine, plaine immense, aux teintes jaunâtres, dont la ligne d'horizon se confond dans un lointain indéfini avec l'azur du ciel. Ce n'est pas ainsi que l'imagination se figure les déserts, une solitude toute nue d'où la vie animale et végétale soit absente. Pendant la saison des pluies, ses gazons et ses touffes de plantes aromatiques lui font un manteau vert qui ne se dessèche qu'aux ardeurs du soleil d'été : ces vastes steppes sont alors des terres de parcours par les chameaux des tribus voisines, tribus nomades dont l'incessante migration promène les tentes du sud au nord, du nord au sud, suivant une allure réglée sur la marche des saisons. Sur ce fond se détachent çà et là, comme des taches noires, des massifs de palmiers-dattiers qui rompent la monotonie du tableau : ce sont les oasis, fraîches comme des corbeilles de fleurs et de fruits, qui consolent des tristesses du désert. Dans ces îles de verdure, des populations sédentaires habitent des villages, se donnant pour principale mission sur la terre de planter les dattiers, de les arroser, d'en recueillir et faire sécher les fruits, entremêlant à peine à ces soins, qui sont la condition essentielle de leur existence, la culture de quelques autres arbres secondaires et de quelques légumes qui croissent sous la haute voûte, impénétrable aux rayons du soleil, que forment les ondoyants panaches des palmiers. Ces plantations sont quelquefois fort considérables. Tougourt, la principale de ces oasis, ne possède pas, estime-t-on, moins de 400,000 dattiers.

Pourquoi des oasis sur certains points, et non sur d'autres ? Pourquoi n'en trouve-t-on pas dans tout le désert ? Un fait bien simple donne la clef de ce problème. Dans ces contrées, point d'arbres sans irrigation, point d'irrigation sans un courant d'eau intarissable été comme hiver. Les sources qui coulent à la surface ou sous le sol, à de faibles profondeurs, ne suffisant pas aux besoins; les puits artésiens ont été inventés en ces lieux, à des époques dont l'origine échappe à l'histoire et même à la légende. On les trouve entre Biskara et l'oasis de Touât, au sein du Grand-Désert, sur une longueur de 200 lieues, distribués en plusieurs groupes qui forment autant d'oasis, sous les noms de Souf, Rir, Temacin, Goléa, Touât, archipels verdoyants au sein d'un océan de sables. Des puits ordinaires relient à de longs intervalles ces centres de culture et de population, et marquent les stations des caravanes qui font communiquer l'intérieur de l'Afrique avec le littoral méditerranéen par les marchés de Tougourt, Biskara et Constantine.

Les puits artésiens sont rares, parce que les indigènes ne savent, quoique la configuration géologique du pays soit des plus favorables, ni en multiplier le nombre ni toujours conserver ceux qui existent. Avec leurs instruments grossiers, dont le principal est une petite pioche à manche court, ils ne descendent jamais au delà de 80 mètres ; souvent ils sont arrêtés dans leurs travaux, soit par des nappes d'eau parasites qu'ils ne savent épuiser, soit par des roches dures qu'ils ne peuvent percer. Le boisage manque de solidité, l'extraction des terres est incomplète. Enfin, quand l'œuvre est terminée, un labeur toujours incessant est nécessaire pour repousser les sables extérieurs que soulève et amoncelle le vent. Dans cette lutte toujours renaissante, l'homme est souvent vaincu par la nature. Si, à la longue, le puits s'ensable, se comble, tarit, dès ce jour, les palmiers languissent et périssent. Les populations, désolées et affamées, abandonnent leurs villages et se dispersent : suivant leur énergique parole, l'oasis est morte. Un linceul de sable la recouvre de ses teintes grises, au-dessus de laquelle s'élèvent seuls des pans de maisons en ruine et les troncs desséchés des arbres. Les caravanes se détournent vers des routes et des étapes où elles trouveront de l'eau et des vivres. Le deuil est au désert !

Le Sahara oriental de l'Algérie, sous l'oppression de la famille du cheikh Selman, qui régnait à Tougourt, entrait dans cette phase de décadence, lorsque la fortune des armes ouvrit cette ville à nos troupes, en 1854. En homme de haute intelligence, le général Desvaux, commandant supérieur de la subdivision de Batna, qui les conduisait, comprit de suite que, pour obtenir des populations une soumission sincère et durable, il fallait dompter les cœurs par les intérêts, vaincre les résistances par les bienfaits, subjuguer les imaginations par les prestiges de l'industrie civilisée. Et il résolut immédiatement de consacrer les loisirs que la victoire lui faisait à dégager les puits artésiens que les sables avaient comblés ou obstruaient, et à en creuser de nouveaux. Il raviverait ainsi les oasis mortes ou agonisantes, et il en créerait de nouvelles ! Il ramènerait vers l'Algérie les caravanes, qui depuis quelques années avaient pris le chemin de Tunis ! En même temps il ouvrirait le pays aux colonnes françaises, que la crainte de la soif en avait si longtemps détournées, et appuierait la domination de la France sur un accès plus facile de la contrée, ainsi que sur la reconnaissance des habitants ! Ses projets, communiqués aux indigènes, furent accueillis avec enthousiasme par les cheikhs des oasis et des tribus, qui firent voter toute la dépense par leurs administrés ; l'autorité française n'avait qu'à procurer les ingénieurs, conduire et exécuter les travaux. Muni des pleins pouvoirs des *djemma* ou conseils municipaux des oasis, M. le général Desvaux vint en France, s'entendit avec la maison Degousée et Laurent, ramena avec lui M. Charles Laurent, qui, en 1855 accompagna l'honorable commandant de Batna dans une exploration préalable des principales oasis au sud de Biskara. L'ingénieur ayant adopté toutes les espérances de l'officier, un premier appareil de sondage fut, en 1856, transporté, non sans d'énormes difficultés, de Philippeville à Tamerna, au nord de Tougourt, à 146 lieues du littoral, et mis immédiatement en activité. En quelques semaines la sonde avait pénétré à 60 mètres, et faisait jaillir un courant de 4,000 litres à la minute (celui de Grenelle n'est que de 3,400). Des résultats satisfaisants encore, quoique moins brillants, étaient obtenus les jours suivants, dans deux puits creusés auprès de Tamelhat, au sud de Tougourt. Mais le triomphe le plus éclatant signalait le forage de Sidi-Rached, dans la même région. Dans un puits commencé par les indigènes, et par eux abandonné à cause de la résistance d'une couche pierreuse, l'ingénieur français introduisait ses puissantes tarières, et en quatre jours de travail jaillissait, de 54 mètres seulement de profondeur, un courant de 4,300 litres à la minute, une vraie rivière ! A côté de ces grands succès, d'autres plus secondaires ajoutaient encore à l'admiration des indigènes : l'extraction des sables, qui avaient souvent découragé leurs efforts, se faisait avec une merveilleuse facilité par la soupape à boulet, qu'ils apprenaient à manier eux-mêmes.

Jusque-là ces bienfaits ne profitaient qu'aux oasis, où une expérience fort ancienne, tout grossiers que fussent ses procédés, avait devancé l'initiative française. Il convenait de tenter pareille chance sur des sols vierges de tout forage, tels que les steppes qui s'étendent entre Biskara et Tougourt. On l'essaya en deux endroits, à Oum-el-Thiour et à Chegga, et ce fut avec le même bonheur. La supériorité du génie civilisé était désormais incontestée : il n'y avait plus qu'à consulter les lois de la géologie pour promener triomphalement la sonde à travers tout le pays. C'est ce que fit, avec une ardeur que le succès redoublait, M. le général Desvaux, à l'aide de l'habile concours de M. Jus, l'ingénieur civil que la maison Degousée et Laurent avait mis à sa disposition ; il lui adjoignit, pour la conduite d'un second appareil de sondage, M. Lehaut, un simple maréchal des logis des spahis qui a déjà gagné le grade de lieutenant dans ces travaux, justement récompensés comme des combats, car ils exigent au moins autant d'intelligence, d'énergie de caractère et de patriotisme. Les années 1857 et 1858 ont vu les officiers et les ingénieurs français étudier et attaquer la couche des eaux jaillissantes depuis le Hodna, au nord-ouest de Biskara, jusqu'au delà de Tougourt. Sur quinze sondages par eux entrepris, il n'en est plus que deux qui n'aient pas encore donné de l'eau ; et pour suprême témoignage de leur mérite, les chefs ont su conserver intactes, au milieu de bien rudes fatigues, la discipline et la santé de leurs soldats convertis en ouvriers.

Quant aux indigènes, il est aisé de comprendre quelle joie transportait leur âme. Des rivières au désert, c'est le rêve suprême des imaginations, le gage de la fortune, la condition même de la vie. A Tamerna, quand l'eau jaillit pour la première fois, tous les spectateurs s'embrassèrent dans un accès d'enthousiasme : une chèvre fut immolée sur le puits même, comme sacrifice au Dieu qui avait béni l'oasis ; le cheikh récita la prière publique avec une émotion que partageaient tous les assistants. Les *tolbas* (instituteurs) des villages voisins se groupèrent et chantèrent les versets du Coran, sans que leurs voix pussent dominer les murmures de la source. Au coucher du soleil, les musiques accourues, de Tougourt et de Temacin, se placèrent au milieu d'un grand cercle où les jeunes filles dansèrent jusqu'à épuisement de leurs forces. Cavaliers et fantassins firent des décharges générales de tous leurs fusils, accompagnement obligé de toutes les fêtes. A Sidi-Rached, où le succès fut plus merveilleux, parce qu'il fut plus rapide, l'émotion fut plus vive encore. Pour bénir leurs enfants, les mères les baignaient dans cette rivière qui coulait des mystérieuses profondeurs de la terre. Le vieux cheikh du lieu, à la vue de ces flots qui rendaient la vie à sa famille et à l'oasis de ses pères, tombant à genoux, les yeux remplis de larmes, éleva ses mains tremblantes vers le ciel, glorifiant Dieu et les chrétiens. Tout fanatisme s'éteint en de pareils moments ! A Oum-el-Thiour, le résultat fut plus remarquable encore. Une fraction de la tribu des Selmia, son cheikh en tête, se mit, dès que l'eau eut jailli, à bâtir un village, et à l'entourer de douze cents dattiers, tant elle était pressée de renoncer à la vie nomade pour se fixer au sol, disposition qui est générale dans toutes les tribus, contrairement aux préjugés régnants. C'est que dans ce lieu aride le mouvement de la vie avait succédé à la solitude, et se présentait avec ses riantes images à l'Arabe ébloui. Les jeunes filles puisaient l'eau à la fontaine, les troupeaux et les hauts dromadaires, à pas lents, étaient conduits à l'abreuvoir; les chevaux attachés à la corde, les lévriers, les faucons de chasse, animaient le groupe des tentes aux raies noires et rouges; c'était une scène du paradis terrestre, à laquelle la poésie la plus élevée n'aurait pas dédaigné d'applaudir et de sourire. Un puits artésien avait fait brèche à une barbarie séculaire; les instincts prétendus immuables de la race arabe avaient cédé à l'attrait des joies matérielles, prélude ellesmêmes des satisfactions morales qu'une vie honnête et aisée ferait succéder aux brigandages des courses aventureuses que conseille la misère. Enfin, pour que chacun prît une part durable des réjouissances communes, sur ces oasis conquises par l'industrie française, un lot de terre et d'eau fut accordé à tous les habitants, même aux plus pauvres, qui n'avaient jamais osé concevoir le bonheur de posséder en propriété un palmier, ce beau idéal de tous leurs rêves.

Il n'est pas besoin de dire que de tels moyens de gouvernement ont assuré la soumission du pays plus efficacement que les razzias les plus sanglantes. Les dattiers plantés dans le Sahara racontent plus éloquemment la gloire des Français que les oliviers brûlés et coupés en maints lieux du Tell!

S'il est donné à M. le général Desveaux, malgré son élévation récente à un grade supérieur, de continuer son œuvre ou de faire adopter ses plans par son successeur, la régénération, si heureusement commencée, dépassera bientôt le seuil du Sahara. Aux puits qui vont se multipliant dans le Hodna, dans les Ziban, dans l'Oued-Rir, d'autres s'ajouteront entre Temacin et Ouargla, et de proche en proche on atteindra le bassin artésien de l'oasis du Touât, carrefour et caravansérail du Grand-Désert. Dussent la volonté et le pouvoir de la France s'arrêter à ce point, presque à moitié chemin d'Alger à Tombouctou, des facilités inespérées seraient ouvertes au commerce et à la civilisation dans leur marche progressive vers l'Afrique centrale. Les caravanes, qui ont, depuis notre occupation, dévié vers Tunis et Tripoli, seraient rappelées vers l'Algérie, par la multiplicité et la sécurité des étapes. Les voyageurs isolés pourraient tenter la traversée jusqu'à Insalah, capitale du Touât, sans inquiétude pour l'eau et les vivres. Mais aucun arrêt bien certain de la science n'interdit de plus grandioses espérances, et les victoires déjà remportées sur la nature dans le Sahara algérien en présagent tôt ou tard de pareilles sur le Grand-Désert lui-même.

24 mai 1859.

XII

Exposition Universelle de 1855.

Au centre de la grande galerie annexe, l'Exposition algérienne, depuis quelques jours ouverte au public, attire la curiosité et sollicite l'étude. Le ministère de la guerre, qui en réclame plus que le patronage, qui s'est donné l'honneur de cette organisation des œuvres de la paix, a terminé, ou à peu près, ses arrangements. Sans attendre la dernière heure, essayons dès aujourd'hui de donner un aperçu de cette importante collection, moins pour apprécier le détail des lots que pour en caractériser l'ensemble et les principaux groupes. Déjà on peut en déduire, avec d'exactes notions sur l'état présent de l'Algérie, quelques traits destinées à venir de ce pays. Grâce à Dieu et à nos armes, ce présent et cet avenir se résument en deux mots : la colonisation et la paix.

Sans être un début, ce concours de l'Algérie en a la nouveauté aux yeux de la presque totalité des visiteurs. Combien peu d'entre eux ont vu ou se rappellent les quelques échantillons qui figuraient à l'Exposition quinquennale de 1849 ! Vrai début à cette époque, trahissant toute l'inexpérience du noviciat agricole et industriel. Et cependant, la bienveillance du jury venant en aide au mérite réel, quoique modeste, des œuvres, signala dès lors une étoile nouvelle à l'horizon de la production : étoile de dernière grandeur, il est vrai, méconnue de beaucoup de spectateurs, mais saluée avec conviction par quelques observateurs attentifs qui en prédisaient la marche ascendante. En 1851, l'Exposition de Londres étendit hors de la France le cercle de cette notoriété, nous n'osons dire de cette popularité naissante. Les produits algériens furent plus nombreux, plus variés, plus sévèrement choisis, et attestèrent des progrès réels. Tout en usant largement des bons offices du ministère, quelques producteurs intervinrent directement malgré la distance. De précieuses récompenses consacrèrent ces succès imprévus de la jeune colonie, comme se plaisait à l'appeler le jury anglais, dont les éloges sincères firent justice de banales accusations d'envie britannique et retentirent agréablement au cœur des colons. Ces témoignages acquirent encore plus d'autorité lorsqu'on vit une commission des notabilités industrielles de la Grande-Bretagne se rendre en Algérie, pour apprécier sur le terrain même l'étendue des richesses qu'annonçaient les échantillons. De son côté, l'administration s'entendit avec bonheur féliciter dans ses succès, encourager dans ses projets : dès ce jour, son initiative devint plus ferme et plus féconde. Grâce à cet appui de l'opinion étrangère, plus favorable à l'Algérie que l'opinion publique de France, trop habituée à ne considérer et à n'aimer notre conquête qu'au point de vue de la gloire militaire ; grâce encore plus à la loi de réforme douanière, qui permit enfin à un grand nombre de produits algériens la libre pratique des marchés de France, l'année 1851 ouvrit une ère nouvelle : ère marquée, non par un déploiement de la prospérité, les colons commencent à peine à la connaître aujourd'hui, mais par un triomphe plus décidé de l'esprit de colonisation et par la perspective des premiers bénéfices assurés au travail.

En même temps que la France africaine se révélait au

dehors dans les fêtes internationales de l'industrie, à l'intérieur dans des concours annuels, sans retentissement lointain, mais non sans efficacité, elle mesurait chacun de ses pas en avant, constatait et récompensait chaque progrès nouveau. Dans ces épreuves de famille, elle se préparait à prendre une attitude honorable, digne d'elle et de sa métropole, au jour qui l'inviterait à partager de nouvelles palmes avec ses aînées, les nations de l'ancien et du nouveau monde. Dès 1848, un arrêté de M. le général Marey-Monge, gouverneur intérimaire, avait fondé à Alger un concours annuel, qui fut les années suivantes réparti entre les capitales des trois provinces, Alger, Oran, Constantine. Fidèlement maintenus, développés même jusqu'à ce jour et largement rétribués, ces concours sur une petite échelle ont excité la plus heureuse rivalité. Les colons se sont enrichis de leur mutuelle expérience ; les produits se sont perfectionnés ; le niveau général de l'instruction et de l'habileté pratique s'est rehaussé ; les autorités provinciales se sont prises d'émulation comme les colons eux-mêmes. Aussi, lorsque s'ouvrent les grandes assises de la paix, l'Algérie, grâce à cette laborieuse et persistante éducation par le travail, ne se sent pas plus déplacée dans ces solennités qu'elle ne l'était dans celles de la guerre. Tout en invoquant l'inégalité qui doit exister entre des nations inscrites depuis des siècles dans l'histoire, et un pays né depuis moins de vingt-cinq ans à la vie politique de l'Europe, et depuis quatre ans seulement à une vie économique normale, la colonie n'a pas sacrifié ses devoirs à sa modestie. Ses citoyens, émigrés d'hier, ont conscience de leur infatigable énergie, de leurs créations fécondes, de la richesse inépuisable du sol, de l'incomparable beauté du climat. Au nom de toute la tradition ancienne et moderne, ils ont foi dans les hautes destinées de l'Afrique du nord. Et, dans leur avouable fierté, ils espèrent que le tableau matériel, rendu visible et palpable à tous, des dons de la nature et des fruits de leur travail fera honneur à la France dans le grand congrès des nations : patriotiques prétentions dont l'examen de leurs produits autorise à reconnaître la légitimité !

A première vue, on est frappé de l'aspect cosmopolite de leur exposition. Le mérite en est moins aux hommes qu'au privilége d'une admirable condition géographique. Située entre le 33e et le 37e degré de latitude, à égale distance de l'équateur et du 70e parallèle, où s'étendent les dernières cultures, entre les rayonnements torrides du Sahara et les fraîches brises de la Méditerranée, l'Algérie doit à cette heureuse position l'avantage de voir prospérer sous son climat à peu près tous les produits du globe, à l'exception de ceux qui sont propres aux zones extrêmes de chaleur et de froid. L'Exposition reflète fidèlement cet attribut. Dans ces trophées dressés aux limites de l'espace qui lui est réservé, symboles de la production algérienne, les gerbes de blé et de seigle, d'orge, d'avoine et de maïs, bien connues de tous, s'entrelacent aux tiges exotiques du riz sec de la Chine : au-dessus s'élèvent les hautes panicules, à peu près inconnues, du sorgho de l'Afrique centrale et des millets de l'Afrique du nord, mêlées aux roseaux de l'Europe et aux cannes à sucre de l'Amérique ; et ces faisceaux de splendide végétation sont dominés par les gigantesques troncs des bambous de l'Inde et de la Chine, dont les flèches aiguës touchent presque aux voûtes vitrées de la galerie. Au pied de ces spécimens si variés de la culture locale, à côté des pommes de terre, devenues européennes par un siècle de naturalisation ; à côté des oranges et des citrons, pommes d'or de l'Afrique civilisée comme de l'Atlantide mythologique, s'étalent la colocase du Mexique, la patate et la chayote de l'Inde, l'igname de la Chine, fruits et tubercules aux formes variées, étonnés de se voir réunis dans les mêmes jardins, sur les mêmes marchés, sans aucune violence faite à la nature, par la seule alliance très-intelligente, il faut l'avouer, de l'esprit de l'homme et des libéralités du ciel. Ce mélange des produits de toutes les contrées est un des charmes de l'Algérie ; et ne faudrait-il pas en effet être quelque peu blasé pour voir sans émotion de belles lignes de légumes européens croissant à l'ombre des bananiers et des goyaviers, qui alternent avec les pêchers, les poiriers, les pruniers, sur une terre française, un abrégé du globe !

Un second caractère qui dépeint non plus le sol ni le ciel de l'Algérie, mais son état social, c'est l'absorption des individualités dans la haute personnalité du ministère de la guerre. Les colons ont produit, ils concourent, mais c'est le ministère qui expose. On chercherait en vain réunis ensemble les lots propres de chaque colon : celui-ci lui-même découvrirait difficilement ses membres épars. Nous constatons un fait, nous ne critiquons pas : l'occasion ne serait peut-être pas bien choisie. Presque partout les colons n'ont adressé de produits qu'en proportion du zèle des administrations locales. Non certes que l'indifférence soit dans leurs instincts naturels : les émigrants, en Algérie comme dans tous les pays du monde, furent au début pleins d'élan et d'ardeur ; ils le sont encore quand ils mettent le pied sur la terre nouvelle. Mais, saisis par la discipline administrative qui a présidé à l'organisation de la conquête, et qui règne encore quoique amoindrie, ils ont senti bien vite faiblir la conscience de leur personnalité et sont tombés dans l'apathie qu'on leur reproche. L'administration d'aujourd'hui, héritant d'une situation qu'elle n'a pas créée, dont elle défait même de temps à autre quelque maille, a dû suppléer souvent à l'initiative des colons ; elle a recruté les échantillons, les a emballés, expédiés aux frais de l'État, reçus et déballés de même. Sous peine d'avortement complet, elle a dû également les placer et distribuer, au risque de consulter moins l'amour-propre et l'intérêt particulier de chaque exposant que l'intérêt supérieur de la colonie, qui réclamait l'alignement en bataillons compactes de ses blés, de ses cotons, de ses bois, de ses soieries. On peut regretter cette nécessité, on ne saurait en tirer un sujet de blâme. Il suffit, pour l'honneur des principes, de reconnaître que cette absorption des individus par l'État n'est qu'un expédient de circonstance; qu'elle ne représente en aucune façon la règle définitive de la colonie. A la difficulté même de mener à fin ce vaste concours de sept à huit cents exposants et de plusieurs milliers d'échantillons, le ministère de la guerre a dû s'avouer que l'heure approche, si elle n'est déjà venue, pour l'Algérie comme pour la France, depuis longtemps, où l'intervention du gouvernement doit se réduire à un patronage bienveillant et éclairé, en même temps que les colons doivent être mis en demeure de conduire désormais à leurs risques et frais leurs propres affaires. La première Exposition qui surviendra consacrera certainement ces vérités.

N'exagérons pas toutefois, même au profit d'une idée juste, l'inconvénient que nous signalons. Si les apports modestes d'un grand nombre de concurrents demandent une sollicitude toute particulière des jurys d'examen, pour n'être pas perdus de vue dans cette distribution par masses, les exposants qui se distinguent par le grand nombre et l'importance de leurs lots parviendront bien à forcer l'attention. Déjà quelques-uns ont pris une place d'honneur et la conserveront. Dans ce nombre, la faveur publique a reconnu, dès les premiers jours, l'éminent directeur de la pépinière centrale du Hamma, près d'Alger, M. Hardy, qui compte par centaines les spécimens de végétation dont il a enrichi les divers groupes. Ses succès antérieurs à Paris et à Londres l'obligeaient; il a répondu à l'attente générale, aussi bien dans la grande galerie vitrée que dans le concours voisin de la Société d'horticulture. A côté de lui les connaisseurs ont également distingué l'œuvre de M. Testut, ébéniste d'Alger, qui, simple particulier, a résolu, non toutefois sans l'aide de l'administration, un problème vainement poursuivi depuis quinze ans par les services forestiers de la colonie. Il a pu réunir la série à peu près sans lacune de toutes les essences de bois algériens, bruts, en troncs, en plateaux, en meubles, environ 140 espèces et 230 échantillons ; et ce qui couronne le mérite de cette collection, c'est que chaque espèce est déterminée avec une rigueur scientifique, dénommée en français, en latin et en arabe, accompagnée d'étiquettes descriptives des propriétés de chaque essence.

A côté de ces concurrents hors ligne, de sérieuses et honorables rivalités se font encore remarquer. Les localités qu'elles mettent le plus en honneur sont nombreuses. Dans la province du centre : Alger, Bouzaréa, Hussein-Dey, El-Biar, Birmandreis, Birkadem, Kouba, Boufarik, Blida, le Fondouk, Médéa, Orléansville. Dans la province de l'ouest : Oran, Tlemcen, Mascara, Mostaganem, Mazagran, Saint-Denis-du-Sig, Saint-Cloud Aïn-Tédelès. Dans celle de l'est : Constantine, Batna, Biskara, Bordj-bou-Aréridj, Philippeville, Bone, Guelma, Bougie, Gastonville. Aux Européens se sont associés les indigènes, musulmans et israélites, surtout dans la province de Constantine. Une mention spéciale est due à un médecin more d'Alger, Si-ben-Choua, qui a réuni trois cent soixante-quatorze médicaments constituant toute la pharmacopée indigène, avec leur appellation arabe et française. Veut-on savoir où en est aujourd'hui la science des Avicenne et des Averroës ? il suffit de consulter cette collection.

Pour dépeindre de plus près ce que nous avons déjà vu, ajoutons que l'Algérie se pose surtout comme pays producteur de matières premières : c'est là sa spécialité actuelle dans le monde, ou, pour mieux dire, son privilége et sa fortune. Ne lui demandez pas, comme aux nations qui ont mérité l'honneur d'une place dans le grand Palais de l'Industrie, les merveilles de l'art manufacturier. Si dans quelques vitrines brillent des tissus de soie et de coton, si des meubles d'un goût exquis parent ses galeries, elle n'en revendique pas l'entier honneur. Pour faire valoir dans tout leur éclat ses matières premières, elle a demandé à la métropole le concours de ses plus habiles industriels. Pour elle, occupée, comme il convient à un peuple naissant, des besoins primitifs de l'existence et des moyens les plus immédiats d'échange, dépourvue, pour quelque temps encore, des capitaux accumulés, ainsi que de l'habileté transformée en instinct traditionnel, richesses qui sont propres aux nations manufacturières, elle s'absorbe dans l'agriculture ou les industries premières. A défaut des féeries d'un spectacle, elle offre aux esprits sérieux, aux connaisseurs, de précieux sujets d'étude dans cette multitude de produits dont le nombre et la variété ne sont pas les seuls mérites. Même aux hommes d'Etat, elle peut découvrir, à travers de simples et modestes apparences, les plus hautes perspectives de la politique.

Pour traduire notre pensée en exemples, voilà derrière ces vitrines, dans ces bocaux, des céréales de tout nom, de toute forme, de toute provenance. Aucune espèce n'y manque. Au premier rang, le blé tendre et dur, l'orge, le maïs; au second rang, l'avoine, le sorgho, le millet, le riz, le sarrasin, l'alpiste, tributs vulgaires, ce semble, et comme l'Europe en offre beaucoup. Mais approchez et lisez : Ces gerbes d'orge ont été récoltées dans la première quinzaine de mai, ces gerbes de blé avant la fin de ce même mois. Aux premiers jours de juin, le grain était sec et rentré. A quelques semaines de différence, suivant les températures locales, c'est un fait patent que la récolte d'Algérie se lève en mai et en juin; et comme elle a toujours lieu par un soleil ardent, le battage peut suivre immédiatement la moisson. Dès le mois de juillet, une partie de la récolte peut être exportée et permettre à la France d'attendre patiemment la lenteur des saisons. Au surplus, ces blés tendres ou durs sont de qualité supérieure, d'une siccité parfaite, pesant régulièrement de 78 à 85 kilogr. à l'hectolitre. Ils font un pain excellent. Et leur prix? Le prix peut paraître fabuleux. Au mois de mai, au maximum de la cherté, l'hectolitre de blé s'est vendu à Tiaret 11 fr. 50 c.; à Sétif, 14 et 15 fr..; à Ammi-Moussa, 15 fr. 50 c.; à Teniet-el-Had, 16 fr.; à Saïda, 17 fr. 50 c.; à Nemours, à Aumale, à Mostaganem, 19 à 20 fr. La production restreinte en d'étroites limites serait-elle sans importance? La douane nous apprend qu'en 1854 l'Algérie, qui vivait naguère des blés et des farines exotiques, a exporté, en excédant de sa consommation, 1 million 33,718 hectolitres de blé, 551,048 hectolitres d'orge, 2 millions 279,118 kilogrammes de farine, 2 millions 696,117 kilogr. de pain et biscuit de mer : la presque totalité de ces denrées a été expédiée à l'armée d'Orient. Or ce n'est là que la moindre partie de ce que pourrait livrer au monde ce pays, s'il n'était pas aussi vide d'habitants que pauvre d'argent! Mais que peuvent 143,000 Européens et 2 millions d'indigènes disséminés sur 40 millions d'hectares? C'est la solitude, sinon le désert. Aussi, tous les ans, voit-on un tiers de la récolte, au témoignage des bureaux arabes, c'est-à-dire plusieurs millions d'hectolitres de céréales, périr sur pied, faute de bras pour les couper et les rentrer en temps utile.

Nous avons nommé les farines. L'Exposition en contient de fort beaux spécimens : semoules de blé dur, farines de blé tendre et de blé dur, qui obtiendront certainement les mêmes suffrages qu'à l'Exposition de Londres. L'industrie française s'est associée à l'industrie algérienne pour mettre en relief la qualité supérieure des pâtes alimentaires qui s'obtiennent avec les blés d'Afrique. Pourquoi faut-il ajouter que, vues d'un œil jaloux, bien qu'elles soient le produit d'une terre française, ces pâtes n'ont encore pu obtenir leur naturalisation? Au seuil de la France, elles sont taxées comme produits étrangers!

Plus heureuses, les farines ont dû le privilége de la libre

entrée, non à la générosité de la minoterie française, qui les a fait exclure du bienfait de la réforme douanière en 1851, mais à la nécessité des temps. Immédiatement une exportation de plus de 20,000 quintaux métriques a justifié le décret impérial. Mais comment se défendre d'amères réflexions en songeant que, pendant vingt ans, le régime protecteur a tellement pesé sur la colonie, que c'était une banalité courante d'entendre dire qu'elle ne pouvait suffire à sa subsistance, qu'elle était obligée de recourir aux blés et aux farines du dehors! Oui, quand des intérêts rivaux, qui se croyaient fort à tort menacés, lui fermaient le débouché de la métropole ou le hérissaient de taxes, la production algérienne languissait, ou plutôt elle étouffait; l'abondance des récoltes ruinait les cultivateurs par l'encombrement. La coalition du commerce local avec la boulangerie, liés l'un et l'autre d'intérêts solidaires avec la minoterie exotique, laissait pourrir en silos le blé des indigènes et des colons, privés de toute issue extérieure, pour importer à des prix exorbitants les grains et les farines d'Europe. Mais le jour où la liberté des échanges a été rétablie, le courant naturel de la circulation a rendu la santé à l'agriculture algérienne, et immédiatement une exportation de près de 2 millions d'hectolitres de grains a prouvé sa vitalité. Quant à la protection que lui assure en même temps la réforme douanière, elle n'y a aucun intérêt et ne la réclame pas.

Dès à présent, l'Algérie peut se glorifier d'avoir, dans la crise de guerre que nous traversons, fourni aux armées de la mère patrie un large approvisionnement de blé, d'orge, de farine, de biscuit de mer. Dans le domaine de l'Exposition, voilà ce que raconte chaque gerbe, chaque litre de blé et de farine, ce qui explique la présence de quatre-vingts exposants à cette seule catégorie du concours !

Avançons, et nous entendrons une foule d'autres voix non moins éloquentes dans leur rusticité !

Ces fourrages qu'expose M. Jacob, de Koléah, ne sont que de la luzerne ; mais si on ajoute que les diverses espèces de luzernes sont en Algérie le don spontané de la nature, qu'elles constituent le fonds des prairies, que cultivées elles donnent jusqu'à huit et dix coupes par an, on comprend de suite pourquoi les races animales de ce pays, bien que petites et de médiocre apparence, faute de soins soutenus, n'en sont pas moins pleines de vigueur. Et cet humble lot acquiert un nouveau prix dès qu'on apprend qu'en 1854, l'Algérie a expédié près de 100,000 quintaux métriques de fourrages à l'armée d'Orient, et la seule province de Constantine 125,000 déjà en 1855. On en exporterait des millions si, faute d'argent, faute de bras, faute de routes, faute de débouchés, les colons n'avaient tous les ans la douleur de laisser sécher sur pied la presque totalité des foins, qui au printemps couvrent les terres d'Algérie à un mètre et plus de hauteur. Quant aux indigènes, ils ne savent même pas faucher.

A d'autres titres, les collections des fruits obtiennent de leur côté, une popularité légitime. En vertu d'un privilége unique dans les salles de l'Exposition, des paniers d'oranges et de citrons magnifiques attirent la foule par leur volume, leurs vives couleurs et leur délicieux parfum. Blida et Koléa recueillent l'honneur de ces succès, que leur dispute, non sans quelque droit, le sahel d'Alger.

Avec moins d'éclat, d'autres fruits ne méritent pas une moindre estime. Les oasis de Biskara présentent jusqu'à trente variétés de dattes, pain quotidien des habitants du Sahara, sous la tente comme dans les ksours. Le Tell s'adonne plus spécialement à la culture des grenadiers, des jujubiers, des cactus, des vignes pour le raisin, des figuiers surtout, dont les fruits, à l'état frais ou pressés en lourds gâteaux, constituent un des éléments essentiels de la nourriture des indigènes. La saison plus avancée permettra bientôt l'arrivée d'autres fruits qui devanceront d'un à deux mois leurs similaires d'Europe. Ce fait, qui a toute la valeur d'une grande loi climatologique, assure à l'Algérie des avantages exceptionnels pour la production des primeurs, industrie horticole qui a déjà pris une certaine importance. Alger n'étant plus qu'à trois jours de Paris, qu'est-il besoin de créer, à force de dépenses et d'artifices, dans le nord de la France, une température que le soleil d'Afrique donne gratuitement? Que les maraîchers parisiens l'apprennent : tout le littoral de l'autre bord de la Méditerranée est en permanence un jardin d'hiver, une orangerie, une serre chaude, sans aucuns frais de chauffage.

Des fruits aux huiles, la transition est facile, par les arachides et les olives. La collection des huiles, en compagnie des boissons, est disposée au rez-de-chaussée, à gauche, dans le demi-jour des allées secondaires. Là règnent Tlemcen et Bougie, les deux centres principaux de la fabrication des huiles d'olive, et bien près d'elles, Bone. Au moyen âge, Tlemcen et Bougie furent l'une et l'autre, les capitales renommées de deux puissants royaumes. Déchues aujourd'hui d'une grandeur qui est passée à la cité d'Alger, obscure bourgade quand elles étaient dans leur gloire, ces deux villes aspirent à substituer le sceptre de l'industrie à celui de la politique. Leur territoire est couvert de vastes forêts d'oliviers, grands comme des chênes de France, qui se chargent tous les ans d'abondantes récoltes, dont l'ignorance et l'incurie des indigènes ne savent tirer qu'une huile fort médiocre, mais qui, sous la pression des moulins européens, fournissent déjà un produit bien supérieur. Outre l'olive, qui là-bas est véritablement dans sa patrie, toutes les graines oléagineuses des zones froides et tempérées, telles que le colza, la navette, l'œillette, la cameline, prospèrent en Algérie, aussi bien que l'arachide du Sénégal et le sésame de l'Inde. Les huiles qui en proviennent sont représentées à l'Exposition, et rendent témoignage des progrès industriels du sahel d'Alger et de Dellis, d'Oran et de Mascara, de Guelma et de Philippeville.

Associées aux huiles, les boissons de toute nature comptent pour la première fois parmi les produits sérieux de la colonie. En 1849, à l'Exposition de Paris, quelques bouteilles de vin de Mascara parurent médiocrement dignes du renom que prétendaient leur faire les propriétaires. A Londres, en 1851, les vins algériens furent encore plus effacés. Mais voilà qu'en 1855 ils reparaissent avec l'autorité du nombre, de la variété, de la persévérance. La dégustation leur sera-t-elle favorable ? Nous ne prétendons pas le deviner ; mais, quel que soit le succès ou l'échec d'aujourd'hui, les colons ne renonceront pas, qu'on en soit bien persuadé, à la culture de la vigne et à la production du vin, qui sont une des vocations de l'Algérie les mieux marquées. Les conseils de quelques agronomes échoueront contre les conseils de la nature, qui dote la vigne de la plus luxuriante végétation. Les vignerons français ont cru servir leur intérêt personnel en faisant exclure en principe les vins algériens du bénéfice de l'entrée en franchise dans les ports de la métropole : ils se sont trompés du tout au tout. Avec la liberté d'importation, les vins d'Algérie, analogues à ceux de Xérès, de Malaga, d'Alicante, de Madère peut-être, avec des soins bien entendus, se classeraient comme vins de liqueur et de dessert, et feraient concurrence seulement à ceux d'Espagne, laissant les crus du Roussillon, du Languedoc et de la Provence continuer à approvisionner la colonie de vins ordinaires. Avec le régime restrictif, l'effet de la prétendue protection accordée aux vignes françaises devait être de pousser les colons à produire des vins pour la consommation locale, au lieu et à la place des vins de France, plus chers et quelquefois non exempts d'altérations. Le midi de la France aura reconnu, mais trop tard, que la justice et la réciprocité sont les plus habiles conseillers, et que le monopole porte malheur. Heureusement aujourd'hui le régime protectionniste a cessé pour les vins en France.

Les efforts des inventeurs pour combattre le renchérissement des produits viticoles se reconnaissent à la multitude d'esprits, d'alcools, d'eaux-de-vie, de vins fabriqués avec de tout autres fruits que le raisin. On a utilisé tour à tour les figues ordinaires, les figues de Barbarie, les caroubes, les grenades, les dattes, les tubercules d'*arum italicum*, certains sorghos, surtout l'asphodèle. La distillation de cette dernière plante, extrêmement commune et jusqu'ici sans valeur, a donné naissance à plusieurs usines, dont un décret impérial a admis en franchise les produits dans la métropole. Mesure excellente en soi, et qui mériterait des éloges sans réserve, si elle n'était un expédient et une exception, laissant en dehors de ses libéralités non-seulement l'esprit-de-vin, sacrifié aux suspicions méridionales, mais l'alcool des caroubes et celui qu'on peut extraire des figues, des dattes et de toutes autres substances dont le génie industriel s'appliquera à exploiter les principes sucrés susceptibles de fermentation, autant de progrès qui se heurteront contre le *veto* de la douane.

En fait de sucre, il paraît bien plus simple de s'adresser à la canne, qui croît en Algérie avec autant de vigueur qu'à la Louisiane, comme on peut s'en convaincre par les fort belles tiges que possède l'Exposition. Cependant on y a renoncé de bonne heure, moins peut-être par les enseignements de l'expérience que par des considérations théoriques de météorologie dont l'exactitude est aujourd'hui contestée. La cause est de nouveau remise à l'étude. Mais, dût l'Algérie laisser la production de cette matière à ses sœurs, les colonies des Antilles, elle pourrait encore, comme le font quelques colons, tirer un excellent parti de la canne à sucre comme fourrage, car elle végète admirablement.

De toutes les denrées coloniales proprement dites, le sucre reste cependant celle dont la conquête paraît la plus vraisemblable. Quant aux autres, telles que le thé, le gingembre, le poivre, la vanille, des présomptions graves, sinon encore concluantes, autorisent à suspecter quelque illusion dans l'espoir qu'on avait conçu de les acclimater, avec l'arome qui en fait le prix. Les rares échantillons de ces substances qui figurent à l'Exposition algérienne ne paraissent pas propres à démentir ce pronostic. Il y aurait peu de sens à poursuivre indéfiniment des résultats impossibles ou trop difficiles. Où est le mal que l'Algérie ait besoin, conformément aux sages lois de la Providence, de nouer des échanges commerciaux avec d'autres contrées de la terre et ne puisse prétendre à les remplacer toutes? Aux climats équatoriaux, les épices aux pénétrantes saveurs; aux climats plus tempérés, les condiments moins forts! Pour sa part, l'Algérie possède l'anis, le cumin, la coriandre, le piment, le faux poivre. Ce lot pourrait lui suffire.

Si nous accordons une mention au miel, dont les indigènes ont exposé d'assez nombreux échantillons, enfin aux légumes secs, tels que pois, lentilles, haricots, fèves, qui abondent sur tous les rayons et jouent un rôle considérable dans la cuisine arabe et européenne, nous aurons passé en revue à peu près tout ce que présente l'Exposition algérienne en fait de substances alimentaires. Il ne nous reste plus à parler que des matières destinées à l'industrie.

Exposition universelle de 1855 (*suite*).

Au nombre des cultures industrielles, il est d'usage de compter le tabac, qui devrait plutôt, à raison de son mode de consommation, être considéré comme un aliment, fort peu nutritif il est vrai, mais excitant ou narcotique, suivant les doses et les tempéraments. Quoi qu'il en soit, le tabac tient le premier rang dans les produits secondaires de l'Algérie, comme dans les goûts et les habitudes des populations : il occupe une place importante à l'Exposition. Dans cette longue rangée de vitrines d'où s'exhale son arome, on le voit en masses compactes de feuilles, telles que les planteurs le livrent à l'État, et en élégants paquets de cigares et de cigarettes qui excitent la convoitise des amateurs : il se présente même en poudre, bien que les manufactures impériales n'en veuillent pas de cette façon, fières qu'elles sont de leur tabac à priser, et décidées à demander seulement à la colonie les tabacs à fumer, dont la France est presque entièrement dépourvue. Malgré cette sentence officielle, Tlemcen s'est souvenu que sa poudre de tabac faisait partie des présents que les deys d'Alger offraient à leur souverain, le sultan de Constantinople, et l'oasis de Souf, nouvellement conquise à nos armes, a voulu montrer qu'elle était pour ce produit la rivale de Tlemcen.

Sans être une nouveauté pour l'Algérie, car il y était acclimaté bien avant l'arrivée des Français, le tabac y a pris des développements qui en font une véritable conquête de la colonisation. Quelques chiffres en indiqueront les progrès. En 1844, date des débuts sérieux, on comptait 3 planteurs européens ; en 1854, ils étaient 2,423 ; en 1844, les plantations étaient restreintes à 1 hectare 42 ares ; en 1854, elles couvrent 2,982 hectares : en 1844, la régie achetait 2,007 kilogrammes de feuilles sèches, d'une valeur de 2,223 fr.; en 1854, elle en a acheté 2 millions 938,199 kilogrammes, d'une valeur qui dépasse 2 millions 700,000 fr.; et pour l'année courante, elle prévoit l'emploi de plus de 4 millions de francs. En même temps, les achats du commerce local approchent de la même importance. Quant à la fabrique, dont les produits, versés dans la consommation locale, ont échappé jusqu'à ce jour à une statistique rigoureuse, c'est aussi par millions qu'on les évalue.

Un rare concours de circonstances a favorisé cette vogue, qui se constate dans tous les centres européens et dans un grand nombre de tribus : d'abord un climat singulièrement propice, comme l'atteste la supériorité des tabacs indigènes, que l'administration a dû adopter de préférence aux meilleures variétés de France, après avoir dans le principe encouragé la culture de ces dernières, qui sont à la veille d'un abandon complet; ensuite l'aptitude innée d'une partie de la population émigrante, qui excelle dans la fabrication aussi bien que dans la culture, car on sait que les cigarières mahonaises d'Alger, espagnoles d'Oran, rivalisent avec celles de Séville et de Cadix, de Manille et de la Havane, les plus habiles du monde; en troisième lieu, le débouché assuré, à des conditions loyales et à prix comptant, des magasins de l'État; enfin, la liberté complète de production, de fabrication et de commerce, qui là-bas a pu se concilier avec les priviléges de la régie, et cela sans dommage pour le Trésor. En effet, les prix d'achat de l'administration sont déterminés par la concurrence commerciale, si bien que tous les ans on voit ses agents, limités par le prix maximum de 140 fr. les 100 kilogr., obligés de renoncer aux premières qualités des Ouled-Chebel, des Krachena et des Beni-Khalil, les meilleurs crus de la Mitidja, qui sont achetés par les marchands et fabricants mores d'Alger à des prix supérieurs, montant quelquefois à 200 fr. le quintal.

Grâce à une amélioration soutenue de ses produits, l'Algérie est parvenue à compter dans les approvisionnements de la France, pour les tabacs comme pour de plus utiles denrées. Dépréciés autrefois pour leur saveur mielleuse et leur difficile combustion ils perdent d'année en année ces défauts. Déjà on les classe comme tabacs fins, légers, souples, doux sans fadeur, d'un arome délicat, comparables de leur nature aux meilleurs du Levant, et acquérant, par des procédés bien entendus, ces qualités de force et de montant dont le jury de Londres leur reprochait de manquer. A titre d'excuse, on aurait pu alléguer que les fortes stimulations des sens sont peu appréciées dans les zones chaudes et tempérées, où une légère excitation suffit à maintenir le ton naturel de l'organisme ; on a mieux aimé se rendre, dans une certaine mesure, au goût public, arbitre souverain. Malgré cette concession à la mode dominante, les tabacs algériens, à qui le climat imprime son indélébile cachet, restent plutôt destinés à s'allier à leurs similaires des latitudes plus septentrionales qu'à les supplanter entièrement. C'est en les mêlant aux feuilles de la Hongrie et du Palatinat, de la Hollande et de l'Amérique, que les fabricants de la colonie obtiennent ces cigares, si recherchés des fumeurs qui tâchent d'en obtenir des voyageurs qui débarquent d'Afrique. Et l'industrie locale risquerait de perdre la faveur qui lui est acquise en renonçant à des mélanges auxquels un patriotisme, plus zélé peut-être qu'intelligent, préférerait une composition exclusivement algérienne.

Dès aujourd'hui, la popularité des tabacs à fumer (où va la popularité !) ne connaissant plus de limites, un pays qui les produit en abondance et d'une qualité supérieure est appelé à devenir pour cet article un des grands marchés du monde. Le jour paraît proche où, des ports algériens, devenus rivaux de Richemond, de Baltimore, de la Nouvelle-Orléans, de Fiume, de Trieste, de Rotterdam, partiront de nombreux navires allant distribuer leurs cargaisons de feuilles sèches et de cigares à l'Europe et même à l'Amérique, qui déjà les apprécie. Tel est le langage de la commission algérienne des tabacs; telle est aussi la confiance des colons, heureux de suivre une impulsion et des conseils qui se traduisent pour eux en beaux profits : 500 fr. à 1,000 fr., assure-t-on, de revenu net par hectare. Gages de cet avenir, les lots officiels et particuliers de l'Exposition algérienne peuvent soutenir sans défaveur la comparaison avec les produits des autres contrées, entre lesquelles l'Espagne, l'Autriche, le Palatinat, la Hollande, se distinguent par la richesse variée et la belle apparence de leurs assortiments.

Le succès d'une seule culture ne pouvait suffire à l'ambition des colons ni aux vues du gouvernement : la variété des conditions naturelles et économiques invitait d'ailleurs à poursuivre la fortune dans des voies diverses. Le coton a été proposé comme le complément, dans quelques esprits, comme le rival du tabac, auxiliaire destiné à prendre le premier rang en cas de réussite, à raison de son rôle infiniment supérieur, dans la vie industrielle et commerciale des peuples : intention d'autant plus légitime que l'implantation du coton en Algérie est moins une nouveauté qu'une renaissance. Depuis le douzième siècle jusqu'aux derniers temps de la domination turque, l'histoire en suit la trace dans les États barbaresques, à partir des rives de l'Océan jusqu'aux ruines de Carthage. En 1835, les Français trouvèrent le cotonnier en abrisseau dans les ravins de Mostaganem, phénomène de végétation qui paraît particulier à la province d'Oran, où cette plante est vivace pendant quatre à cinq années, comme on peut s'en assurer à l'Exposition par les envois de MM. Petrus Borel, de Bled-Touaria, et Sohn, d'Aboukir. Et dernièrement encore, lorsque nos troupes ont pris possession de Tuggurt, elles ont admiré dans les environs de très-beaux pieds de cotonnier redevenu sauvage. Le nom du *Oued-el-Kotton*, qui se jette dans le Rummel à l'est de Mila, confirme encore de nos jours la vérité de la tradition.

Ces légitimes préoccupations de l'Algérie, le concours des cotons les reflète fidèlement. Il ne compte pas moins de 140 exposants, européens ou indigènes, cultivateurs du Tell ou jardiniers des oasis. Toutes les variétés se disputent la place et les regards, dans des proportions que n'égale aucune nation, pas même les États-Unis, dont on regrette que la rivalité ne se soit pas traduite en de magnifiques collections, comme seuls ils pouvaient les faire. Le triomphe des colonies de l'Europe en est devenu trop facile. A côté des Antilles françaises, qui sont largement représentées, se développent sur de longs alignements les cotons algériens de toutes variétés : longue soie et courte soie, Géorgie et Louisiane, Jumel et Nankin, sans compter les nombreux essais de la pépinière centrale. Au-dessus des rangs, dans un pavillon de verre, s'élève un beau cotonnier qui paraît végéter sur un lit de blancs et épais flocons tombés de ses calices ouverts. Ceci est un trophée provenant des deux plantations qui, en 1854, se sont partagé par moitié le prix impérial de 20,000 francs : éclatante et profitable distinction qui doit se renouveler pendant quatre ans encore. Les vainqueurs, dont le nom est inscrit sur les parois vitrées, sont **MM. Masquelier fils et Cie et Dupré de Saint-Maur**, colons associés de la riche plaine du Sig, dans la province d'Oran, et Si-Ali-ben-Mohammed, caïd de Guelma. Les premiers représentent l'alliance de l'esprit industriel et commercial de la France, avec l'expérience locale acquise par huit années d'intelligentes et laborieuses luttes contre toutes les épreuves de la colonisation : bel exemple donné à la jeunesse et à la noblesse françaises par M. de Saint-Maur et son digne collaborateur, M. Héricart de Thury, pour accroître l'honneur d'un nom et le prestige d'une fortune ! De son côté, le caïd Ali personnifie la nouvelle génération arabe, qui a grandi au contact des idées et des mœurs françaises, assez intelligente pour en adopter l'esprit libéral, sans rompre violemment avec la tradition musulmane, élargissant le Coran sans le briser. Comme ce fait, curieux déjà comme nouveauté agricole, constitue à nos yeux la solution même du plus grand problème que nous ayons à résoudre en Algérie, le ralliement des vaincus et des vainqueurs dans le travail productif, que l'on nous pardonne quelques détails. Enfant de Blida, le caïd Ali sert la France dans les rangs des spahis depuis vingt ans, quoi qu'il en ait trente-six à peine. Il n'a jamais servi et aimé que le drapeau français, auquel il doit tout, honneurs et fortune. Mieux que les chefs de grande tente, de tels hommes sont de loyaux et dévoués instruments de notre politique dans la paix comme dans la guerre. Digne fils des Mores d'Espagne, dont Blida fait revivre les splendides cultures, celui-ci s'est jeté de toute l'ardeur de son âme dans la colonisation, comme autrefois dans les combats. En vrai planteur, il s'est installé pendant toute la saison au milieu de ses champs, guidant et animant les travailleurs de son exemple comme de sa parole, faisant avec eux son apprentissage sous la direction du chef du bureau arabe de Guelma, non moins novice, mais tout aussi ardent au progrès agricole. En de tels hommes l'intelligence mûrit vite l'expérience : au bout d'une campagne ils étaient maîtres. Dans leur succès, il faut saluer plus que le triomphe de deux fermes et habiles volontés : il faut y lire la règle même de notre politique et la destinée normale du peuple que les armes nous ont soumis. La formule de cette règle et de cette destinée est des plus simples. La société arabe, fondée sur la guerre intestine des tribus, sur l'inculture des terres, sur la permanence de la vie nomade et pastorale, sur l'attribution collective du sol à la tribu au lieu de l'appropriation individuelle, sur la polygamie enfin, est condamnée à disparaître prochainement en Algérie, condamnée sans retour au nom du christianisme et de la civilisation ; l'élite des chefs eux-mêmes ne la défend plus et se prépare à l'abandonner. Vaines seraient les plaintes d'une archéologie amoureuse des sociétés barbares et patriarcales, et non moins vains les regrets d'une poésie égarée à la poursuite du pittoresque! Mais la race arabe, en tant que variété de l'espèce humaine, mais l'Arabe et le Kabyle en tant qu'hommes, n'ont perdu aucune des brillantes facultés qui ont consacré leur gloire à travers les siècles. Au souffle du génie scientifique et industriel de l'Europe, cette race, belle et forte entre toutes, qu'on ne peut avoir fréquentée sans l'admirer et l'aimer, doit revivre dans tout son éclat, concourir même, par ses mâles qualités, à retremper le sang européen, amolli par les délicatesses de la civilisation. La politique la plus sévère justifie la générosité des instincts français, qui ont repoussé le crime d'une extermination et la violence d'un refoulement : grâce à l'immensité des espaces vides dont les vainqueurs disposent, un simple cantonnement pour chaque tribu, lequel devrait être suivi d'une répartition spéciale entre les familles ou plutôt les individus, suffirait pour concilier les besoins et les intérêts des indigènes avec les nôtres. Les deux peuples, juxtaposés d'abord, bientôt s'entremêlant d'eux-mêmes, entreraient de plein gré en échanges quotidiens de travaux, de salaires et d'enseignements, car ils sont nécessaires l'un à l'autre. Loin d'être un obstacle à la colonisation, les indigènes en sont l'indispensable instrument. Aussi leur présence et leur nombre, que l'on invoque quelquefois pour excuser la lenteur de nos progrès, nous accusent au contraire; car, avant et après le combat, nous avons eu constamment leurs bras à notre service à des prix modérés : précieux concours dont, en Amérique, la race anglo-saxonne a été privée, ou, pour mieux dire, s'est privée. Nous devrions avoir marché d'autant plus vite que nous avons été entourés de plus d'auxiliaires.

A quelles conditions s'accomplira l'évolution que nous signalons comme la loi même de notre établissement en Algérie ? Le coton de Guelma nous l'apprend. A condition d'élever les indigènes à notre niveau par l'éducation et la culture, pour les assimiler successivement au point de vue de la législation autant que possible, et plus encore du gouvernement, car nombreux et graves sont les abus de l'autorité arabe. Voilà ce qui contribuera puissamment à nous ouvrir un bel avenir en Afrique, au lieu de faire ce que voudraient quelques personnes, c'est-à-dire de s'incliner avec égards devant la paresse et les préjugés des indigènes, dans une admiration rétrospective et outrée de leurs mœurs sociales, qui méritent peu de respect ou de sympathie. Dans cette voie, nous entendrons bientôt beaucoup de chefs arabes exprimer les sentiments que nous recueillions l'automne dernier de la bouche du caïd Ali, en parcourant avec lui ses plantations de coton : « La terre d'Afrique, nous disait-il sur le ton d'une ferme conviction et en assez bon français, quand on la sait travailler, rend, non pas de l'argent, mais de l'or. » Et, s'engageant doublement dans cette voie de chercheur d'or, ce chef a exposé une collection de minerais du cercle de Guelma. En même temps, pour ouvrir à son activité une carrière vaste et féconde, l'autorité provinciale l'a chargé de créer dans le cercle une pépinière pour les indigènes.

Son exemple, venant en aide aux conseils d'en haut, a entraîné bon nombre de chefs, qui se sont engagés en 1855 dans la culture de coton. Quant aux colons, on constate chez eux quelque tiédeur, et même, dans la province d'Alger, une réaction marquée contre l'enthousiasme de l'an dernier. Les cultures européennes, qui en 1854 couvraient environ 800 hectares, ne dépasseront probablement pas ce chiffre, si même elles l'atteignent. On accuse cette plante de n'avoir pas tenu toutes les promesses faites en son nom. Dans les mécomptes, qu'elle est la part des saisons ? et qu'elle est celle des hommes ? Ce n'est pas ici le lieu de le discuter ; mais ce qu'il faut proclamer bien haut et signaler surtout au département de la guerre, qui a pris en main avec le zèle le plus actif la cause du coton, c'est qu'une partie notable de la récolte a été perdue faute de bras pour la lever en temps utile ; c'est que les prix exorbitants d'une main-d'œuvre trop rare ont absorbé tous les bénéfices. Là se trouve la source principale des déceptions ; là doivent se porter les réclamations ; c'est là qu'il faut aviser, sous peine d'avortement complet, en ouvrant à deux battants à l'émigration européenne les portes de l'Algérie. Compter, comme on incline souvent à le faire, sur les indigènes, est la plus funeste des illusions. Ils ne peuvent suffire à leurs propres récoltes de céréales : comment pourraient-ils se charger des cultures industrielles des colons? Un simple relevé de chiffres rend manifeste cette insuffisance. La population indigène est d'environ 2 millions 300,000 habitants, dissséminés sur 40 millions d'hectares : c'est un habitant par 17 hectares, et si l'on ne tient compte que des travailleurs adultes, un homme au plus par 40 à 50 hectares. Or il est notoire, en matière d'économie rurale, que toute culture importante demande, en moyenne, au moins un travailleur par hectare, c'est-à-dire quarante à cinquante fois davantage. Que l'on fasse aussi large que l'on voudra la part des exceptions, à raison de la densité de quelques populations, de l'inculture obligée de certaines terres, de la différence des températures locales, qui permet aux territoires d'échanger leurs bras, toujours sera-t-il éclatant d'évidence que, pour les cultures industrielles, il n'y a aucun fond à faire sur les tribus. Partout où elles ont disposé de quelques bras, elles ont adopté le tabac qui les enrichit. Et le peu de main-d'œuvre qu'on en obtient sur quelques points se traduit, par la concurrence, en salaires excessifs qui réduisent à néant toutes les espérances de bénéfice du colon. Pendant que ce dernier, citoyen dévoué d'un pays qui est devenu sa patrie, se débat contre toutes les épreuves du sort, le journalier arabe ou kabyle emporte dans sa tente ou son gourbi le plus clair des produits, et l'enfouit pour acheter de la poudre aux jours du Moule-Saa, le Messie libérateur. Ainsi pratiquée au profit principal des indigènes, et il faut bien avouer que c'est un peu l'histoire d'aujourd'hui, la colonisation deviendrait bientôt une duperie. Il lui suffit d'être une générosité !

Veut-on du coton ? Il faut vouloir une large émigration ; il faut lui montrer la route ; il faut l'appeler et l'attirer par des avantages analogues à ceux que le gouvernement britannique accorde depuis quelques années à ses colons du Canada, et qui ont fait de ce pays, dans un court laps de temps, une sorte d'empire. Dans ses proportions actuelles, la population européenne, s'infiltrant goutte à goutte, ne suffit même pas au tabac !

La France est grandement intéressée au succès du coton, car ses manufactures en consomment annuellement pour une valeur de plus de 125 millions. Combien de cités, combien de campagnes tirent leur pain quotidien, leur prospérité de cette matière première ! Sans pressentir d'embarras prochains, n'est-il pas prudent d'assurer une double source au courant de notre plus importante fabrication ? A côté des provenances exotiques, les cotons algériens prendront place dans nos ateliers par les qualités propres qui résultent toujours de la différence des climats, et par les facilités qui sont particulières au voisinage de la colonie. Et si un jour le développement manufacturier des États-Unis privait l'Europe des approvisionnements sur lesquels elle est habituée à compter, la France saurait de quel côté se mettre en quête de matière première.

Ainsi l'ont bien compris les filateurs et les fabricants les plus intelligents de France, comme l'atteste leur participation au concours dans les rangs algériens. Les cotons bruts, qu'ils ont achetés l'an dernier à la vente du Havre, reparaissent ici transformés en fils de toute finesse, en tissus de toute forme et de tout dessin. Ces manifestations, politiques on peut dire autant qu'industrielles, consacrent l'alliance commerciale de l'Afrique française avec la Flandre, l'Alsace, la Normandie, la Picardie, la Lorraine et quelques villes de premier ordre ; avec

Lille, qui a trouvé dans un de ses filateurs, M. Edmond Cox, l'apôtre le plus convaincu du coton algérien ; avec Mulhouse, Saint-Quentin, Rouen, Tarare, Nantes, Paris, dont le patriotisme, éclairé par l'intérêt, s'est appliqué à faire valoir les produits algériens. L'Angleterre elle-même s'est associée à nos manufactures, et les tissus de coton dont Manchester a puisé la matière dans notre colonie ne sont pas une des moins intéressantes nouveautés du catalogue. En même temps, et comme pour justifier notre ambition, le délégué de la Caroline du Sud à l'Exposition universelle, un des plus éminents planteurs de l'Amérique, vient de proclamer devant la Société centrale d'agriculture de France le mérite supérieur des cotons de l'Algérie, aussi remarquables par leur force que par leur finesse.

L'autorité de tous ces témoignages assure la prochaine et définitive conquête agricole du coton, la plus importante que la métropole, non moins que la colonie, puisse désirer. Que demande celle-ci pour répondre aux vœux de la France? Un supplément de population européenne, auxiliaire indispensable de ses travaux. Exigence bien facile à satisfaire en ces temps d'émigration générale !

Si des cotons nous tournons nos regards vers les soieries, qui dans les galeries supérieures leur font pendant, mêmes admirations, mêmes perspectives pleines de promesses, et, disons-le, mêmes obstacles. Depuis 1848, l'administration était parvenue, par des encouragements intelligents et par des sacrifices que le succès faisait absoudre, à répandre parmi les colons l'industrie séricicole. D'une année à l'autre, on se plaisait à constater les progrès dans le nombre des mûriers plantés et des éducations menées à bonne fin, dans l'importance des récoltes, dans les perfectionnements de la filature. On entrevoyait pour des temps prochains la fortune couronnant le travail, comme en Lombardie et dans les Cévennes. Les vitrines consacrées à cette partie de l'Exposition algérienne, disent combien étaient légitimes ces espérances. On trouverait difficilement, même dans les galeries éblouissantes de la France et de l'Italie, des cocons au grain plus ferme et plus fin, des flottes de gréges plus nerveuses et plus brillantes, et de plus splendides tissus. Au nom de la cité lyonnaise, qui a déployé toute son habileté dans la fabrication de ces satins et de ces brocatelles richement damassées, une lettre, encadrée à côté de ces merveilles, rend hommage aux rares qualités de la soie algérienne. Triste aveu à faire ! à la veille du triomphe, toutes ces perspectives courent grand risque de s'évanouir en illusions. Dans la province d'Alger, la plus avancée des trois, la production annuelle, qui avait atteint en 1853 le chiffre modeste encore sans doute, mais important pour un début, de 13,000 kilogrammes de cocons, s'est réduite à 8,000 en 1854 ; elle est tombée à 2,500 en 1855. On accuse les saisons, et il se peut qu'il y ait une part à leur faire. Mais les progrès soutenus de la province d'Oran, où le voisinage de l'Espagne pourvoit un peu plus aux besoins de la main-d'œuvre, constatent que l'insuffisance de la population entre pour beaucoup dans les échecs séricicoles du centre. C'est que les travaux de la magnanerie coïncident avec les fauchaisons, la moisson des orges, le repiquage des tabacs, les préparations des semis de coton. Pour ces soins multiples, on recrute à grand'peine des bras virils ; à la magnanerie suffiraient les mains les plus délicates et moins chères des femmes, des jeunes filles, des enfants ; elles font entièrement défaut ! Et par là se révèle un autre grave inconvénient de la prédominance de main-d'œuvre arabe, kabyle et marocaine, exclusivement masculine. Partout, et surtout dans une colonie naissante, il importe au plus haut degré de multiplier les familles : au premier chef dans l'intérêt des mœurs publiques, et en second ordre dans l'intérêt de la production, pour constituer au sein des fermes et des ateliers la tradition des bonnes pratiques. Avec des mercenaires nomades, l'apprentissage est à recommencer tous les ans, souvent tous les mois et toutes les semaines, sur nouveaux frais; le bénéfice de l'expérience acquise est à peu près perdu. Invoquer l'intervention de la famille, c'est faire appel à l'Europe, car on sait bien que la famille indigène, constituée sur l'oppression de la femme, se tient à distance de la civilisation.

Toutes les cultures industrielles, sans aucune exception, plaident la même cause, et le principal service que rendront les spécimens si variés dont elles ont embelli l'Exposition universelle, sera moins de constater des résultats acquis et dès à présent lucratifs que de montrer combien sont nombreuses et diverses les carrières qu'elles offrent à l'activité des populations. Sauf le tabac, aucune d'elles ne peut justifier de l'aisance répandue au sein d'un village; mais toutes établissent par des calculs précis qu'au moyen d'une immigration suffisante, qui procurerait une main-d'œuvre régulière à des prix modérés, et cependant bien supérieurs à ceux d'Europe, elles assureraient le bien-être aux propriétaires en même temps qu'aux ouvriers. C'est à ce point de vue que les matières premières de l'industrie acquièrent toutes quelque intérêt et méritent au moins une rapide mention.

Exposition universelle de 1855 (*suite*).

Nous continuons le chapitre des matières textiles. Dans leur groupe, l'œil s'arrête étonné sur les hautes tiges du chanvre de la Chine, chanvre géant qui atteint en quelques mois une hauteur de trois à quatre mètres. A ses côtés, on pourrait presque dire à ses pieds, se dresse le chanvre commun de France et celui du Piémont, d'une fort belle croissance l'un et l'autre, dont les filasses rappellent les bonnes qualités de Bretagne. Au chanvre s'entremêle le lin, spontané dans les prairies algériennes, cultivé dans quelques tribus, adopté récemment par plusieurs colons de l'arrondissement de Philippeville. Les manufacturiers de Lille ont été étonnés de la qualité de filasse et de fil qu'ils en ont obtenue : les lins de Riga leur paraissent avoir enfin trouvé des rivaux. Quand la guerre nous prive des approvisionnements de la Russie, ce sont là des ressources bonnes à signaler, sinon pour leur valeur actuelle, du moins pour leur valeur à venir.

Après ces textiles de premier ordre, tous admirablement appropriés au climat de l'Algérie, nous pouvons nous borner à nommer ceux qui ne sont que secondaires : le corète de la Chine, le dragonnier, la mauve textile ou abutilon et l'ortie cotonneuse de l'Inde, le bananier abaca de l'archipel Indien, le phormium tenax de la Nouvelle-Zélande, les aloès et les yuccas de l'Amérique, plantes exotiques dont l'exposition algérienne contient de nombreux échantillons : tiges, filasses, fils, cordes, tresses, dus pour la plupart au directeur de la Pépinière centrale. C'est parmi les apports des pays les plus voisins encore de la barbarie primitive que l'on retrouve ces mêmes plantes ou leurs pareilles : en Australie, à Ceylan, dans les colonies espagnoles ou néerlandaises, dans la mer des Indes, dans la Guyane britannique. Leurs fibres fortes, rudes, manquent généralement du moelleux et de la souplesse qui caractérisent la plupart des textiles de l'Europe. Mais cette consistance même les rend propres à certains emplois spéciaux. On peut pressentir toutefois que, si ces végétaux ont droit d'occuper une place dans les rangs agricoles de l'Algérie, à titre d'objets d'étude et en vue des applications ultérieures, ils ne sont pas près de prendre racine dans l'industrie locale. Aux conditions actuelles et prochaines de main-d'œuvre et de débouché, la préférence appartient de droit soit aux végétaux européens, tels que le lin et le chanvre, soit aux plantes similaires que la nature africaine fournit gratuitement en quantités illimitées : telles sont le palmier nain, l'alfa et le dis, qui méritent d'attirer un instant notre examen.

Longtemps maudit par les défricheurs, le palmier nain est un peu moins décrié depuis que l'industrie en tire quelque parti. Ce n'est pas qu'avant nous les indigènes le tinssent pour inutile ; ils en faisaient des cordes, des nattes, des balais, des paniers, des éventails et autres petits meubles semblables à ceux des sauvages, qui décorent comme des curiosités les exhibitions de l'Amérique et de l'Inde. Mais ces emplois, d'une simplicité primitive, ne pouvaient donner aux feuilles une valeur commerciale : ce résultat était réservé à des découvertes dont tout le mérite appartient à la civilisation.

La plus ancienne, et jusqu'à ce jour la plus importante, est la fabrication du crin végétal, que la maison Averseng et Ce, de Toulouse, exploite depuis 1848 sous la protection d'un brevet. Une tente d'une élégante originalité réunit les applications multiples de ce produit nouveau : fauteuils rembourrés, fils et cordes, torsades, guirlandes de houppes, panaches, etc. Moins élastique que le crin animal, le similaire africain est à peu près inodore, souple, durable, moitié moins cher et moins attaqué par les vers. C'est assez pour mériter l'attention, et quelquefois la préférence.

De nouvelles et plus récentes découvertes ont complété la réhabilitation du palmiste algérien. De ses fibres s'extrait une filasse qui se prête au tissage ; moulues, elles font une bonne pâte à carton et papier, dont plusieurs industriels revendiquent l'honneur. La bourre qui enveloppe la souche forme une espèce de laine végétale, et les durs noyaux de son fruit, travaillés au tour, fournissent des chapelets et des bracelets aux bizarres veinures.

A nos yeux, le mérite de ces inventions est à la fois dans leur valeur propre et dans un service indirect qu'elles rendront à la colonisation agricole. L'estime acquise au palmier nain viendra, nous l'espérons, à l'encontre de la coutume, passée en tradition administrative, de fonder les centres de population au cœur des terres qui en sont le plus infestées. C'est déjà, croyons-nous, une erreur que de décréter des villages de tant de feux, comme on décrète un régiment de tant de bataillons et de compagnies : le peuplement d'un pays se fait moins d'après les lois d'une cristallisation partout semblable à elle-même, que suivant une espèce de végétation naturelle progressive d'année en année, variable suivant les temps et les lieux, et en quelque sorte les saisons du climat économique. Le mieux serait assurément, dès qu'un territoire a été reconnu propre à la colonisation comme réunissant les conditions voulues de sécurité et de libre disponibilité, et après l'allotissement terminé, de laisser les prétendants s'installer à leur gré sur leur lot, dans des fermes dont ils choisiraient eux-mêmes l'emplacement, sans crainte de confier à l'esprit de famille ou de spéculation le soin de grouper les fermes en hameaux, les maisons en villages. Les besoins du commerce, de l'industrie et de la sociabilité, qui réclament la concentration autant que l'agriculture réclame l'expansion; en outre, les services publics réunis sur un lot central, opposeraient le contrepoids de leur attraction aux forces centrifuges. Mais en attendant cette féconde liberté, dont l'heure ne peut tarder à venir, il nous paraîtrait heureux que l'amour même exagéré du palmier nain, inspirant le respect de ces plantations naturelles, vînt affranchir la colonisation de cette terrible corvée d'un défrichement qui coûte cent journées de travail par hectare, une valeur de 2 à 300 fr., vingt fois plus que le prix vénal du sol. A ce rude labeur s'épuisent les forces et la bourse des émigrants, tandis qu'à quelques lieues de distance, dans l'intérieur du pays, s'étendent d'immenses et fertiles plaines, à peu près vierges de broussailles, propriétés de l'État, non moins dégagées de tout droit arabe que celles du littoral et des montagnes.

Ce n'est pas que les terrains envahis par les palmiers nains soient de mauvaise qualité ; au contraire : l'inextricable lacis de leurs profondes racines, en même temps qu'il retient le sol sur les pentes, précieux service en un pays sujet aux pluies torrentielles, l'enrichit d'humus par la décomposition des fibres végétales. Les terres à palmier nain appellent donc la culture et la rétribuent; mais leur tour doit venir seulement après une première période de travail plus facile, qui aura procuré aux colons une suffisante réserve de santé et d'argent pour attaquer le rude adversaire, dont quelque machine peut-être les délivrera. Combien la marche contraire a consumé de vies et dévoré d'épargnes, combien elle a provoqué de désespoirs et de misères, la tradition de chaque village le raconte avec amertume!

Plus communs encore que le palmier nain, l'alfa et le dis sont deux graminées qui croissent sur les terrains incultes du Tell et couvrent le Sahara presque entier. Le nom espagnol de sparte est devenu celui d'une industrie tout entière qui les emploie sous les formes les plus diverses. Familière aux indigènes pour les usages les plus vulgaires, la sparterie s'est perfectionnée entre les mains européennes. L'alfa et le dis peuvent, comme le palmier nain, fournir du crin végétal, de la filasse, des cordes, de la pâte à papier. L'emploi pour la corderie est général dans l'Espagne méridionale, ainsi qu'on peut le voir dans l'exposition de cette puissance, qui étale d'énormes câbles à côté des chaussures et des nattes. La sparte serait, pense-t-on, encore plus précieuse pour la papeterie, grâce à la force de ses fibres qui se communique au papier, soit qu'on emploie la pâte pure, soit qu'on la mêle au chiffon.

Des calculs précis portent à un minimum de 40 millions de tonnes par an la quantité d'alfa que le Sahara seul pourrait annuellement livrer aux fabriques, sans autres soins ni frais que ceux de la récolte et du transport. C'est dire à quel bon marché l'Europe obtiendrait le papier, si une circulation perfectionnée permettait d'utiliser les largesses, aujourd'hui perdues, du sol africain. Il conviendrait sans doute, à raison même de la faible valeur et de l'abondance de la matière première, d'installer les usines à proximité des lieux de récolte. La spéculation y aurait déjà pensé si la douane n'y avait pourvu. Pour entrer en franchise, les fibres végétales de l'Algérie doivent être brutes ou simplement battues; ouvrées, elles deviennent des produits étrangers pour la France, à moins qu'elles n'émanent de l'industrie indigène! Dans ce cas, elles sont exemptes de droits!

Terminons par les laines, la revue des matières textiles de l'Algérie. Elles n'y brillent guère, nous devons l'avouer. A peine découvre-t-on huit à dix lots, la plupart d'aspect peu séduisant, dont quelques-uns méritent cependant d'être signalés. Citons entre autres le lainier de M. Bernis, vétérinaire en chef de l'armée d'Afrique, à qui une mission officielle a permis de prélever sur les troupeaux de toutes les tribus une nombreuse et instructive collection d'échantillons; un autre lainier formé par M. Belle, ancien lieutenant de vaisseau devenu colon à Cherchell. Nommons encore M. Bonfort, propriétaire d'un troupeau qui compte déjà 3,500 têtes, soumis à l'action régénératrice des béliers mérinos de Perpignan avec un tel succès, qu'au troisième croisement le type à obtenir est atteint; enfin, M. Goby, de Blida, qui a tenté l'amélioration avec des béliers de Bourgogne. Ajoutez un ou deux autres Européens des provinces d'Alger et de Constantine, avec autant d'indigènes, et vous aurez la liste complète des exposants de laines.

D'où vient cette **rareté** de concurrents en un pays de culture pastorale, où les troupeaux constituent la principale richesse des tribus? Le mot même de tribu vous le dit. La faute en est à la tribu, bonne institution de guerre peut-être, mais à coup sûr déplorable institution pour la paix et le travail, car elle n'est autre chose que la communauté patriarcale et nomade, qui repousse la propriété individuelle du sol. Les indigènes n'ont pas envoyé de laines parce qu'elles eussent accusé leur négligence de barbares. Et, malgré leur impuissance manifeste à améliorer le bétail, il est presque passé en axiome qu'eux seuls en Algérie peuvent l'élever avec succès, qu'à eux seuls il convient d'en confier la régénération. Dangereuse illusion qui doit être abordée de près!

S'il est vrai que, dans l'Afrique septentrionale, la nature a tout disposé, le sol, la végétation et le climat, pour la prospérité des espèces animales, il est encore plus vrai que les Arabes font tout pour leur abâtardissement. Inutile d'entrer dans les preuves, tout le monde les sait. Depuis l'époque où la race mérine occupait la péninsule atlantique, d'où elle passa en Espagne avec les Mores, jusqu'à nos jours, l'histoire mesure une constante déchéance. Veut-on connaître la différence de la laine mérinos à la laine commune d'Afrique? M. Bonfort a eu soin de le montrer dans son carton d'échantillons. C'est presque la différence de la soie au crin. A qui ne peut voir, les prix le diront. La laine commune se vend à Oran 80 fr. les 100 kilogrammes, la laine mérinos 280 fr. Et quant au poids, la toison moyenne des 3,500 bêtes indigènes du troupeau de Tensalmet et d'Arbal pèse 1 kilogramme en suint, la toison mérinos pèse 2 kilogrammes et demi à 3 kilogrammes. Les métis du troisième croisement approchent de ces poids et de ces prix. Le nombre suppléerait-il à la qualité? L'administration nous l'apprendra. Elle porte à moins de 7 millions (6 millions 850,205) les bêtes ovines des tribus, soit, pour 40 millions d'hectares incultes admirablement propres à l'élève du bétail, 1 mouton à peu près par 6 hectares. En présence de tels chiffres, il faut bien renoncer à parler des innombrables troupeaux et des inépuisables richesses en bétail des tribus.

C'est que pour le bétail, comme pour toute production, si les colons représentent la civilisation et son esprit de progrès, les indigènes personnifient la barbarie et son esprit de routine. Ces derniers eussent-ils apporté le choix de leurs toisons, qu'auraient-ils eu à opposer aux belles collections de l'Autriche et de la Prusse, de la France et de l'Espagne? Rien assurément. Or, les éleveurs des troupeaux qui font la gloire et la richesse de ces pays, sont du même sang que les émigrants allemands, français, espagnols, qui vont importer en Algérie les traditions du pays natal. Invités aux mêmes progrès, ils les accompliront; et sur leur exemple, les indigènes eux-mêmes, éclairés par l'intérêt, suivront bientôt la même trace. Mais confier l'initiative à ces derniers, ce serait méconnaître leur état social et s'abuser sur leur rôle, par une exagération honorable sans doute dans le sentiment qui l'inspire, mais funeste dans ses conséquences, de la bienveillance due aux vaincus. Pour devenir l'éternel honneur de la domination française, notre générosité n'aura pas besoin de faire pencher en faveur des Arabes la balance des sympathies et des encouragements pécuniaires, au préjudice de la colonisation européenne et des Arabes eux-mêmes, qui ont tout à gagner à nous accepter pour maîtres, en industrie agricole comme en politique.

Leur seule supériorité en fait de bétail est celle du nombre. Elle tient d'abord à l'étendue plus que centuple de leurs possessions, et au chiffre supérieur de leur population; en second lieu, à certaines conditions économiques dont ils possèdent le privilége sur les Européens.

Les Arabes jouissent en pleine liberté de leurs vastes pâturages (17 hectares, avons-nous dit, par tête, l'équivalent de 80 à 100 hectares par tente); ils sont dispensés de bâtir, de défricher, de planter, de se clore. Les Européens, au contraire, à de rares exceptions près, obtiennent des lots de culture si restreints, que l'an dernier le préfet d'Oran constatait, devant la chambre consultative d'agriculture de cette province, que la moyenne des concessions dépassait à peine 2 hectares par tête, soit 6 à 8 par famille; et bien que l'administration actuelle, éclairée sur la faute commise, s'applique à l'amoindrir dans les concessions nouvelles, le mal est fait, et il pèse sur la colonie. En outre, l'émigrant européen est astreint, sous un bref délai, à des constructions, des défrichements, des plantations, des clôtures, conditions ruineuses, toutes contraires aux lois les plus élémentaires de l'économie rurale, qui conseille de mettre d'abord à profit les forces vives et gratuites de la nature, au lieu d'immobiliser les premiers capitaux dans des dépenses improductives.

Par surcroît de malheur, en un pays où la terre vacante ne coûte rien et surabonde, tandis que l'argent et la main-d'œuvre sont très-rares et très-chers, les colons se sont laissé entraîner, malgré les conseils des agronomes les plus compétents, aux cultures industrielles ou intensives, au lieu des cultures pastorales et céréales, qui sont le début normal de toute colonisation. Cette erreur naquit elle-même du régime protecteur, qui, en fermant le débouché métropolitain à la libre importation des denrées algériennes, les maintint avilies par l'encombrement, et fit accuser du vil prix la concurrence arabe qui n'y était pour rien, comme on le voit bien depuis la réforme douanière de 1851. Fourvoyée par cette fausse vue, qu'elle-même partageait, l'administration non-seulement réduisit à de trop mesquines étendues chaque concession, mais encore divisa chacun de ces lots en trois ou quatre parcelles, distantes l'une de l'autre, et toutes enchevêtrées dans les lots voisins. De là un morcellement tel, qu'on le trouve à peine dans des sociétés qui ont quinze siècles d'existence : radical obstacle à l'élève du bétail chez les colons. Que demain les Arabes soient enfermés dans le même cercle, et immédiatement leurs troupeaux disparaîtront. Que les colons soient dotés, non du parcours communal (mauvaise méthode qu'il ne faut laisser aux Arabes eux-mêmes qu'à titre de pratique exceptionnelle), mais de concessions d'une étendue convenable, et les troupeaux paraîtront aussitôt comme organes nécessaires de toute ferme. Ainsi l'on a fait en Australie, et chacun sait si les émigrants ont eu besoin de prendre exemple sur les naturels du pays pour la production de ces laines, aujourd'hui recherchées sur les marchés de l'Angleterre.

Les produits animaux autres que les laines ont moins d'importance encore dans le concours algérien : à peine signale-t-on quelques pains de cire, des œufs d'autruche qu'enjolive la fantaisie moresque, des plumes du même oiseau, qui parent en Afrique les chapeaux des hommes, comme en Europe ceux des femmes ; quelques peaux de panthères, d'hyènes et de chacals, présents de chasse d'officiers supérieurs. Ces dernières sont peu nombreuses, et nous en félicitons l'Algérie. Les dépouilles des bêtes féroces, dont le cap de Bonne-Espérance, le Canada et quelques autres nations ont décoré leurs vitrines, nous paraissent d'assez tristes recommandations : on n'a que trop parlé des lions et des panthères d'Algérie, animaux beaucoup plus rares et plus inoffensifs que les loups et les ours d'Europe. De ces aventures de chasse, que les journaux recueillent avec amour, l'imagination populaire reçoit bien à tort une impression peu favorable à la colonie. La chasse d'ailleurs ne constate que l'impuissance de l'homme isolé à modifier des faits naturels : le remède viendra d'autre part. Le premier sifflement d'une locomotive sur un chemin de fer éloignera plus de lions et de panthères que tous les fusils des plus intrépides veneurs. Et d'ici là, l'exploitation régulière des forêts, le peuplement progressif du pays, prépareront mieux qu'aucune battue la suppression de ces deux races par la suppression de leurs conditions d'existence : où l'homme règne, le lion disparaît. Quant aux hyènes et aux chacals, ce n'est qu'en Europe qu'on en a peur !

Trophées de l'industrie, les peaux préparées méritent plus d'honneur. Malheureusement elles manquent presque entièrement. A peine si Tlemcen, ville voisine et rivale du Maroc, la patrie du maroquin, a envoyé quelques peaux de chèvres tannées et teintes. C'est trop peu.

Des peaux tannées aux écorces et aux teintures, la transition est toute naturelle.

Nous n'avons à enregistrer que deux ou trois lots d'écorce à tan, provenant de chênes verts et de pins d'Alep, dont les vastes peuplements offrent d'abondantes ressources, malgré les dévastations des goudronniers kabyles.

En fait d'écorces, remarquons le liége, qui a déjà pris place dans l'industrie algérienne. Les cantonnements de la Calle et de Bone sont l'objet d'exploitations régulières. Les concessionnaires, MM. le duc de Montebello, le vicomte du Bouchage, Lecoq et Berton, ont tenu à honneur de montrer la belle qualité de leurs produits, qui ne trouveront des rivaux que dans les lots exposés par l'Espagne. D'autres suivent leur exemple, et bientôt les vignerons de France seront mis largement en possession d'une matière qui s'épuise en Europe. Comment expliquer que la douane grève de ses taxes les produits du liége ouvré en Algérie, en même temps que les cahiers de charges autorisent l'établissement sur place de fabriques de bouchons ?

La collection des matières tinctoriales est à la fois nombreuse, importante et curieuse. Les principaux colorants y figurent : indigo, garance, cochenille, safran, carthame, kermès, henné : les cinq premiers appartenant à la production européenne, les deux derniers à la production indigène.

L'indigo n'a pas encore franchi la période des recherches. M. Hardy, au Hamma, et M. Chapel, à Kouba, en sont les seuls et fidèles poursuivants. Leurs tentatives ne sont pas sans quelque apparence de succès, puisque certains échantillons ont été estimés 12 fr. le kilogramme, prix qui suffirait à la spéculation. Quant au climat, la régence de Tunis cultive avec succès l'indigotier sous la même latitude : l'exposition de ce pays en fait foi. Néanmoins cette culture est peu populaire; elle est une nouveauté, elle exige pour la fabrication économique des capitaux considérables. Méfiants de l'inconnu, et trop pauvres pour beaucoup oser, les colons se tiennent à l'écart de ces hautes innovations, et font bien. Cette prudence nuira probablement aussi à la propagation d'un nouvel arbre indigofère, un eupatorium du Brésil, dont la pépinière centrale est en voie de révéler les propriétés au monde industriel.

Les mêmes scrupules n'éloignent pas de la garance, qui croît à l'état sauvage. Employée en teinture par les indigènes, elle compte depuis une haute antiquité parmi les plus importants articles de commerce de l'Afrique du Nord, bien qu'elle vaille, comme colorant, 25 à 30 pour 100 de moins que la garance cultivée. Celle-ci, introduite par les Européens, a parfaitement réussi; elle se montre sous de nombreux et beaux échantillons. Par ses hautes qualités, dont les chambres de commerce de France ont rendu témoignage, elle est appelée à rivaliser avec les alizari du Levant. Sa culture n'est limitée que par la main-d'œuvre; mais c'est là un obstacle tel, qu'il y aurait imprévoyance à provoquer l'une sans appeler l'autre.

L'introduction de la cochenille remonte aux premières années qui ont suivi la conquête : la qualité en est excellente; on la classe immédiatement après celle des Canaries, avant celle du Mexique, et néanmoins elle se répand très-lentement parmi les colons : à peine aujourd'hui a-t-elle pénétré dans quelques fermes du Sahel d'Alger. La cause en est simple : la cochenille immobilise pendant trois ans au moins des avances qu'on ne peut évaluer à moins de 2,000 à 3,000 fr. par hectare, tandis que les céréales et les bestiaux, les tabacs et les cotons remboursent dans l'année même leurs frais de production.

Le safran a été l'objet de quelques essais, fantaisies plutôt que spéculations. Quant au carthame, la persistance de plusieurs colons, principalement à Ponteba, dans le cercle d'Orléansville, autorise quelques espérances, car rarement s'obstinent-ils dans une production sans bénéfice. Le carthame ne peut cependant être ajouté dès à présent aux conquêtes certaines de l'agriculture coloniale.

Le kermès et le henné forment un groupe indigène, trop négligé peut-être par les émigrants européens.

Dans les provinces d'Oran et d'Alger, le chêne à kermès couvre de vastes surfaces et constitue presque à lui seul certains quartiers de broussailles; sur ses feuilles, l'insecte se fixe spontanément et y subit toutes les phases de son existence; pour se l'approprier, les seuls frais sont ceux de la récolte : autant d'excellentes conditions économiques. Si l'on ajoute que le kermès se vend de 6 à 9 fr. le kilogramme, et qu'il donne une couleur rouge très-solide et très-éclatante, quoique inférieure à la garance et à la cochenille; que chez les Arabes la teinture au kermès est plus estimée que celle à la garance sauvage, on incline à croire qu'il y a dans leur pratique, sinon une leçon, au moins un sujet de sérieuse étude.

Le henné, plante de la famille des salicariées, servait aux Égyptiens et aux Grecs pour les mêmes usages qu'aux musulmans d'aujourd'hui. Dans tout le monde oriental, en y comprenant l'Afrique par affinité de climat, de mœurs et de foi, les femmes, et quelquefois les hommes, se tatouent le front, les joues, les mains, les pieds, les ongles surtout, avec la feuille de henné, réduite en pâte, qui imprime sur le corps une couleur rouge-orangé brune. Les chevaux eux-mêmes sont soumis à des frictions de henné sur la queue et la crinière, le dos et les jambes. Dans la plupart des maladies de l'homme et des animaux, le henné est la panacée universelle ; c'est la fleur chérie des poëtes, qui la chantent comme ils chantent le rossignol. L'empirisme de la coquetterie et de l'art médical vient d'être expliqué et justifié par la découverte récente, annoncée par M. Tabourin, professeur de chimie à l'École vétérinaire de Lyon, d'un principe tannique très-intense dans les feuilles de cet arbuste. Des essais en petit font espérer que le henné prendra place à côté du cachou pour la teinture en noir : titre sérieux à l'attention des manufacturiers et des savants. Tlemcen en a envoyé divers échantillons, ainsi que la régence de Tunis. On le cultive particulièrement à Mostaganem et à Msila, qui approvisionne de graine toute l'Algérie.

Aux matières tinctoriales, il convient d'ajouter les sumacs, doués en outre, comme le henné, de propriétés tannantes. Une espèce est propre à l'Afrique du Nord : c'est le tezera, qui sert dans le Maroc à teindre les cuirs en cette belle et solide couleur rouge qui fait partie de leur réputation. Ce sumac abonde dans l'ouest, où il forme, en broussailles rapprochées, des plantations spontanées de plusieurs kilomètres d'étendue.

Avec les sumacs, nous entrons dans la série des arbres, une des plus importantes de l'Exposition algérienne, la première peut-être, pour les bénéfices immédiats et certains qu'elle offre à une spéculation intelligente.

Exposition universelle de 1855 (*suite*).

Trois mots échappés à la plume distraite de Salluste ont fait grand tort à l'Algérie : *Ager arbori infecundus*, a écrit le proconsul romain en parlant de la Numidie, faute d'avoir porté ses pensées en dehors de quelques plateaux dévastés de la moyenne région ; et pendant vingt ans des écrivains et des orateurs, qui croyaient faire acte de patriotisme en dépréciant notre conquête, ont répété après Salluste : L'Algérie moderne, fille de l'antique Numidie, manque de bois. Infécond en arbres, aurait-on dû se dire, un pays où Jugurtha recrutait des bataillons d'éléphants, où le Cirque trouvait à jour fixe trois cents lions pour amuser les ennuis du peuple-roi, en dévorant les martyrs chrétiens ! Infécond en arbres, un pays où, pendant tout le moyen âge, le commerce régulier des cités africaines, et dans les trois derniers siècles la piraterie turque, trouvèrent de quoi construire et alimenter une puissante et redoutable marine ! Ne suffit-il même pas des quelques couples de lions qui survivent encore pour attester l'état boisé du pays à quiconque n'ignore pas que le lion du désert est un mythe des poëtes inconnu aux naturalistes ?

Aujourd'hui, du reste, les preuves positives abondent. Les explorations des officiers du génie et du service forestier ont constaté en dehors de la Kabylie, à peine entrevue encore, plus de onze cent mille hectares de massifs boisés. Que leur état ne soit pas comparable à celui des forêts d'Europe, il n'y a pas à s'en étonner, après quatorze siècles de barbarie. Un aménagement régulier et soutenu les améliorera : des révolutions de quinze ans suffiront aux coupes.

En même temps, et comme par une surprise heureuse de la

fortune, voilà que l'Algérie est invitée à fournir de combustible l'armée d'Orient. Toutes les semaines, partent de ses ports des cargaisons de bois à destination de Crimée.

Des services d'un ordre plus élevé peuvent avec confiance faire appel à ses ressources. Dans la longue galerie où s'étalent et se dressent les nombreux spécimens, il n'est guère aucune industrie travaillant le bois qui ne trouve satisfaction. Les deux spécialités les plus exigeantes, les constructions navales et l'ébénisterie, doivent particulièrement solliciter l'exploitation des forêts algériennes, qui contiennent pour elles des richesses tout à fait nouvelles et d'une abondance inouïe. Pour la marine, ce sont, outre des frênes et des ormes, des forêts de chêne-zân, dont le seul littoral de la région de Bone possède trente mille hectares parfaitement exploitables, qui pourront approvisionner les arsenaux de France, dès que la douane consentira à lever le veto de ses taxes; pour l'ébénisterie, ce sont des bois d'olivier, des massifs de thuya et de chêne vert d'une étendue encore indéterminée, mais immense, sans compter un grand nombre d'autres essences secondaires. Pour la charpente, la menuiserie et la marine, on trouvera peut-être aussi bien dans les belles collections du Canada, de la Guyane anglaise, de la Jamaïque, de l'Australie, et dans celles de l'Espagne et de la Toscane, si ingénieusement présentées, malgré le calibre un peu faible des échantillons; mais il est douteux que nulle part se trouve aucun bois d'ébénisterie à opposer au thuya. La fantaisie d'un artiste, peignant des arabesques de moire et de feu, n'aurait pas mieux inventé. Au surplus, les meubles d'un magnifique travail, exposés par les premiers ébénistes et les fabricants de pianos de Paris, diront mieux que nos éloges toute la beauté de ce bois, pour lequel l'opulence romaine fit autrefois des folies. Cicéron lui-même, cédant à l'entraînement, dépensa un million de sesterces à une table de thuya! Après lui, on n'a pas à contenir son admiration.

Le thuya n'attend plus que d'être connu des femmes pour reconquérir sa vogue antique, devant laquelle pâliront certainement l'acajou et le palissandre.

M. Testut, ébéniste d'Alger, dont le nom brille sur plus de deux cents échantillons, comme celui de M. Ostwell, de Montréal, dans le beau trophée du Canada, a eu l'ambition de réunir les bois algériens en une collection complète, la première et jusqu'à ce jour la seule qui ait été tentée pour l'Algérie, et il y a réussi. Son entreprise, outre qu'elle est un grand service rendu à la science, à l'industrie, à l'administration, renferme à nos yeux un enseignement plus important encore. Comparée aux apports des services publics de la colonie, dont quelques lots sont pourtant fort remarquables, elle montre combien, dans les œuvres de production, l'activité privée rivalise heureusement avec le devoir officiel. Cette collection donne la mesure de ce que peuvent, à l'aide de quelques encouragements, ces colons dont on a trop longtemps et très-injustement accusé l'inertie: double mérite qui sera notre excuse pour avoir soumis deux fois le nom du modeste et laborieux ouvrier d'Alger à l'estime publique.

Comme transition des matières animales et végétales au règne organique, se présente le corail, dont les côtes de l'Afrique septentrionale ont le privilége de parer les femmes du monde entier. Il est peu de produits aussi exclusivement algériens, ce qui fait regretter de n'en voir à l'Exposition que deux ou trois spécimens. Il en fut de même à Paris en 1849, et à Londres en 1851. La cause en est dans le fait bien connu, que la pêche et la préparation du corail ont passé depuis un demi-siècle des mains françaises aux mains étrangères.

Dans son zèle pour faire refleurir cette branche de commerce, l'administration nous paraît trop préoccupée de restituer à Marseille un genre d'affaires que cette ville, absorbée aujourd'hui par d'autres spéculations, ne peut que dédaigner. Qu'il soit bien compris que l'industrie du corail redevient française en se naturalisant à la Calle, à Bone, à Alger, à Oran, dont les eaux récèlent des bancs récemment découverts, et le problème se simplifie. Pour la pêche, la population kabyle, très-apte aux exercices de mer, comme la piraterie turque ne l'a que trop longtemps prouvé, acceptera les conditions de travail, de nourriture, de salaire et d'existence dont se contentent les pêcheurs napolitains, sardes et toscans, mais dont ne veulent plus les matelots français, habitués à une vie moins sauvage, c'est le mot. Et s'il est vrai, comme cela paraît certain, que la pratique de cette pêche développe dans les mains une contraction musculaire qui les rend inhabiles à d'autres manœuvres, le service de la marine française n'en souffrira pas.

Pour la mise en œuvre du corail brut, l'Algérie offre aussi des conditions économiques meilleures que la France, et tout à fait analogues à celles de Gênes, de Livourne et de Naples, qui sont aujourd'hui en possession de cette industrie. Dans les ports de la côte, les ouvriers mores livrent leur journée à très-bas prix. Plus sobre encore peut-être, la race israélite s'entend au travail des matières précieuses, en même temps qu'elle possède, avec le capital nécessaire, l'esprit de spéculation et les relations personnelles : conditions de succès pour un ordre d'entreprises dont le principal débouché se trouve parmi les populations indigènes de l'Afrique et de l'Orient.

Est-il nécessaire d'ajouter que le premier encouragement à accorder serait la libre entrée en France du corail ouvré dans la colonie, mesure que l'on s'étonne de ne pas trouver même indiquée dans les vingt ou trente systèmes qui ont été proposés, tant est peu familière aux esprits cette vérité première de l'économie commerciale, que le débouché constitue la plus efficace des primes.

Avec les marbres, nous saluons une des gloires historiques de l'Afrique septentrionale. On sait quelle vogue obtint chez les Romains le marbre numidique, non retrouvé encore, digne objet des vœux et des recherches de leurs héritiers. A défaut de cette variété, la province de Constantine exploite déjà le marbre blanc statuaire du Filfila, dont les carrières, également connues des Romains, s'étendent à ciel ouvert sur une superficie de 250,000 mètres carrés. De l'aveu des sculpteurs, il peut rivaliser avec le marbre de Carrare. De son côté, la province d'Oran se montre fière de son marbre onyx translucide d'Aïn-Tebbaleck, peut-être plus précieux encore. L'œil ne se lasse pas d'admirer ces larges tables à demi transparentes, aux moires irisées de toutes couleurs, blanches, roses, rouges, vertes, jaunes, distribuées en fines nervures ou en larges rubans ondulés, ou en stries miroitantes, d'une vigueur et d'une variété de tons à défier toutes les palettes : on dirait parfois une éruption volcanique. Des urnes, des coupes, des vases aux formes élégantes, montrent avec un pareil éclat les applitions diverses de cette riche matière. La découverte des carrières d'Aïn-Tebbaleck a fait la fortune de M. Delmonte, marbrier d'Oran, et déjà se constituent, attirées par de séduisantes perspectives, des Compagnies nouvelles. Qu'elles n'oublient pas que les blocs bruts seuls sont admis en franchise. Marbre ouvré, marbre étranger : telle est la loi !

Nous avons hâte d'arriver aux minerais. La plupart des Compagnies concessionnaires ont pris rang dans le concours, mais avec des soins bien inégaux. Celle de l'oued Allelah, près de Tenez, s'est fait une place d'honneur par la beauté, le nombre et la distribution instructive de ses échantillons, que domine une vue du principal établissement dans les gorges sauvages de la commune de Montenotte. On y revoit les riches minerais de cuivre, qui avaient excité à Londres une sérieuse curiosité, au point de déterminer l'envoi d'une commission sur les lieux, avec le projet malheureusement avorté, comme tant d'autres, d'engager les capitaux anglais dans une voie qui leur est plus familière qu'aux nôtres. La Compagnie de l'Alélik soumet au jugement des connaisseurs une collection de fers et de fontes aciéreuses plus complète que celle qui fut remarquée à Paris et à Londres. Près de là, brillent ces mêmes produits transformés en outils, en instruments, en armes. Dans ce coin de l'Exposition se pose un très-grand problème. Est-il vrai que les fers de Bone soient les mêmes que ceux de Suède? Parmi les ingénieurs des mines, les fabricants d'acier, les Compagnies des chemins de fer, on l'affirme; et cependant la prospérité, lente à venir, des usines africaines, semble autoriser le doute. Des expériences authentiques seraient du plus vif intérêt, car les gisements de fer oxydulé magnétique, de celui-là même qui a fait la fortune et la renommée des mines de Dannemora, en Suède, se trouvent dans la région de Bone en quantités que n'épuiseraient pas des siècles d'exploitation. Et la France aurait sous la main, à discrétion, le long du littoral de la Méditerranée, des aciers rivaux de ceux de l'Angleterre!

Nommons encore les Compagnies de Mouzaïa, de Blida, de Hamimâte, de Kef-oum-Theboul et de Gar-Rouban, qui exposent leurs minerais de fer et de cuivre, de plomb et de zinc, d'antimoine et de mercure, et promettent pour bientôt des lingots d'or et d'argent.

Les lacunes de leurs collections sont comblées par les envois du service des mines, confié à M. Ville, dont les propres découvertes, associées à celles de MM. Henri Fournel et Dubocq, ont puissamment excité les recherches industrielles. Quelques particuliers ont aussi fourni leur contingent. Ne pouvant les citer tous, inscrivons du moins le nom de M. Nicaise, de Dalmatie, le plus intrépide chercheur de mines de toute l'Algérie, dont le lot est plus riche que celui de plusieurs Compagnies. C'est à lui qu'est due la découverte de cet échantillon d'or natif qui a fait l'objet d'une récente communication de M. le maréchal Vaillant à l'Académie des sciences, et paraît annoncer dans l'Atlas des conditions géologiques analogues à celles de la Californie et de l'Australie. Suivant toute apparence, M. Nicaise en sait plus long qu'il n'a dit : des gisements aurifères sont de ces secrets qu'on ne se hâte pas de livrer tout entiers au public, pas même à l'Institut.

Au risque des répétitions, ne quittons pas ce chapitre sans rappeler que la douane a eu le soin de prévenir de trop rapides fortunes, en interdisant aux Sociétés algériennes l'exportation de leurs cuivres à l'étranger, bien que la France ni l'Algérie ne possèdent aucune usine pour les traiter. Cette interdiction est prononcée dans les meilleures intentions du monde, nous le savons. Nous savons encore que des permis temporaires d'exportation viennent adoucir la rigueur de la règle. En est-il moins clair que le débouché, c'est-à-dire l'existence financière des Sociétés, est remis en question tous les ans, et livré aux chances de la bienveillance administrative?

Nous arrivons à la classe des produits fabriqués, la moins importante de toutes jusqu'à présent.

Malgré les préjugés et les taxes qui pèsent sur l'industrie européenne en Algérie, l'esprit d'entreprise, excité par les besoins et par cette ardeur de recherches qui caractérise les peuples émigrants, n'a pas failli à sa mission. Dans les voies diverses où il s'est aventuré, ses efforts ont été quelquefois des plus heureux. La minoterie, parfaitement appropriée à un pays riche en blés et en chutes d'eau, a fait des progrès remarquables que constate l'Exposition. A la suite des moulins à blé sont venus les moulins à huile. La distillerie, associée à la fabrication des essences et des liqueurs, a créé des établissements sérieux qui ont valu à quelques colons une véritable renommée locale, entre autres à MM. Simounet, de Hussein-Dey, et Mercurin, de Chéraga, déjà distingués aux Expositions de Paris et de Londres. Nous avons parlé de la fabrication des tabacs et de ses progrès. L'ébénisterie produit des meubles qui ne sont pas sans mérite, quoiqu'à distance des chefs-d'œuvre parisiens. La mécanique agricole, excitée par le manque général de bras, qui prend en Algérie les proportions d'une véritable calamité publique, a surtout attiré les recherches; et nous aurions bien à signaler ses inventions, si, à côté de l'Angleterre, des États-Unis et de la France, les prétentions de l'Algérie ne devaient être des plus modestes.

Signalons encore les productions typographiques en caractères arabes, de l'imprimerie Bastide, d'Alger. Dans la même vitrine ont été réunies les principales publications relatives à notre colonie, parmi lesquelles il est juste de remarquer, à côté des magnifiques volumes de l'Exploration scientifique, le recueil plus modeste, mais non moins utile, intitulé *Annales de la colonisation algérienne*. Fondée en 1852 par M. Hyppolyte Peut, cette excellente revue se continue depuis lors, avec la plus consciencieuse application, à l'aide d'un petit nombre d'écrivains dévoués, comme le directeur, à notre colonie. Cette collection de documents et d'études, puisés aux meilleures sources, forme avec le Catalogue explicatif et raisonné, publié récemment par le ministère de la guerre, le meilleur commentaire de l'Exposition algérienne.

Par les soins de l'administration civile et militaire, un grand nombre de produits indigènes figurent au concours. Nous n'aurons garde d'en déprécier aucun, quoiqu'ils ne nous paraissent pas tous également bien choisis. Dans quelques lots se constate la richesse massive; dans d'autres, une élégance qui, sans être d'un goût irréprochable, plaît par l'imprévu des formes. Le plus grand nombre ne mérite l'attention que par la solidité de la matière et le soin consciencieux du travail. Tout cela pâlit, il faut bien l'avouer, à côté des magnificences de la Turquie et de l'Inde. L'enseignement essentiel n'est pas du reste dans cette accumulation d'or, d'argent et de soie; il est dans l'aptitude aux travaux délicats de la main qu'attestent ces ouvrages, et qui suffit pour réserver aux populations indigènes des villes une place fort utile dans le cadre général de la civilisation.

Arrivé au terme de la tâche qui nous a été confiée, nous l'aurons accomplie en entier, si de l'esquisse que nous avons tracée nous déduisons les conclusions qui doivent en ressortir pour le public, pour les colons, pour l'administration.

Le public a salué d'une acclamation de surprise et de sympathie cette révélation d'un pays qui ne lui était guère connu que comme théâtre de guerres et de chasses. Dès ce jour, l'Algérie est accueillie comme une sœur dans la grande famille des nations productrices, et toutes les mesures ayant pour objet sa prospérité seront acceptées avec faveur. De son côté, elle tiendra ses promesses : la colonisation paiera les dettes de la conquête.

Les colons ont fait leur devoir : devant la France et devant le monde, leur cause, trop longtemps méconnue, ils l'ont plaidée, comme il convient, par des faits. Ils se sont montrés ce que furent partout les émigrants : population forte, ardente au travail, âpre à la fatigue, impatiente de richesse, pleine de foi en elle-même, assouplie à tous les progrès, audacieuse dans ces créations, demandant seulement, pour réaliser en Algérie les merveilles qu'on admire en Amérique, la même liberté d'expansion et de travail. Race de pionniers intrépides, digne, malgré l'exagération de personnalité qui est presque une condition de succès, des sympathies et des appuis de la France.

De son côté, l'administration peut se sentir heureuse et fière du témoignage rendu à son active et intelligente intervention. Le ministère de la guerre s'est fait à Paris le ministère du travail et de la paix, comme en Algérie les officiers se sont faits ingénieurs, pépiniéristes, planteurs de coton, éleveurs de moutons, comme les soldats sont devenus piqueurs et cantonniers. Nouveautés de bon aloi, dignes de l'estime publique !

Mais il importe à une nation de ne pas s'endormir dans une satisfaction prématurée d'elle-même. L'admiration de soi perd les peuples comme les individus, tandis qu'ils grandissent à la poursuite d'une perfection même idéale. La tâche accomplie en Algérie dans un quart de siècle est grande sans doute, au point de vue du passé, même à côté de l'œuvre immortelle des Romains, elle est plus modeste si on la mesure au nom et à la mission de la France, à la destinée de la colonie ; si l'on tient compte des moyens d'action qu'emprunte à la science, à l'industrie et aux puissants budgets la civilisation de notre temps, moyens que ne connurent pas les Romains, à peine supérieurs aux barbares qu'ils combattaient. Luttant à armes presque égales, ils mirent des siècles à établir leur domination. Nous, au contraire, qui avons pu en quinze ans dompter les tribus, les dompter pour toujours, nous sommes tenus d'apporter dans les œuvres de la paix, la même promptitude de résultats, tenus au moins d'en avoir la haute ambition.

Nous terminons ici notre compte rendu après avoir effleuré seulement les points culminants de la question algérienne. Il nous suffit d'avoir indiqué les ressources de l'Algérie et montré qu'au lieu de s'égarer en polémiques stériles sur le terrain politique et administratif, il convient de transporter le débat, disons mieux, l'étude, sur le terrain économique, le seul où la critique puisse être utile, le seul où les réformes soient fécondes. De là est venu le mal ; de là viendra le bien.

XIII

Exposition universelle de 1867.

Je rendais compte en 1855, — pour mes débuts dans le *Journal des Débats*, — de l'Exposition de l'Algérie au palais de l'Industrie. Pour notre colonie africaine, c'était aussi un début dans la carrière de la grande publicité. Après s'être timidement révélée dans l'Exposition nationale de 1849 à Paris ; après avoir conquis une notoriété plus étendue à Londres, en 1851, l'Algérie entrait, en 1855, dans l'arène des luttes internationales, avec une confiance raffermie dans ses forces économiques. Depuis un quart de siècle, cherchant sa voie dans les directions les plus diverses, à travers mille tâtonnements pénibles et coûteux, elle avait acquis enfin la connaissance de ses principales richesses ; elle en montrait de nombreux et brillants spécimens, produits combinés des dons de la nature et du travail de l'homme ; pour en développer l'exploitation, elle faisait appel aux intelligences et aux capitaux de l'Europe, en leur disant : Voilà ce que je suis, ce que je puis, ce que je vaux.

A douze ans d'intervalle, l'Exposition de 1867 montre comment l'appel a été entendu.

En même temps que les colons ont poursuivi leur œuvre avec

une constance, — je pourrais dire avec un acharnement, — que n'a découragé aucun malheur, ni l'instabilité administrative, ni les révoltes passagères, ni les tremblements de terre, ni les sauterelles, ni la sécheresse, des capitaux considérables et de puissants instruments de travail leur sont venus en aide du dehors, de la France particulièrement, comme il était permis de s'y attendre. Des Compagnies nouvelles se sont formées pour l'exploitation de ses mines, de ses marbres, de ses bois, de ses cotons et de ses lins ; la sonde artésienne a évoqué des profondeurs souterraines les eaux jaillissantes du Sahara et de la Mitidja ; une section de voie ferrée a relié Alger à Blida ; des ports ont été creusés et élargis, des phares allumés ; des services de navigation se sont multipliés entre la France et l'Algérie et se sont établis le long du littoral ; leurs cales et leurs ponts ont reçu des chargements de fruits et de légumes, de grains, de bestiaux et de laines de provenance africaine, venant s'échanger, en rangs de plus en plus nombreux et pressés, contre les marchandises françaises. Considérée jour par jour, cette évolution ascendante d'une jeune colonie échappe presque à l'attention, comme les progrès de croissance de l'homme ; mais, observée aux deux bouts d'une période quelque peu longue, elle devient manifeste. En 1853, le commerce général de l'Algérie, tant avec la France qu'avec l'étranger, ne s'élevait qu'à 161 millions de francs ; douze ans après, en 1865, il s'est élevé à 253 millions. Le mouvement de la navigation avait donné, en 1853, 4,121 voyages et 323,652 tonneaux ; il a donné, en 1865, un total de 5,568 voyages et 759,606 tonneaux, un tonnage plus que double. Quant à la population européenne, qui était, au 31 décembre 1853, de 134,000 âmes, le recensement de 1866 l'a portée à 217,000, soit un accroissement de 62 pour 100, provenant pour la majeure part, de l'excédant des naissances sur les décès. Forte de si authentiques témoignages de vitalité, l'Algérie brave toutes les crises, si dures d'ailleurs que soient les souffrances qu'elles lui imposent, et dont les plus accablantes se font ressentir cette année même, sous le coup de la sécheresse la plus obstinée qui se soit vue depuis un quart de siècle.

Ces progrès se révèlent à l'œil, rien que dans l'espace que l'Algérie occupe dans le palais de l'Exposition. Tandis que les autres colonies françaises, ses émules, ont été resserrées et mêlées dans des salles trop étroites, elle seule a obtenu autant de place qu'elles toutes, et cette place est fort bien remplie. Un certain nombre de cartes, — fixées un peu trop haut pour la plupart, — éclairent de leur enseignement si net et si simple tous les éléments de l'Exposition, en apprenant au visiteur, curieux de s'instruire, sous quels parallèles et quels méridiens gît l'Algérie, les contours de son littoral, le relief du sol, le nombre et le courant des rivières, les centres de population sédentaire, la distribution des populations nomades, les gisements de mines, etc. Nous n'admettons pas qu'une Exposition soit intelligible sans cartes. Pour ce genre de commentaire, le service des mines de l'Algérie est venu fort à propos en aide au Dépôt de la guerre. M. Ville, chef très-distingué de ce service, n'a eu qu'à ouvrir le bel atlas minéralogique et géologique qui accompagne ses publications, pour montrer à l'œil le nombre ainsi que l'emplacement des gisements miniers et des sources thermales que possède le pays.

A ces renseignements il manque une carte météorologique, guide indispensable de toute colonisation, telle qu'on en voit une dans l'Exposition de la colonie anglaise de Natal. La météorologie est la boussole de l'agriculture : on le sent bien en Algérie, où le climat, tour à tour influencé par les chaudes effluves du Sahara et les vents frais de la double mer qui l'avoisine, semble livré à d'inexplicables caprices. Le service des ponts et chaussées possède tous les éléments d'une telle carte météorologique, dont il publie périodiquement les données dans les journaux. Nous lui demandons pour les colons le précieux service de la dresser et de la publier.

On doit reprocher aux colons eux-mêmes de n'avoir pas tiré un meilleur parti de la photographie pour faire connaître leurs établissements. Les scènes de la vie indigène, les personnages arabes, les paysages même ne manquent pas ; mais les fermes, les villages, les villes, les usines, les travaux publics de tout ordre, qui marquent la trace et les progrès de la colonisation, on y a à peine pensé, à la différence des colonies anglaises, qui ont recouru pour la plupart, avec une ampleur intelligente, à ce genre de propagande, déjà fort apprécié à l'Exposition de Londres. En Europe, en France même, on ne peut guère se résoudre à croire qu'une société nouvelle, constituée avec les forces et les éléments de la civilisation, ait surgi en quelques années sur un sol qui semblait voué à une éternelle barbarie: à ce scepticisme il eût convenu d'opposer l'irrésistible argument d'une abondante collection de photographies, mettant en lumière quelques-uns des centres de population, au nombre de plus de trois cents, quelques-unes des fermes, au nombre de plusieurs milliers, que le génie et l'initiative de la France ont suscités sur la terre d'Afrique. On ne peut pas accuser la photographie de céder à l'imagination, comme a fait la peinture, en personnifiant dans un vaste tableau la fertile Mitidja sous les traits d'une blonde Cérès, entourée de moutons, de vaches, de moissonneurs, de tentes indigènes, dans le voisinage des bâtiments européens : image séduisante et à peu près réelle, mais suspecte de fantaisie pour qui n'a pas vu l'Afrique en voie de transformation. Très-inférieure comme art, la photographie a une grande valeur comme certificat de l'état réel des pays et des monuments inconnus. Pour cela, elle vaut mieux qu'un livre ou un rapport.

Après avoir dit ce que nous regrettons de ne pas trouver à l'Exposition algérienne, livrons-nous au plaisir plus doux de signaler quelques-unes des nombreuses et belles choses que nous y avons remarquées.

Dans l'ordre d'importance, qui se trouve être aussi à peu près celui de l'Exposition, le premier plan est occupé par les céréales et autres produits alimentaires, qui remplissent une grande et haute salle, arrangée avec goût, sur le pourtour extérieur du palais. Décorée au dehors par des faisceaux de tiges de bambou et d'eucalyptus, qui s'élancent vers la voûte comme d'élégantes colonnettes, garnie de balles de *sparte* fortement cerclée en fer, l'entrée de la salle est ornée, à droite et à gauche, par des gerbes de l'année, dont quelques unes sont fraîches, par des massifs de céréales et de fourrages. Il y a là de vrais phénomènes de végétation : des pieds de blé portant, l'un 63 épis, l'autre 138 ; beaucoup de 40 à 60 ; des blés hauts de près de 2 mètres et cueillis le 10 mai ; d'énormes tiges de brome de Schrader, introduit en Algérie, comme en France, depuis quelques années. A l'intérieur, on voit étalée sur les murs, derrière des vitrines, sous les tables, une collection de produits agricoles alimentaires des plus distingués par la qualité, et des plus riches par la variété. Les blés en grains, en farines, en semoules, en pâtes, confirment une des vieilles et solides réputations de l'Algérie. Le pesage comparé des grains a constaté, pour la plupart des spécimens, des poids supérieurs à 80 kilog. à l'hectolitre, et il s'en est trouvé beaucoup de 83 à 84 kilog. ; plusieurs de 85 et 86, et même un échantillon pesant, rare merveille ! jusqu'à 87 kilog. (M. Bourcaret, colon à l'Oued-Athmenia). On a constaté avec la même surprise des orges pesant 66 kilog. (MM. Gourgas et Fouet). Pour les semoules et farines, la palme reste à **MM.** Lavie, dont l'usine, établie sur le Rummel depuis vingt ans, fabrique annuellement, avec ses trente tournans, 12 millions de kilog. de produits. Ces industriels ont été les créateurs de l'industrie minotière dans la province de Constantine, comme dans la province d'Oran, l'Union agricole du Sig, qui figure encore avec honneur parmi les exposants. C'est de cette dernière ferme qu'est partie, dès 1850, la réforme des préjugés et des pratiques contraire à l'emploi du blé dur dans la boulangerie civile, un progrès capital dans la colonisation algérienne, qui jusqu'alors demandait aux farines de France tout son pain de première qualité. Le blé dur a depuis lors fait ses preuves, et comme il est supérieur au blé tendre pour les qualités nutritives et pour le rendement en pain, non moins que pour le goût, la panification française accomplirait elle-même un véritable progrès en mélangeant le blé dur à ses farines, dont il rehausserait la saveur. Les engins mécaniques, qui s'emploient de plus en plus, n'opposeraient pas les mêmes résistances que les ouvriers, peu soucieux d'avoir à déployer un peu plus de force pour vaincre la ténacité du gluten.

Pour les pâtes alimentaires (macaroni, vermicelle, lazagnes et vingt autres), MM. Brunet, de Marseille, et Bertrand, de Lyon, continuent, dans les vitrines voisines, leur persévérante et vive rivalité de perfectionnement et d'innovation. L'un et l'autre ont leur part, et je n'entreprendrai pas la tâche épineuse de mesurer à chacun son lot de mérite, dans la consommation aujourd'hui très-étendue qui se fait de pâtes alimentaires d'origine algérienne. Ce qui n'était qu'une petite industrie de famille, aux mains des colons italiens et maltais, est devenu, sous l'impulsion des deux maisons que nous venons de citer, une grande industrie mécanique, un grand débouché pour les blés algériens et les semoules qui s'en extraient.

Entremêlées aux blés et orges, se remarquent les autres variétés des céréales : seigles, avoines, riz, millet, sorgho, toutes de très-belle qualité, mais surtout les maïs, dont les épis, par le nombre, la grosseur et la régularité des grains, soutiennent la comparaison avec les plus beaux échantillons de l'Italie ou de l'Amérique. Le temps n'est probablement pas éloigné où le maïs, devenu l'objet d'une culture étendue et soignée, concourra puissamment à créer une branche nouvelle d'exploitation agricole, par l'engraissement des animaux domestiques.

La variété n'est pas moindre pour les fruits et légumes. Sur les mêmes tablettes sont étalés, à côté de toutes les espèces propres à l'Europe, et surtout à l'Europe méridionale, les dons de la flore quasi-tropicale, les dattes, qui sont la base de la nourriture des peuplades nomades ou sédentaires, blanches ou noires, de la zone saharienne. Depuis les précédentes Expositions, l'oasis de Biskra est entrée en rapport commercial avec Paris; tous les ans, un marchand de produits algériens, dont le magasin n'est pas l'une des moindres curiosités de la rue de Rivoli, M. Thélou, va préparer sur place, au moyen des procédés les mieux perfectionnés, des quantités considérables de dattes qu'il écoule ensuite en France, où ces fruits remplacent avec avantage ceux que le commerce tirait précédemment de Tunis ou de l'Égypte. Déjà plusieurs rivaux le suivent dans cette voie, si bien que, les plantations de dattiers ne suffisant plus à la demande, les dattes atteignent un tel prix, que la création des oasis par le barrage des eaux courantes, et surtout par le jaillissement des eaux souterraines, après avoir été un grand bienfait pour les indigènes, va devenir une des spéculations les plus lucratives. MM. Laurent et Degousée, qui ont importé cette industrie dans le Sahara, de la province de Constantine; M. Ville, qui a suivi cet exemple dans la province d'Alger, ont exposé des séries, en calibre réduit, de leurs instruments de forage, des dessins de leurs procédés, des échantillons de terres traversées, des coupes de leurs tubes, avec des notes statistiques des résultats obtenus : il n'y a rien dans toute l'Exposition, qui montre, sous des aspects plus recommandables, le génie de la colonisation. Un des grands prix spéciaux n'eût pas été de trop pour cet incomparable bienfait, qui a établi une parfaite harmonie entre deux races et deux sociétés, opposées par tant d'autres côtés.

Les oranges, dont la saison est maintenant passée, ne se montrent pas en ce moment dans les salles de l'Algérie avec le même avantage qu'au printemps; mais on peut juger de la faveur dont elles jouissent en France, par les chiffres de la douane. En 1854, la douane en avait enregistré, à l'entrée, 2,449 quintaux de provenance algérienne. En 1865, le chiffre a été de 10,358 quintaux! Bien que la quantité ait quintuplé, elle n'est encore que la moitié de ce que consomme l'Italie et le quart de ce que consomme l'Espagne; elle doublerait rapidement si les Compagnies de transports maritimes abaissaient un peu leurs prix. Elles y consentiront, on a lieu de l'espérer, si elles veulent bien se rendre compte des effets d'une grande loi des climats qui fait de tous les pays du Midi des serres tempérées pour les pays du Nord. L'Algérie, pour ne parler que d'elle, étant, pour la température, en avance sur la France, peut prétendre à la fourniture permanente et à peu près illimitée des primeurs, si les tarifs n'y mettent obstacle. Par une concession sur ce point, le nord de l'Afrique deviendrait, aux mains des Européens, un vaste et fertile jardin qui, pendant tout l'hiver, fournirait nos tables de fruits et de légumes frais, au grand profit et agrément des deux pays. L'industrie de la navigation elle-même ne pourrait que gagner à ce développement d'échanges, qui ne tarderait pas à s'étendre à l'Europe entière. Outre les dattes et les oranges, ce commerce comprendrait des cargaisons de petits pois, de haricots verts, d'artichauts, de choux-fleurs, de pommes de terre, de tomates, associés aux grenades, figues, raisins, bananes et beaucoup d'autres fruits rares ou exquis, frais ou secs. Par certains lots de patates, d'ignames, de colossales variétés de choux caraïbes qu'exposent quelques colons, et en première ligne le Jardin d'acclimatation d'Alger, on peut juger des étonnantes proportions que donne aux végétaux la chaleur africaine combinée avec l'eau, dans un bon terrain bien préparé.

Parmi les produits alimentaires de l'Algérie, qui ont ou qui peuvent acquérir une grande importance, il faut encore mentionner les huiles d'olive et les vins : les huiles, une richesse si ancienne qu'on pourrait la croire autochthone ; les vins, une richesse nouvelle, et qui accuse l'invasion de la civilisation chrétienne en plein pays musulman. D'après les derniers recensements, les plantations d'oliviers comprennent plus de trois millions de pieds, dont la moitié a été greffée, opération qui rend le fruit plus gros, plus charnu, et par conséquent plus chargé de matières grasses, un peu, il est vrai, aux dépens de la finesse et de la saveur. C'est la Kabylie, on le sait, qui est le grand centre de cette production ; on y voit de vraies forêts d'oliviers, qui donneraient toutes des huiles de qualité supérieure, si la fabrication répondait à la production. Mais l'industrie indigène est à cet égard fort grossière ; et les quelques moulins européens qui ont montré l'art de raffiner l'huile au même degré qu'en France n'ont pu encore transformer les pratiques séculaires. Aussi l'huile algérienne laisse-t-elle à désirer si on la considère en bloc, comme denrée commerciale, malgré de nombreux essais de perfectionnement qui se manifestent à l'Exposition par de longues files de bouteilles remplies d'un liquide jaune d'une séduisante limpidité. Dans cette direction, les Européens peuvent se donner pleine carrière.

Pour le vin, ce n'est plus de la concurrence, c'est le monopole qui leur est ouvert : contenus par les défenses du Coran, les indigènes musulmans leur abandonnent, sans rivalité, ce genre d'industrie rurale, bien qu'ils cultivent la vigne pour le raisin, dont ils sont très-friands. Les sécheresses fréquentes de l'Algérie font de la vigne, qui enfonce ses racines dans le sol, comme de la plupart des cultures arborescentes, une des ressources les plus précieuses de l'agriculture africaine, et l'on aurait peine à comprendre, — si l'on ignorait les aveugles entraînements des intérêts qui se croient menacés, — les récriminations qui ont retenti en France contre l'expansion de la vigne et l'importation des vins par les colons. On ne doit pas faire à ces préjugés l'honneur de les discuter; mais il est permis de les livrer au bon sens public, en constatant, d'après le catalogue officiel, que, en 1865, les plantations de vignes algériennes, déduction faite de 3,000 hectares appartenant aux indigènes, et récoltés en grappes, se bornaient à 7,897 hectares, qui avaient produit 70,000 hectolitres de vin, dont 272 exportés en France. Voilà bien, en vérité, de quoi inquiéter les vignerons de l'Hérault et du Gard ! Comme en 1855 et en 1862, le jury a distingué un assez grand nombre de ces vins, sans que les récompenses aient dépassé le niveau des médailles de bronze qui sont échues au crus d'Oran, de Blida, de Médéah, de Bone, désignés à cet honneur par une célébrité naissante dans le pays. Les viticulteurs algériens ont encore bien des efforts à faire et bien des problèmes à résoudre quant au choix des cépages, aux méthodes de culture, aux procédés de fabrication, pour assurer à leurs vins les débouchés commerciaux de l'extérieur. On peut, en attendant, leur rendre ce témoignage, qu'ils y travaillent avec une intelligente ardeur de tous côtés ; il n'est peut-être pas en Algérie de culture plus populaire que celle de la vigne, parce qu'elle s'accommode, mieux que toute autre, d'un terrain et d'un climat secs, et répond, par l'abondance du produit, aux soins qu'on lui donne.

En avançant de la circonférence vers l'intérieure, le sixième groupe nous présente les instruments et procédés des arts usuels, un des lots où les colonies brillent peu d'ordinaire. A cet égard, l'Algérie n'échappe pas à la loi commune, et les engins qu'elle expose ne font pas grande figure auprès des puissants et bruyants appareils qui animent la galerie des machines. Ce qu'elle a de mieux, comme les instruments de sondage artésien, lui vient de France; c'est aussi de France ou des diverses patries des colons que viennent la plupart des outils aratoires, horticoles, industriels. Il n'y a guère à noter, comme ayant une origine locale, que quelques modifications au système des norias, les engins et filets pour la pêche du corail, et enfin les fabrications indigènes, qui excitent, par leur étrangeté bien plus que par leur perfection, la curiosité générale. La foule se presse tout le jour autour de ces ouvriers, en costume et en attitude excentriques, qui tissent la soie et l'or, brodent la laine et le cuir, coupent et cousent des babouches, tressent des paniers avec des filaments de sparte entremêlés de lanières de drap bleu et rouge; tous ces indigènes, de race kabyle ou more (il n'y a pas un seul vrai Arabe), sont autorisés à vendre les produits de leur travail, et au prix qu'ils demandent, à la vogue dont ils jouissent, on peut juger qu'ils font de bonnes affaires, aussi bien que les marchands et les cafetiers algériens établis sous le promenoir extérieur. Mais la petite et primitive industrie locale est de jour en jour atteinte par la concurrence de la grande industrie française, et parmi les objets vendus comme étant de pure provenance africaine, combien il s'en trouve qui ont vu le jour à Nîmes, Lyon, Paris! Il est deux de ces ouvriers, au type kabyle, qui, sans rien vendre, attirent la curiosité par leur habileté à découper des bouchons dans les cubes dégrossis de liége dont les longues et épaisses plaques les entourent. Comparé aux procédés mécaniques, ce procédé est bien primitif; mais ils y déploient une singulière prestesse, et leur travail, assurent-ils, ne reste pas au-dessous de 1,500 bouchons par jour, à peu près trois par minute. De ces spectacles il n'y a rien à tirer pour le progrès de l'industrie, puisqu'ils en représentent les débuts, aujourd'hui dépassés et oubliées ; mais on en doit augurer l'aptitude de la race berbère aux travaux manuels. Quant aux Arabes proprement dits, qui sont les nomades et les étrangers de l'Afrique, leur état industriel se lit dans les tentes grandes et petites, riches et pauvres déployées dans le Champ de Mars; ils sont plus arriérés encore, dans l'âge industriel, que les Kabyles et les Mores. Par un trait caractéristique de leur état social, les hommes rejettent sur les femmes le fardeau des travaux manuels : ce sont les femmes de la tente qui ont tissé ces étoffes, ces tapis, ces sacs; qui ont tressé ces nattes, façonné ces poteries; qui ont orné ces selles dont l'étrangeté attire les regards. Il n'y a guère que les métaux ouvrés, les armes, les étriers, les éperons, qui aient passé par la main des forgerons, presque tous d'origine berbère; les bijoux ont été façonnés par des orfévres israélites. Dans ces objets, la solidité du tissu et l'éclat des couleurs suppléent à l'élégance des formes et à la correction du dessin, et c'est ainsi que s'explique la faveur dont ils jouissent auprès de certains amateurs.

Exposition universelle de 1867 (*suite*).

Avec le cinquième groupe, consacré aux produits bruts et dégrossis des industries extractives, l'Algérie, comme toutes les colonies et les contrées de civilisation naissante, reprend son importance. Elle est représentée avec honneur dans toutes les classes, et, pour étaler toutes ses richesses, la galerie des matières premières a dû empiéter sur ses voisines, en s'appropriant au moins quatre salles.

Pour les richesses minérales, les services des mines, du génie militaire et des ponts et chaussées ont associé leurs recherches aux efforts des Compagnies et des entrepreneurs, en vue de faire de la collection algérienne un enseignement et un attrait, rivalisant avec ce que l'Exposition contient de plus remarquable. A l'exception de l'or, dont l'existence, de temps en temps annoncée, reste douteuse, la plupart des autres métaux susceptibles d'exploitation se trouvent dans les flancs des montagnes si tourmentées de l'Algérie, monuments des anciens âges géologiques, de la période secondaire surtout. C'est, aux premiers rangs, pour le nombre et l'étendue des gîtes, le cuivre, le fer, le plomb associé à l'argent sous la forme de galène argentifère, l'antimoine, et, au second rang, le zinc, le mercure, le manganèse. Dans chaque province, plusieurs mines de cuivre, de fer, de plomb, sont concédées et exploitées ; beaucoup d'autres, et quelques-unes des plus connues, celles de Mouzaïa et de Tenez entre autres, restent languissantes ou même sont abandonnées, quelquefois par la pauvreté du rendement, mais le plus souvent par l'insuffisance des capitaux, aggravée par la difficulté et la cherté des transports, là où n'ont pas encore pénétré les voies ferrées. Pour montrer leurs cuivres, leurs fers, leurs plombs et l'argent, qui s'allie souvent avec ces métaux, tous les grands établissements en pleine activité ont rivalisé de zèle : Gar-Rouban, à l'ouest ; l'oued Merdja et Souma, au centre ; Kefoum-Theboul, Ain-Barbar, Mokta-el-Hadid, à l'est. Dans l'ordre d'importance, les minerais de fer magnétique de Mokta-el-Hadid, près de Bone, exploités par la compagnie Talabot, tiennent le premier rang. Là, 190 ouvriers, dont 100 indigènes, produisent de 600 à 700 tonnes de minerai par jour, 200,000 tonnes par an, qu'un chemin de fer de 28 kilomètres transporte au port de Bone, d'où elles se distribuent dans les usines de France. Très-recherchés pour leurs propriétés aciéreuses, qui les rapprochent des meilleurs de Suède, les fers magnétiques de Mokta-el-Hadid sont fructueusement exploités. Cette Compagnie expose, entre autres spécimens, un énorme échantillon qui pèse 7,000 kilogrammes, qui dose 66 pour 100 de fer pur, rendement général de cette mine. Non loin de là se voient, dans un trophée, des faux et d'autres instruments fabriqués avec cette matière première. Le jury a honoré d'une médaille d'or ce remarquable ensemble.

En fait de minéraux non métalliques, les marbres onyx translucides de la province d'Oran défient toute concurrence pour l'éclat et la transparence des tons, la richesse et la variété des veines. A la finesse et au moelleux des couleurs, on dirait de splendides étoffes de cachemire. A l'unique carrière jusqu'alors connue, celle d'Aïn-Tebbaleck, sur la route d'Oran à Tlemcen, est venue s'en joindre une, près de Nemours, dont M. Donnadieu présente des spécimens d'une nuance jaune claire fort distinguée. A part les lots de ce marbrier de Paris, qui a montré un grand nombre de marbres blancs et colorés d'Afrique sous forme de coupes, de lampes, de candélabres, de cheminées, l'Exposition algérienne est médiocrement assortie, sans qu'il y ait tout à fait de sa faute. M. Viot, l'habile industriel qui étale sur le boulevard des Italiens le magnifique magasin des marbres ouvrés d'Algérie, façonnés dans ses ateliers de la rue Popincourt, a réservé pour la section française, galerie du mobilier, son beau lot de vases, de statues, de superbes et charmantes fantaisies, où l'or et l'onyx se marient admirablement. L'Algérie a droit de revendiquer sa bonne part dans la médaille d'or qu'il a obtenue.

Il en est de même pour les bois, dont l'espèce la plus appréciée par l'ébénisterie a sa place, sous forme de pianos, d'armoires, de buffets, de bibliothèques et d'autres objets, parmi les meubles français les plus riches et les plus jolis. Cependant la section algérienne n'est pas aussi dépourvue que pour les marbres, et MM. Becker et Otto, Gerson et Weber, Duthoit, Maréchal, Porcellaga, Schloss, Mercier, ont justifié, par de nouveaux efforts de perfection délicate et d'élégance artistique, le renom dont ils jouissent depuis une quinzaine d'années, pour ces jolis ouvrages d'ébénisterie et de tabletterie, où le thuya s'assortit avec tant de charme, tantôt à l'or, à l'argent et à la nacre, tantôt à d'autres bois algériens, l'olivier, le citronnier, le chêne vert. D'énormes coupes et racines brutes de thuya, équarries par un côté, polies sur d'autres, montrent quelles proportions ces blocs atteignent, et quel fond, naturellement moucheté, veiné, moiré, quel grain fin et serré ils offrent à l'habilité de l'ouvrier et au tranchant de l'outil. Le thuya algérien est désormais classé parmi les plus beaux bois d'ébénisterie et de marqueterie connus, et peut-être a-t-il droit au premier rang, parce qu'il joint à la beauté l'incorruptibilité.

A côté de cette espèce s'étalent en rondelles d'un diamètre étonnant (1 mètre et demi à 2 mètres), en longues et larges planches, en tiges cylindriques, en tronçons coupés, les abondantes collections de bois de construction et de menuiserie recueillis par les services des eaux et forêts des trois provinces : cèdres, chêne-zéen, particulier à l'Afrique du nord, chêne vert, chêne à feuilles de châtaignier, frêne austral, chêne *ballotte*, pins d'Alep, pistachier de l'Atlas, caroubier, et une multitude d'autres, dont les cantonnements ont une moindre étendue. Non loin de ces collections on en remarque d'autres, plus précieuses encore, celles de chêne-liége, en troncs, en cylindres et en planches d'écorce subéreuse, en bouchons, à tous les degrés de mise en œuvre, qui remplissent de vastes filets. Pour les travaux dont son lot donne une haute idée, la Compagnie Besson, Lecouturier et Ce, à Collo, a obtenu une médaille d'or ; elle n'exploite pas moins de 15,000 hectares, où elle emploie jusqu'à 4,000 Kabyles. La Compagnie Berthon, Lecoq et Ce, qui exploite 6,600 hectares des forêts de l'Edough, étale aussi sa richesse dans cette partie de l'Exposition algérienne, qui a peu de rivales dans le palais du Champ de Mars. Il paraît que l'usage du vin se répand singulièrement dans le monde, à en juger par la quantité de bouchons qui se consomment, et auxquels menacent de ne plus suffire les forêts connues, qui sont à peu près toutes concentrées dans la zone méditerranéenne, et dont l'Algérie possède les plus vastes cantonnements : plus de 300,000 hectares sont dès à présent reconnus.

Dans les autres matières du cinquième groupe, il en est une demi-douzaine dont l'Algérie se prévaut principalement : les laines, les cotons, les lins, les spartes, les tabacs, sans compter les huiles, dont nous avons dit un mot.

Nous regrettons que, pour faire valoir les laines et les cotons, on n'ait pas adopté le même système que dans les salles australiennes, où les balles s'entassent en pilastres unis par des arceaux, ce qui donne, à première vue, une idée de l'importance de ces branches de production, mieux que leur disposition sur des tablettes pour les laines, ou dans des bocaux pour les cotons. Ce léger défaut à part, il y a là deux sujets d'étude et d'espérance d'une haute portée pour l'avenir de notre province africaine, exposés en quantités et en qualités des plus satisfaisantes. Les laines indigènes se montrent améliorées par des sélections attentives et des croisements intelligents avec la race mérinos importée de France : ce double progrès, commencé chez les colons, a été repris sur une plus grande échelle dans les bergeries officielles de Laghouat et de Ben-Chicao, d'où il commence à se répandre dans les tribus environnantes : divers lainiers montrent chacun des degrés de cette transformation, qui vise, du reste, avec sagesse, plutôt à la création de sortes de laine d'une bonne qualité moyenne qu'à des types d'une finesse supérieure.

Les cotons algériens triompheront-ils enfin de l'incrédulité qui les a pendant si longtemps accueillis ? On ose à peine l'espérer, tant il y a de parti pris contre les nouveautés qui dérangent les systèmes, aussi bien chez les savants que chez les ignorants. Voilà bien pourtant des spécimens, par centaines et presque par milliers, de fibres admirables par leur finesse, leur longueur, leur blancheur soyeuse; les fils de tout numéro, les étoffes de toute force et de toute légèreté, que ces brins égrenés et ouvrés peuvent produire, sont également sous les yeux de tous, aussi agréables à l'œil qu'à la main. Les premières maisons de Lille, de Saint-Quentin, de Mulhouse, de Tarare, ont rivalisé de talent pour les façonner en blanc ou en couleur, en uni ou en broché. Un peu de nerf paraissait seul manquer aux cotons algériens, et M. Cox, de Lille, qui a été l'un des premiers promoteurs de cette industrie, constate que cette force vient d'elle-même, par le séjour un peu prolongé en balles. Il n'y a donc plus l'ombre d'une objection ou d'un prétexte contre l'adoption par l'Algérie de la culture du coton, et surtout de la variété longue soie, comme l'une de ses ressources les plus précieuses pour elle-même et pour l'industrie européenne. Mais, l'eau étant nécessaire aux plantations de coton, et cet élément étant, sous forme de cours d'eau, de barrages et de canaux, la propriété exclusive de l'État, c'est de l'État que dépend en premier ordre le développement de la culture cotonnière. Qu'il exécute ou fasse exécuter les travaux publics nécessaires pour conserver les eaux pluviales de l'hiver, et les colons feront, avec un empressement que l'on pourrait qualifier d'enthousiasme, les travaux qui les regardent. La Compagnie générale algérienne, dont on accuse la trop lente intervention dans les entreprises qui ont été livrées à son zèle, gagnerait rapidement des millions rien qu'à élever des barrages et creuser des canaux pour les besoins d'une irrigation qui paierait à gros deniers les eaux qu'on lui procurerait. Pour ses cotons, l'Algérie a obtenu un grand prix hors section, et la seule croix d'honneur qui ait été accordée à l'Algérie a été décernée à M. Masquelier, du Havre, pour ses vastes plantations de coton et son usine à égrenage dans la plaine du Sig, une plaine qui reste jusqu'à présent le principal centre du coton longue soie. MM. les fabricants du Nord me permettrontils de leur signaler, comme manquant tout à fait de couleur locale, les étiquettes dont il sont décoré leurs tissus de coton de matière algérienne? On y voit un planteur entouré de noirs et de négresses à demi nus, récoltant les filaments, les entassant dans des sacs, les transportant sur des chariots. Ce sont là des scènes de la vie tropicale aux Antilles et en Amérique ; mais les Arabes, Kabyles, Européens, qui s'emploient au travail du coton algérien n'ont, dans leur costume et la couleur de leur peau, rien de commun avec la race noire.

Ce que le coton promet de richesses comme culture d'été, le lin, plante spontanée du pays, l'annonce comme culture d'hiver. La salle des lins algériens, escortés de quelques textiles secondaires, est le chef-d'œuvre de l'Exposition de la colonie ; de hautes et élégantes colonnes en fils, en tresses, en cordes, disent les emplois divers de la matière première, qui étale sur les murs, derrière les vitrines, sur le plancher, les formes les plus variées et les plus solides à la fois. La graine elle-même se présente avec ses propriétés huileuses et pharmaceutiques, comme une autre richesse préférée à la fibre dans la province d'Oran. Partout ailleurs, c'est le filament qui est la principale récolte. Les lins qu'on recueille actuellement, surtout dans la plaine de la Mitidja, où la production a décuplé depuis dix ans, permettent de filer des numéros 110, 120 et 140, avec lesquels on établit des services de table damassés, des batistes, même des dentelles, qui ne redoutent aucune concurrence. A côté de ces emplois d'une industrie raffinée, d'autres variétés fournissent la toile la plus solide pour les emplois de résistance. La Compagnie française des cotons et produits agricoles algériens, représentée par M. A. Du Mesgnil, qui s'est donné beaucoup de soins et a fait beaucoup de dépenses pour la mise en scène de ses lots, en a été récompensée par une médaille d'or.

Parmi les textiles, se placent les plantes à fibres grossières et dures, mais consistantes et plus ou moins élastiques, connues sous le nom de sparte (*alfa, dis,* palmier nain). Croissant toutes spontanément dans les terrains secs de l'Algérie, elles opposent au défrichement une résistance fort coûteuse, qui se trouve singulièrement amoindrie depuis qu'on a trouvé le moyen d'en tirer parti pour faire du crin végétal et de la pâte à papier. La maison Averseng, qui a inauguré, en 1847, à Chéragas, auprès d'Alger, l'industrie du crin végétal, expose un résumé fort instructif de ses affaires. En 1848, elle employait 12 ouvriers qui fabriquaient 1,950 kilogrammes de produits, lesquels se vendaient 100 fr. les 100 kilogrammes ; en 1865, elle a employé 1,250 ouvriers, qui ont livré 865,000 kilogrammes de produits, se vendant 25 fr. le quintal. Pour le papier, on a longtemps reculé devant la dureté de la pâte d'alfa : un fabricant anglais de papier pour journaux, M. Lloyd, se montre plus habile ou plus résolu ; à Oran et à Arzew, il a organisé deux entreprises de récoltes et d'emballage d'*alfa* (*lygeum spartum*) qui expédient en Angleterre de lourdes cargaisons, dont la valeur dépasse 2 millions et demi de francs. Depuis bien longtemps, nous signalons cette inépuisable mine de pâte à papier aux industriels, qui se plaignent de la rareté et de la cherté des chiffons ; au lieu de réclamer des prohibitions à la sortie, ne feraient-ils pas mieux de s'adresser à une colonie française qui leur en offre l'équivalent en quantités que l'on peut dire absolument illimitées, car les plantes à sparte couvrent 30 à 40 millions d'hectares incultes ? D'après ce que m'ont dit les industriels du Nord, l'aloès (*agave americana*) qu'on n'utilise pas jusqu'à présent, ferait d'excellentes cordes plates pour les mines, et il ne dépend que des colons de profiter du débouché que leur offre l'épuisement de cette matière, fournie jusqu'à ce jour aux marchés anglais par l'Asie.

Viennent enfin les tabacs : on ne les décrit pas, on les fume ; et si un dragon jaloux les garde trop bien, on les convoite de l'œil quand ils se présentent admirablement façonnés, comme dans la vitrine si bien garnie de MM. Bosson frères, d'Oran, où les noms les plus séduisants joignent leur attrait à celui de la forme, de la couleur, de l'arome, du prix. De l'avis des connaisseurs, la fabrication algérienne, presque toute confiée aux mains des Mahonnaises, atteint un degré extraordinaire de perfection, et les cigares algériens, où les crus du pays, les *chebli* au premier rang, se mêlent aux feuilles étrangères, seraient assurés d'un grand débit en France, si la régie en autorisait la vente. Que lui importe, pourvu qu'elle prélève ses droits? Et cette concession serait précieuse pour les colons européens ou indigènes de l'Afrique, auxquels le tabac offre une importante ressource comme culture d'été : cette plante leur vaut déjà une dizaine de millions par an, et ce revenu pourrait aisément doubler et tripler sans nuire à la production française.

Il y aurait encore à mentionner, dans le groupe des matières d'extraction agricole ou industrielle, de beaux lots de garance et de henné, de cire et de miel, d'écorces tannantes, de cocons et de soies; mais l'espace manque sous notre plume : accordons une simple mention aux essences, dont la fabrication a pris une telle extension qu'un seul colon de la Mitidja, M. Gros, de Bouffarik, cultive 180 hectares de plantes aromatiques pour le compte d'un industriel de Grasse. Sa fabrique renferme dix-huit appareils à distillation, deux presses, et occupe soixante ouvriers.

Dans le groupe du vêtement, se retrouve une partie des matières que nous avons observées sur notre route à l'état brut ou dégrossi. Cotons, laines, soies, fibres végétales, ont pris les formes appropriées à leurs usages si variés, et révèlent l'Afrique française sous de nouveaux aspects, qui semblent montrer en elle un abrégé du monde. Mais, à vrai dire, l'honneur industriel en revient à la France plutôt qu'à l'Algérie, et ce sera l'excuse de notre brièveté. La fabrication locale est représentée par des articles de lingerie et de bonneterie sortant des ouvroirs de jeunes Moresques, dirigés par des Européennes (Mme Luce à Alger, Mme Parent à Constantine), et des écoles diverses de jeunes filles créoles (que l'on nous passe le mot, qui manque à la langue de la colonisation algériene). Auprès de là, une multitude de Mores et de Juifs exposent les haïks, les burnous, les babouches et autres curiosités sur lesquelles nous sommes un peu blasé, comme aussi sur les cabans soutachés et les vestes brodées de quelques tailleurs européens. La bijouterie et l'orfévrerie israélites, les sabres et les fusils kabiles, les couteaux, *flissas*, les tentes et les couvertures des Arabes, avec tous leurs objets de campement, se disputent aussi notre attention. Mais, sans méconnaître ce que beaucoup de ces ouvrages attestent d'habileté patiente, inouïe, et d'instinct pour les couleurs à assortir et les formes à approprier aux usages, nous ne pouvons les signaler comme des progrès ; tous ces efforts d'un art rudimentaire pâlissent devant l'éclat de pareils travaux sortant de nos ateliers et de nos machines : ce sont les débuts et non le couronnement de l'industrie humaine ; et le genre d'intérêt qu'ils excitent, appartient surtout à l'histoire du travail et à l'ethnographie. Sous ce dernier rapport, il n'est pas d'objet, si mince qu'il soit aux yeux et à la main, qui n'ait son prix, comme témoignage de l'aptitude des races africaines à s'élever vers la civilisation ; et l'École des arts et métiers du fort Napoléon, que nous regrettons de ne pas voir figurer parmi les exposants, a confirmé tout ce que l'on savait déjà des qualités heureuses de la race kabyle.

La galerie du mobilier nous inspire les mêmes réflexions : ce qui y brille le plus trahit des mains françaises, et plus encore le goût français. Il y a cependant à remarquer un très-grand nombre de nattes et surtout des tapis d'une facture très-solide, et d'un dessin agréable quoique singulier, quelques poteries plus bizarres qu'originales, et des assortiments de parfums, parmi lesquels nous retrouvons avec plaisir les articles de MM. Simounet et Mercurin, vingt fois couronnés déjà dans tous les concours, et la Trappe de Staouëli, qui, sur sa vaste propriété de 1,000 hectares, imite les Trappes de France, aussi bien dans les produits d'agrément que dans ceux d'utilité. Nous remarquons une nouveauté, de plus humble apparence, mais réservée peut-être à un fructueux avenir, dans une série de bouteilles de quatorze différents calibres. A notre connaissance, la verrerie de M. Portes fils, à Coléah, est la seule installée dans un pays où abondent pourtant les sables siliceux.

A mesure que nous nous élevons vers les classes du premier et du second groupe, qui sont le complément du progrès indusdustriel par l'avénement de l'art, la colonisation algérienne s'efface, abdique presque : elle est trop jeune, trop absorbée encore par les sollicitations urgentes de la vie matérielle, pour s'adonner avec élan et succès aux travaux qui supposent la culture de l'esprit, le loisir des heures, le débouché d'une riche consommation. L'État seul ou les services publics ont exposé des cartes. Dans le matériel de l'enseignement des sciences, le Jardin d'acclimatation du Hamma d'Alger présente un herbier de 344 plantes exotiques dont il a essayé la culture: le résumé de trente-cinq ans d'expériences fécondes, menacées, dit-on, d'être sacrifiées à de mesquins calculs d'économie, malgré la renommée du directeur, M. Hardy, malgré l'utilité pour la science et pour la colonie de cet établissement, l'un des plus beaux dans son genre qui existent sur le globe. A côté de cet herbier, celui de M. Durando, consacré au plantes d'ornement; celui de M. Pascal Jourdan, spécial pour les plantes murales, méritent l'attention des connaisseurs; ils se distinguent par le choix, le soin, les indications. Dans l'imprimerie et la librairie, M. Bastide, d'Alger, se recommande par une collection choisie de 200 volumes, français ou arabes, qu'à édités sa maison, qui compte trente-quatre ans d'existence, qui possède 19 presses et emploie 42 ouvriers, chiffres fort respectables pour une ville de province. Enfin, comme spécimens d'architecture ou plutôt d'archéologie, on remarque les modèles en plâtre du *Tombeau* dit *de la Chrétienne*, et du *Médracen*, monuments qui ont servi de tombeaux aux rois de Moritanie et de Numidie. Dans le premier, MM. Berbrugger et Mac-Carthy ont exécuté des fouilles qui ont permis d'en étudier et d'en dessiner à tous les points de vue la construction, mais qui ont trompé, quant aux résultats, l'espoir des archéologues, ce tombeau ayant été visité avant eux, et pillé à des époques inconnues.

Pas plus que les commissaires de l'Exposition des colonies, ceux de l'Algérie n'ont pensé à réunir des spécimens des journaux publiés dans les diverses villes. C'est un soin qu'ont eu la plupart des colonies anglaises, et il n'est pas en effet, dans un pays nouveau, de signe plus caractéristique du niveau de la civilisation morale et intellectuelle, et même des progrès matériels. Une telle collection n'est que bien imparfaitement remplacée par quelques albums de vues lithographiées ou photographiées, quelques aquarelles ou peintures à l'huile d'un mérite douteux, encore moins par les instruments sauvages de musique indigène, et même par les guitares espagnoles que l'on s'est donné, en Algérie, la peine de recueillir et d'envoyer.

Pour résumer en quelques lignes l'impression générale que doit produire sur tout esprit éclairé l'examen de l'Exposition algérienne, nous dirons qu'elle est extrêmement satisfaisante. Sauf de rares défauts, la mise en scène répond à l'importance et à la solidité du fonds. Considérée dans son ensemble actuel et rapprochée de ses débuts de 1849 et de 1855, la colonisation, en cherchant sa voie, l'a trouvée et y a fait de grands pas. Elle a compris la valeur du blé dur, dédaigné d'abord pour le blé tendre. Elle a abandonnné quelques spéculations agricoles, la cochenille entre autres, et diverses plantes tinctoriales, textiles, oléagineuses, où l'avait fourvoyée un engouement qui ne tenait pas un compte suffisant des conditions économiques. Elle a surtout renoncé aux plantes tropicales, le coton excepté, la seule dont s'accommode bien son climat méditerranéen. Elle lui a associé le lin et la vigne, justes objets d'une faveur générale. Elle a apprécié l'avantage que lui assure, pour la vente en Europe de ses fruits et de ses légumes, l'inégalité des températures, et elle a reconnu le rôle réservé à ses cultures de primeurs. Dans l'ordre industriel, l'Algérie ne s'est pas moins bien dirigée; elle a appliqué ses forces à la tansformation première des matières et produits du sol : blés, huiles, fibres, tabacs, cotons, lins, soies, minerais, marbres, réservant à des pays plus avancés les façons plus raffinées qui s'adressent au luxe ou exigent les procédés d'une mécanique savante et puissante. De toutes les branches du travail qui lui sont dévolues par la nature, il ne reste de lacune que pour les constructions maritimes, qui manquent tout à fait dans les salles de l'Exposition, et qui, dans le pays même, sans être entièrement absentes, ne sont pas développées au degré qui conviendrait à la terre qui a pu, en d'autres temps, construire et armer les flottes barbaresques.

Il faudrait désespérer du bon sens et du patriotisme si, après avoir étudié ce tableau de tant de ressources accumulées dans une province africaine, à deux jours des côtes de la France, des doutes survivaient encore sur la nécessité d'y exécuter des travaux publics et d'y accorder les libertés indispensables à la colonisation. Ce sont là les deux principaux instruments de progrès qui lui manquent.

LES COLONIES FRANÇAISES

LES COLONIES FRANÇAISES

DEUXIÈME PARTIE

REVUE DES COLONIES

I

Les trois îles de la Réunion, de la Guadeloupe et de la Martinique sont les colonies proprement dites de la France, nobles mais bien modestes débris de son antique fortune coloniale. Parvenues à un degré à peu près égal de civilisation, constituées des mêmes éléments de population, adonnées aux mêmes cultures, elles sont régies par une législation presque en tout pareille, dont la base est le sénatus-consulte du 3 mai 1854, qui forme leur Constitution. Adaptée il y a dix ans à leurs besoins, cette Constitution paraît aujourd'hui vieille et insuffisante. Au mois de juin de l'année dernière, le ministre de la marine invita les gouverneurs de ces trois colonies à convoquer extraordinairement les conseils généraux, pour prendre leur avis sur divers projets de réforme administrative et commerciale, qui depuis quelque temps étaient agités dans l'opinion publique, comme appelés par des besoins nouveaux, et dont il avait saisi le Conseil d'État. L'esprit général de cette circulaire était une tendance à octroyer aux colonies une sorte d'autonomie, — le mot était prononcé, — pour le règlement de leurs affaires locales; les tarifs douaniers, la composition des conseils généraux, l'établissement des budgets, étaient spécialement signalés aux délibérations de ces assemblées. « Le gouvernement de l'Empereur, disait le ministre, qui n'a cessé de marcher dans une voie libérale, a pensé que le moment était venu d'appeler les colonies à prendre une part plus grande à la direction de leurs propres intérêts. »

A cette nouvelle inattendue, l'émotion fut vive, et les conseils généraux s'empressèrent, avec un zèle égal à leurs espérances, d'élaborer leurs projets. Ils croyaient déjà toucher le but, ne se doutant pas de tous les obstacles qui naîtraient de notre mécanisme administratif, et plus encore de leurs propres dissentiments.

Préjudiciellement à tout détail, le conseil général de la Réunion a soulevé une question de principe et de système. Convient-il d'attribuer une Constitution unique à la Réunion et aux Antilles ? Non ! a-t-il répondu. La colonie qu'il représente doit être séparée de ses sœurs américaines. La Réunion, plus libérale, moins infectée des préjugés de couleur, ne peut être rivée au sort de la Guadeloupe et de la Martinique, pays arriérés. Tandis que la Réunion envisage l'avenir avec confiance, celles-ci tournent encore vers le passé de mélancoliques regrets. Quoi qu'il en soit de cette appréciation un peu sévère pour les Antilles, l'esprit public à la Réunion est plus avancé non-seulement dans les idées politiques, mais (progrès plus difficile et plus précieux) dans les sentiments vis-à-vis la race de couleur. La race blanche y a le bon sens et le bon goût que devraient avoir, à l'instar de l'aristocratie anglaise, toutes les aristocraties, d'accepter dans ses rangs ceux qui par leur talent, leur conduite, leur fortune honorablement acquise, constituent l'élite des autres classes. Fondée sur les faits, cette considération paraît juste et mérite d'ailleurs, quel que soit l'écart entre les diverses colonies, d'être érigée en principe. Chacun de nos établissements coloniaux doit avoir sa Constitution propre, diverse et souple, comme il convient à la différence des situations.

Quant à la composition des conseils généraux, les trois conseils ont été unanimes pour demander qu'ils fussent désormais électifs, non sans quelques divergences sur le système électoral. Bien que vivement appuyé à la Réunion, par une minorité fort résolue, le suffrage universel a été partout écarté, comme incompatible avec l'extrême ignorance des anciens esclaves et de leurs enfants. Le système d'un cens, fort abaissé du reste, avec une très-large adjonction des capacités, a prévalu à la Réunion et à la Guadeloupe ; le conseil de la Martinique a modestement déclaré qu'il s'en rapportait, quant à la dose électorale à lui octroyer, à la sagesse de l'Empereur. Un tel vote a été interprété comme une sorte d'abdication, et tout au moins comme une timide réprobation de tout droit électoral ; mais voilà que, par un apparent démenti à cette attitude réservée, le délégué du conseil de la Martinique, le baron de Lareinty, vient d'adresser au Sénat une pétition demandant purement et simplement le suffrage universel aux colonies, et en particulier à la Martinique, comme en France. La Réunion, qui se vantait de son libéralisme, est distancée ! La Guadeloupe est éclipsée ! Dans cette démonstration, que rien ne faisait prévoir, faut-il voir une patriotique inspiration ou un habile calcul ? L'un et l'autre probablement. Mais nous n'avons pas à pénétrer les intentions, nous racontons seulement les faits. Entre les trois systèmes, le gouvernement ne peut qu'être embarrassé.

Il y a eu plus d'accord sur une ouverture que faisait le ministre relativement au budget. Il proposait de porter au compte des colonies toutes les dépenses d'administration générale autres que celles de souveraineté directe (traitements du gouverneur et du trésorier, dépenses militaires), qui sont aujourd'hui supportées par l'État, dont le concours financier eût été converti en une subvention annuelle : les colonies, qui disposent déjà de toutes leurs recettes, auraient eu aussi la responsabilité de leurs dépenses. Les conseils ont jugé qu'il y avait trop de risques dans ce changement. Quelle serait la subvention de l'État ? Équivaudrait-elle aux crédits actuels ? Ne serait-elle pas réduite, tôt ou tard, au gré du Conseil d'État ou du Corps législatif ? Les colonies auraient à payer la justice, les cultes, l'instruction publique, les postes et le reste, tandis que l'État resterait seul maître d'étendre les cadres de ces services, de nommer les fonctionnaires, d'assigner leur classe et leur traitement ! Le bienfait, quoique loyalement offert, recélait de sérieux dangers pour les finances locales ; d'une voix unanime, les trois conseils l'ont sagement écarté : ils ne pourraient l'accepter que sous la garantie d'une intervention directe dans la composition des services, dont les colonies auraient à supporter la dépense. L'État est-il disposé à abdiquer une part de sa toute-puissance administrative au profit des colonies ? Est-ce d'ailleurs une réforme mûre et opportune en des pays livrés encore à tant de divisions ? Autant de problèmes à l'étude.

Un pareil accord s'est fait en faveur d'une troisième proposition du ministre, tendante à livrer aux conseils des colonies le règlement de leurs tarifs douaniers. Ils ont accepté avec empressement ce qu'ils considèrent comme une libérale concession à l'esprit d'autonomie.

Enfin, la question de la représentation publique des colonies a été soulevée d'office à la Réunion, et écartée par la majorité, qui s'est déclarée satisfaite de la *délégation* actuelle, un peu élargie. C'est se montrer modeste, car le mandat de délégué donne voix consultative seulement dans un comité où figurent en majorité des collègues nommés par le ministre, et que le ministre convoque seulement quand il lui plaît. Si une telle institution n'est pas une simple fiction, il s'en faut de peu. M. le baron de Lareinty va autrement droit aux vrais besoins des colonies, en réclamant pour elles, dans sa pétition au Sénat, des députés au Corps législatif; des députés, c'est-à-dire des mandataires qui, au nom de leur droit, discutent, votent dans l'enceinte et agissent hors de l'enceinte même où sont engagés les intérêts coloniaux. Les colonies se plaignent avec amertume d'être sacrifiées aux intérêts du Trésor, de la betterave, de la raffinerie, des ports de mer. C'est le sort qui les attend, aussi longtemps qu'elles seront absentes du débat parlementaire et livrées, sans défense compétente et influente, à leurs rivaux. On ne gagne guère de procès par défaut !

Telles ont été les réponses des conseils coloniaux aux avances du ministre de la marine, qui a révélé une fois de plus, en cette occasion, ses tendances libérales; nous n'avons pas appris que le Conseil d'État soit à la veille de statuer sur la réforme projetée, bien qu'une année de plus l'ait mûrie. Les conseils coloniaux auraient quelque droit d'être surpris, si le silence succédait l'ongtemps encore à une agitation provoquée par le gouvernement lui-même. Un sentiment pire que le découragement succéderait aux espérances.

Il est encore un certain nombre de questions communes aux trois colonies, et dérivant toutes de la production du sucre, laquelle est leur principale et presque leur unique affaire. Elles se plaignent, et cette fois avec une entière raison, des taxes exorbitantes qui grèvent les sucres et en restreignent la consommation. La betterave est bien près d'atteindre les 200 millions de kilogrammes nécessaires à la France : le dégrèvement seul, en de larges proportions, comme en Angleterre, peut ouvrir aux sucres coloniaux des couches nouvelles de consommateurs. Elles se plaignent de la surtaxe de 30 fr. par tonneau qui grève le pavillon étranger, quand il exporte leurs cargaisons à destination de la France, et rend illusoire l'abolition du pacte colonial. Elles se plaignent de n'être admises que d'une façon tout à fait fictive au bénéfice des traités conclus par la France avec les nations étrangères. Elles prétendent que le recrutement des nègres, en Afrique, est incomplétement remplacé par l'immigration indienne, annamite, chinoise, et un vif et important débat s'agite à la Réunion au sujet de la possibilité de ramener au travail agricole, au moins une partie des anciens esclaves et de leurs descendants.

A défaut des satisfactions politiques et économiques qui leur manquent encore, la Réunion et les Antilles en ont eu quelques autres, qu'elles ont fort appréciées. La première île a été mise en relation de correspondance bimensuelle avec la France, par les Messageries impériales; sur leur itinéraire oriental, elles ont greffé un embranchement qui part d'Aden et dessert Maurice, la Réunion, les Seychelles, et complète le service mensuel de la Compagnie péninsulaire. Les Antilles ont obtenu mieux encore : les paquebots transatlantiques de la Compagnie générale, combinant leur marche avec le *Royal-Mail*, leur assurent, quatre fois par mois, la réception des courriers d'Europe. Ce sont autant de facilités et d'encouragements pour les affaires, et de correctifs à la distance.

Outre ces traits communs, l'histoire de chacune de ces colonies a présenté, depuis un an, quelques incidents particuliers qu'il nous reste à esquisser.

A la Réunion, l'année 1864 s'était achevée dans une profonde détresse. Atteinte par le *borer*, insecte qui fore la canne, comme l'indique son nom anglais, la récolte du sucre avait baissé d'un tiers. Les revenus publics avaient décliné, les impôts étaient devenus plus lourds et plus difficiles à recouvrer; la réserve du budget était épuisée : pour le régler en équilibre, on avait dû recourir aux expédients. L'année nouvelle eût été une année de catastrophe, si les mêmes calamités se fussent prolongées.

Heureusement elle en a vu le terme. Le fléau semble avoir épuisé sa violence. Les cannes ont reverdi et retrouvé leurs beaux jets ; la récolte de 1865 a repris une marche ascendante, sans atteindre encore son ancien niveau : l'espoir renaît dans les cœurs. Mais que de blessures à panser ! On estime les pertes à 40 millions de francs ! Avertis par les leçons du passé, les habitants paraissent décidés à varier leurs cultures, en associant à la canne le coton, la soie, la garance peut-être, en restituant au café et au cacao quelques-uns des champs que l'envahissant roseau avait usurpés. Le labourage à la charrue pénètre dans les habitudes rurales, indispensable auxiliaire de la main-d'œuvre, toujours rare et chère. Les cultures de vivres, l'élève des troupeaux dans les hautes plaines reprennent faveur. Une Société de crédit agricole, une Société d'acclimatation apportent des concours divers, mais l'un et l'autre utiles. En même temps on jette au dehors et au loin des regards sur Madagascar, sur l'Australie, vaste débouché pour les sucres ; sur la Nouvelle-Calédonie, qu'une commission est allée explorer ; sur l'Asie continentale, d'où arrivent de trop rares et trop faibles immigrants ; sur l'Afrique, où l'on préférerait aller les chercher. On apprend avec plaisir la récente acquisition du territoire africain d'Obokh, au voisinage de l'île Périm, en face d'Aden, où les navires qui déboucheront de la mer Rouge, après avoir parcouru le canal de Suez, trouveront un dépôt de charbon, et peut-être une escale commerciale.

Une seule grande affaire reste en suspens et traîne tristement. Le port de Saint-Pierre, le seul que la France puisse se donner dans l'immense étendue de mer qui s'étend depuis le Sénégal jusqu'à la Nouvelle-Calédonie, n'avance qu'avec une lenteur désespérante. En onze ans, on n'a pu y consacrer que 3 millions 700,000 fr., fournis presque en entier par le budget colonial : à peu près ce que coûtent en un an les promenades et les plantations de Paris !

La Guadeloupe est plus malheureuse encore que la Réunion. Elle était moins forte, et elle a été plus frappée par une affreuse sécheresse qui, à travers de passagères intermittences, a duré près de trois ans, et qui a cependant, comme le borer africain, pris fin cette année. Mais le mal a été si profond, qu'il faudra l'inépuisable vigueur du sol et l'indomptable énergie des colons pour en triompher. La plupart des plantations se sont grevées de dettes envers les commissionnaires ou envers la Banque qui, atteinte à son tour par les embarras de ses débiteurs du commerce et de l'agriculture, ne peut cette fois distribuer de dividende. Des impôts nouveaux, sur le tabac, sur l'enregistrement, ont dû suppléer à l'insuffisance des revenus : le budget des dépenses est tendu outre mesure. Mais, à la Guadeloupe comme en tout pays, le colon plie sous la tempête et ne rompt pas. De même qu'à la Réunion, il améliore la culture de la canne et lui associe le café, le cacao, le coton, la vanille, le roucou : ressources qui, toutes secondaires qu'elles sont, divisent les risques, varient les revenus, reposent la terre par l'alternance des récoltes. Pour corriger les sécheresses, on étudie un système d'irrigation : là devra se porter le principal effort de la colonisation. Quant au commerce, il ne cesse de réclamer, pour l'admirable port de la Pointe-à-Pitre, le rôle que la nature semble lui avoir destiné, et dont le chef-lieu de la Martinique l'a dépossédé, en obtenant les préférences du gouvernement comme point d'attache des paquebots transatlantiques.

Malgré cette faveur, qui lui attire un grand mouvement de voyageurs et de marchandises, et qui lui a valu de recevoir tous les courants de nos expéditions au Mexique, la Martinique n'est pas sans éprouver sa part de malheurs. Après avoir souffert de la sécheresse, elle était ravagée, au mois d'avril dernier, par de violentes inondations ; mais elle tient tête aux orages avec une admirable fermeté. Adoptant résolûment le principe salutaire de la division du travail, elle sépare de la production des cannes la fabrication; elle élève des usines perfectionnées, pour lesquelles de simples particuliers construisent des chemins de fer. Avec le concours du gouvernement, le port de Fort-de-France s'achève et procure à la colonie une première période d'activité fructueuse, en attendant le jour où la force des choses rendra la suprématie à la Pointe-à-Pitre.

Sous le coup de tant d'épreuves, qui ont réduit de moitié la production, le commerce, l'exportation, qui ont partout remplacé l'aisance par la gêne, et trop souvent par la ruine, les récriminations contre les lois métropolitaines se sont plus d'une fois mêlées aux doléances contre la nature. Le nouveau projet de loi sur la marine marchande, qui conserve pendant une période de trois ans la surtaxe sur le pavillon étranger, excite particulièrement les plaintes des colonies. Ne serait-il pas digne d'une métropole puissante et libérale comme la France de se montrer en même temps juste et même généreuse? En 1861, elle a supprimé du pacte colonial tout ce qui lui était défavorable à elle-même, tout ce qui profitait aux colonies. N'est-il pas équitable que celles-ci, à leur tour, recueillent enfin ce qui leur était dû, ce qui leur était promis et ce qui leur manque encore : la liberté réelle du commerce avec les pays étrangers? En dépit de toutes les bonnes intentions, et même de quelques déclarations officielles, les colonies vivent encore, pour l'importation comme pour l'exportation, sous le joug du système protecteur, dont les charges sont bien incomplétement rachetées par de légères détaxes.

Une telle condition n'est plus en rapport avec les programmes et les actes du gouvernement impérial.

5 septembre 1865.

Les Colonies secondaires (*suite*).

Pour achever notre revue des colonies françaises, il nous reste à parler des possessions secondaires, que la langue officielle qualifie simplement d'établissements français. Nous en avons dans les quatre parties du monde autres que l'Europe, en petit nombre, il est vrai, et d'une assez médiocre importance jusqu'à présent.

En Amérique, c'est la Guyane, qui était élevée au rang de colonie quand elle avait soit un conseil colonial, soit un conseil général, avec des délégués ou des députés, et que l'on peut tenir pour déchue au rang de simple établissement depuis qu'on a remplacé ces institutions par un conseil municipal, celui de Cayenne, que le gouvernement local compose à son gré. Toute ombre d'autonomie a été encore mieux enlevée à la Guyane, par le pouvoir attribué au gouverneur d'établir à son gré les impôts, d'en fixer la nature, l'assiette, la quotité, sans aucune intervention, même consultative, des citoyens. Il n'est pas rare d'apprendre, au 1ᵉʳ janvier, des innovations fiscales qui prennent date avec l'année nouvelle, et que la veille rien ne faisait prévoir. Même dans des conditions de facile prospérité, cette toute-puissance de l'autorité et cet effacement des citoyens seraient des causes de langueur; elles ne peuvent donc qu'aggraver les fâcheuses influences qui résultent de la nature du sol, de la chaleur du climat, de la rareté des populations, de la cherté des capitaux. Tout cela semble conspirer contre cette malheureuse Guyane, qui ne veut pourtant pas se résoudre à mourir. Elle lutte énergiquement contre tous les maux qui l'assaillent. Comme ses sœurs de la mer des Antilles, elle recrute des bras dans l'Inde et dans la Chine ; à la canne à sucre, dont la fabrication dépasse ses forces, elle tente de substituer le coton, le café, le cacao. Surtout elle se jette dans les *placers* de l'intérieur à la recherche de l'or. La Compagnie aurifère et agricole de l'Approuague, appuyée sur les capitaux de la métropole, a montré la voie, et ses premières campagnes, malgré bien des traverses, ont donné des récoltes d'or très-satisfaisantes. De solides profits sont probablement au bout de ces recherches, dont la première influence, à la Guyane comme partout, ne laisse pas que de désorganiser les ateliers de culture et d'industrie. L'exploitation des bois, qui prend d'année en année plus d'importance, concilie peut-être, mieux que tout autre, le travail régulier avec la spéculation, l'exploration du pays avec la colonisation.

Comme colonie pénitentiaire, la Guyane a un intérêt particulier pour la métropole, qui ne se sentira définitivement débarrassée des bagnes que lorsqu'elle sera assurée du succès de la réforme entreprise au loin. On entrevoit de bons résultats sur les rives du Maroni, où ont été transportés la plupart des établissements et des condamnés. On parle avec avantage des colonies de Saint-Laurent et de Saint-Louis ; on raconte les mariages, les créations de fermes, les défrichements et les cultures ; mais, à défaut de comptes rendus authentiques sur la mortalité, sur les évasions, sur les travaux et sur les résultats moraux et financiers, toute conclusion, favorable ou contraire, serait hasardée. Il est permis seulement de réclamer une plus large publicité de renseignements sur l'état, la conduite et l'administration de ce personnel de 6 à 7,000 condamnés, qui figure au budget pour une dépense de 6 à 7 millions.

Par un décret du 24 décembre 1864, la Guyane a été gratifiée, comme le Sénégal, d'un régime douanier qui réduit à 3 pour 100 les droits d'entrée des marchandises et denrées de toute nature et de toute provenance. Il n'y aurait qu'à applaudir si le décret ne maintenait, sur le pavillon étranger, une surtaxe de 10 à 20 fr. par tonneau à l'importation, de 20 à 40 fr. à l'exportation : mesure qui réduit singulièrement le bénéfice des autres franchises douanières, tant à raison du chiffre élevé de la surtaxe, que des entraves qu'elle oppose à l'établissement de courants réguliers d'affaires, tant avec la France qu'avec les pays étrangers.

En Amérique encore, nous avons les îlots de Saint-Pierre et Miquelon qui doivent jouir d'un bonheur parfait, si le bonheur consiste, comme on l'a écrit, à ne pas faire parler de soi. Ces petites îles n'ont aucun journal qui les rappelle à l'Europe; la pêche de la morue est leur seule occupation, et elles y réussissent à merveille. Dans ces dernières années, la fabrication de l'huile de foie de morue, si précieuse pour les poitrines délicates, s'est ajoutée, comme une annexe naturelle, à leur industrie principale de la pêche, du séchage, du transport des poissons.

Nos petits établissements maritimes de la côte occidentale et orientale d'Afrique se sont également fait oublier, à l'exception du Gabon, d'où sont partis plusieurs officiers de la marine impériale (MM. Griffon Du Bellay, Serval, Touchard) pour explorer l'Ogoway, grand fleuve nouvellement découvert qui se jette dans l'océan Atlantique : c'est une route nouvelle qui s'ouvre au commerce et à la science, vers cette Afrique intérieure, couverte jusqu'ici d'un voile impénétrable.

Du côté opposé au continent africain, Mayotte et Nossi-Bé ont continué paisiblement leur obscure carrière de travail agricole, concentré sur la culture de la canne à sucre et du café; mais à l'est de Madagascar, le petit poste de Sainte-Marie a eu l'occasion de montrer plusieurs fois la sécurité de sa rade et les ressources de ses chantiers, pour les navires que la tempête pousse dans les eaux de Madagascar. Il y a là une station précieuse, dont il faut entretenir et compléter les moyens d'action, en attendant l'achèvement du port de Saint-Pierre, à la Réunion.

L'Inde française a eu de plus vives émotions. A la suite de la violente tempête qui se déchaîna sur Calcutta, au mois d'octobre de l'an dernier, une subvention de 100,000 fr., généreusement donnée par la métropole, a réparé une bonne partie des désastres. Constatons toutefois que l'Inde continue à verser au Trésor français un tribut annuel de 220,000 fr., dont elle aurait un excellent emploi sur son propre territoire. Un voyage du gouverneur à Karikal lui a révélé de grands besoins pour les routes, les travaux publics, les écoles. Pondichéry lui-même n'est que bien imparfaitement doté, et le pont d'Ariancoupam, qui a été inauguré avec une grande solennité dans le courant de l'année, n'est qu'une première concession aux exigences de la viabilité locale. En ce moment, il est vrai, l'ambition de cette ancienne capitale de l'empire indien se réveille ; elle voudrait, par une section ferrée, se rattacher au grand chemin de fer britannique de Madras à Calicut. Les études sont faites, les négociations engagées, toute opposition de la Compagnie rejetée par le gouvernement, et Karikal même demande sa part dans le réseau à créer. Ces deux points ayant conservé, malgré leur déchéance politique, un rôle maritime que met en lumière l'émigration indienne à destination de la Réunion et de Maurice, toute mesure qui attirera dans leurs eaux les marchandises et les *coolies* de l'Inde ne pourra que servir à la prospérité non-seulement de nos possessions indiennes, mais à celle de nos autres colonies.

Depuis le refus de ratification par le gouvernement français de la convention qui devait rétrocéder à l'empereur annamite les trois provinces conquises par la France, en retour d'un protectorat et d'une indemnité pécuniaire, la Cochinchine a paisiblement et avec confiance développé son agriculture et son commerce. Le dernier numéro du *Courrier de Saïgon* constate un trafic toujours croissant, sur de larges proportions, et qui, dans le premier semestre de 1865, a dépassé, à l'exportation seulement, une douzaine de millions ; l'année entière approchera de 20 millions : le riz, le sel, le poisson, le coton, les légumes secs, les soieries, les bois, en sont les principaux objets. Dans ce semestre, le port de Saïgon a reçu plus de 300 navires et près de 5,000 barques. Aussi le revenu local augmente-t-il rapidement : il atteindra cette année 5 millions, et suffira, comme les années précédentes, aux besoins administratifs et municipaux. Cet accroissement, assure le *Journal officiel,* n'est point dû à une aggravation des taxes fiscales ; il provient de la plus-value des produits, du développement du commerce, de l'augmentation du nombre des transactions, de la perception plus régulière des impôts, de la répression des abus, enfin de la suppression de certains priviléges que le temps avait consacrés sous la domination annamite. Un tel courant de prospérité financière ne permettrait-il pas de réduire la taxe de 25 pour 100 de la valeur qui pèse sur l'exploitation des bois? Une telle libéralité calmerait les plaintes du commerce européen, réduit parfois à faire venir de Singapore les bois de construction que la Cochinchine fournit si abondamment, mais dont la valeur est renchérie à l'excès par le tarif fiscal. Il est juste d'ajouter que la douane n'existe pas à Saïgon.

Dans le protectorat des îles Taïti, où la douane existait, elle vient d'être supprimée par une application très-résolue et très-solennelle des principes économiques. A la date du 10 décembre dernier, M. le comte de La Roncière, commissaire du gouvernement impérial, a inséré dans le *Messager de Taïti* une sorte de proclamation où il déclare « que la douane est essentiellement antipathique par les minutieuses investigations auxquelles elle doit se livrer ; qu'elle est un obstacle à l'arrivée, même à la relâche de bâtiments étrangers. » Et, prenant pour exemple ce qui s'est fait à Panama, il annonce le projet de remplacer le revenu que fournissait la douane, et dont la colonie ne peut se passer entièrement, par une taxe unique imposée aux importateurs et détaillants, selon le chiffre des affaires de chacun dans le cours des années précédentes. Le commissaire impérial a soin de se ménager leur adhésion, en leur promettant une réduction assez notable sur l'ensemble. Au lieu de 175,000 fr. par an, on ne leur demanderait que 105,000 fr., sous forme de patente proportionnelle. Cette sorte de transaction paraît avoir obtenu l'assentiment du commerce local; la réforme a été décrétée, et Papéïti est aujourd'hui affranchi de toutes taxes et formalités douanières. Si les chambres de commerce, qui, en Europe, sollicitent l'abolition des douanes, proposaient un pareil accommodement, elles trouveraient probablement moins de résistance que lorsqu'elles prétendent reporter sur la propriété foncière ou l'industrie des charges dont elles voudraient dégrever les négociants. Par cet incident, Taïti mérite une mention dans l'histoire économique de l'année, plus que par ses cultures et son commerce, qui n'ont guère dépassé la période des temps primitifs de la colonisation. On s'y félicite d'un mouvement d'importation et d'exportation de 3 millions de francs : qu'est un si pauvre chiffre pour une île qui a six mille hectares de plus que la Martinique ! Il faut tenir compte, il est vrai, de la différence numérique de la population : tandis qu'elle dépasse ici 140,000 habitants, elle atteint à peine 12,000 habitants à Taïti : déplorable conséquence des guerres et des maladies, et peut-être aussi d'une civilisation mal entendue. Il est agréable de constater que, sous le protectorat français, la dépopulation non-seulement s'est arrêtée, mais qu'il y a eu un progrès marqué en sens contraire, puisqu'en certaines annés, le chiffre de la population était tombé à 8,000 habitants, en un pays où Cook et Bougainville avaient cru reconnaître plus de 100,000 âmes ! En de telles conditions, une importation de bras étrangers est nécessaire, et elle entre dans les prévisions de l'autorité locale, ainsi que d'une Compagnie anglo-portugaise qui s'est constituée pour la colonisation agricole : on jette les yeux sur quelques îles très-peuplées de la Polynésie, et surtout sur la Chine, cette inépuisable pépinière de travailleurs, habiles et patients, qui semblent n'attendre que l'appel des capitalistes pour féconder toutes les solitudes incultes de l'Océanie, de l'Amérique et de l'Afrique.

Nous n'avons plus qu'à parler de la Nouvelle-Calédonie, la plus récente de nos acquisitions, en ne tenant pas compte d'Obokh, encore inoccupée. De toutes nos possessions, cette île est peut-être la plus favorisée par le climat et la plus réfractaire à la civilisation par ses habitants : d'une part, 50 à 60,000 sauvages, ayant un goût prononcé pour la chair humaine, à dominer et transformer ; de l'autre, plusieurs centaines de forçats et des compagnies disciplinaires à convertir de fait, comme on l'a fait de nom, en ouvriers utiles de la transportation ; entre ces deux extrêmes, une population peu nombreuse, de trafiquants et de colons. Voilà le problème, assurément fort difficile à résoudre dans l'île principale, et qui s'aggrave, dans les îles voisines et annexées, de la patriotique et religieuse susceptibilité des missionnaires protestants anglais. A la Nouvelle-Calédonie même, les missionnaires catholiques et français sont des auxiliaires utiles sans doute pour adoucir les mœurs et éclairer l'esprit des indigènes, mais qui ont bien aussi des prétentions ou des scrupules avec lesquels l'administration doit compter. Et pour manier et appliquer au bien tous ces éléments si disparates, et souvent même opposés, le gouvernement dispose, tant sur le budget de l'État que sur le budget local, d'environ 1 million et demi de francs ! D'aussi médiocres ressources contiennent le talent et la volonté dans des bornes dont une critique superficielle pourrait ne pas tenir compte, et qui s'élargissent cependant à force de zèle et d'intelligence. La pêche de la baleine, qui se fait avec un grand succès dans ces parages, trouvera un puissant encouragement dans le phare récemment construit sur le littoral de la Nouvelle-Calédonie, un chef-d'œuvre qui honore l'industrie française, par la perfection des appareils, et qui est le plus beau monument de ce genre élevé jusqu'à ce jour dans ce vaste monde de l'océan Pacifique.

Telle est à grands traits, et au point de vue des intérêts et de l'honneur de la métropole, l'esquisse des principaux événements coloniaux de l'année, si l'on peut donner ce nom solennel à des détails que beaucoup de lecteurs jugent dépourvus de portée générale. Il y a un peu de préjugé dans ce sentiment tout français, que se gardent bien de partager les Anglais et les Hollandais, si fiers de leurs colonies, et si attentifs à suivre tous les incidents qui se succèdent sur les théâtres lointains de leur puissance et de leur commerce. Un ou deux chiffres révéleront la valeur même de nos petites colonies. D'après les *Notices statistiques* publiées par le ministère de la marine, le commerce de l'île de la Réunion, tant avec la France qu'avec l'étranger, a été, en 1862, de 100 millions de francs. La superficie territoriale étant de 250,000 hectares, c'est un rendement commercial de 400 francs par hectare. Sur ce pied, le commerce de la France, dont l'étendue est de 53 millions d'hectares, aurait dû dépasser 21 milliards; il n'était, en 1862, que de 4 milliards 441 millions, le cinquième seulement! La population de la Réunion étant de 180,000 habitants, la part commerciale de chacun, par tête, a été de 555 francs; pour la France, qui a 38 millions d'habitants, la part de chacun n'a été que de 117 francs, à peine le cinquième. De ces comparaisons authentiques, il résulte qu'une colonie comme la Réunion, tout isolée qu'elle soit dans l'océan Indien, tout affaiblie qu'elle se sente par les rigueurs de la fortune, possède une puissance productive, par hectare et par tête, cinq fois supérieure à celle de la France, dotée de tous les priviléges de la civilisation et bien libéralement traitée par la nature. En des proportions quelque peu inférieures, ce phénomène se reproduit dans nos Antilles et dans toute colonie tant soit peu bien située et bien administrée. De cette énorme production, les métropoles recueillent toujours la meilleure part, à raison des relations privilégiées qui s'établissent légalement ou spontanément avec leurs colonies.

La connaissance plus ou moins précise, mais toujours instinctive, des trésors que recèlent en leur sein les colonies, explique les vives sympathies qu'elles inspirèrent toujours aux grands peuples : aux Grecs et aux Romains dans l'antiquité, aux Portugais et aux Espagnols, aux Anglais et aux Hollandais dans les temps modernes, même aux Français du dix-septième siècle. Entre toutes les sources de bénéfices et en même temps d'honneur durable et de prestige lointain, il n'en est pas de plus assurées. C'est une vérité que l'on nous excusera de remettre en lumière avec quelque insistance, en un moment où la guerre paraissant conjurée pour longtemps, il faut l'espérer, par l'alliance sincère de la France et de l'Angleterre, les peuples n'ont plus d'autre grande mission à accomplir que l'exploitation agricole, industrielle et commerciale du globe, dont toutes les régions ont été livrées par la Providence au génie et au travail de l'homme, et surtout de l'homme de race blanche et d'éducation chrétienne.

De ce travail de création et de rénovation, la colonisation est l'une des meilleures formes.

13 septembre 1865.

II

Régime commercial.

Depuis les premières semaines de cette année, une expérience du plus haut intérêt se poursuit dans nos principales colonies, à propos de leur régime commercial. Investis par le sénatus-consulte du 4 juillet 1866 du droit de régler leur système douanier, les conseils généraux de la Réunion, de la Martinique et de la Guadeloupe ont usé de cette faculté, chacun d'une façon différente. Celui de la Réunion avait cru pouvoir supprimer les surtaxes sur le pavillon étranger; mais le Conseil d'État a annulé sa délibération, comme empiétant illégalement sur les tarifs de la navigation, et les conseillers, convoqués extraordinairement, ont dû s'ingénier pour aviser aux nécessités d'une situation financière privée du surcroît de ressources qu'ils attendaient de cette mesure libérale. *Le Moniteur* vient de publier le décret qui approuve le nouveau tarif de douanes, médiocrement allégé de ses taxes les plus lourdes.

A la Martinique, le sénatus-consulte a été du premier coup bien interprété : sans toucher aux taxes du pavillon, le conseil général a aboli toute douane, ce dont la population paraît ravie, à l'exception peut-être des agens de ce service. Cependant ils ne sont pas congédiés, car la réforme est beaucoup moins radicale qu'il ne paraît. Au tarif douanier succède un octroi de mer qui divise les marchandises en trois groupes, suivant qu'elles sont de première nécessité ; d'un usage moins absolu, mais commun ; enfin d'une consommation restreinte ou de luxe. Les premières sont exemptes, les secondes et les troisièmes grevées d'une taxe modérée, laquelle, à la différence des droits de douane, frappe aussi bien les produits métropolitains que les produits étrangers. A vrai dire, c'est la douane réduite à un rôle fiscal et municipal.

A la Guadeloupe, le même système a prévalu, mais avec moins de netteté et de mesure. Le nouveau tarif de l'octroi de mer y frappe même les denrées de première nécessité, telles que la morue. Sans parler d'une surcharge regrettable pour les consommateurs pauvres, la comparaison des tarifs est toute à l'avantage de la Martinique, ce qui fait craindre aux habitants et marchands de l'île sœur, non sans raison, que le commerce étranger ne se porte plus volontiers sur la colonie voisine, dont le régime est le plus libéral.

Cette aggravation n'est pas, du reste, sans compensation. Elle remplace quatre taxes directes supprimées : la contribution personnelle, les prestations, l'impôt sur les terres cultivées, en vivres et en fourrages, et l'exercice sur les spiritueux. Les trois premières donnaient lieu à trop de non-valeurs et de frais ; la dernière était très-vexatoire.

Après avoir vainement essayé de fléchir, sur quelques points, la rigueur des règles posées par le conseil, le gouvernement local a dû en prescrire l'application immédiate dans l'intérêt des revenus communaux, mais en se réservant son recours auprès du gouvernement de la métropole sur quelques points. Toutes ces décisions, un peu précipitées et confuses, ont jeté le trouble, et parmi le conseil général, et dans la colonie. Un assez grand nombre de conseillers ont donné leur démission, ainsi que la chambre de commerce de la Pointe-à-Pître tout entière. La population se montre fort émue de l'aggravation de taxes qui doit résulter finalement d'une réforme dont elle attendait un allégement : que lui importe que le nom de douane soit remplacé par celui d'octroi de mer, si en réalité la vie est renchérie? Au lendemain des tremblements de terre qui ont presque détruit Saint-Thomas, on espérait pouvoir attirer dans le beau port de la Pointe-à-Pitre une partie du commerce et de la navigation qui se faisaient dans l'île danoise; pour cela la franchise, ou tout au moins une grande libéralité était nécessaire. Au lieu d'avancer dans ce sens, on rehausse les barrières douanières ! La faute est manifeste.

En même temps que l'opinion publique se montre mécontente du conseil général, elle paraît non moins inquiète de la révision que le gouvernement local annonce l'intention de provoquer en France. Que devient l'autonomie accordée, disait-on, aux colonies, si, au premier essai qu'elles en font, le pouvoir central s'avise de les remettre en tutelle, sous prétexte d'erreur? On serait embarrassé à moins.

De ces agitations en sens contraire, un sentiment se dégage, de plus en plus vif : c'est le vice grave du système qui régit la constitution des conseils généraux des colonies. On sait combien il est complexe, on pourrait dire bizarre sans lui faire injure. Le public n'y intervient à aucun titre. Les conseillers sont nommés, moité par les gouverneurs des colonies, moitié par les conseils municipaux des communes, qui sont eux-mêmes nommés par le pouvoir; de sorte que, médiatement ou immédiatement, c'est l'autorité qui choisit tous les conseillers chargés de contrôler ses actes. Qu'un désaccord survienne, — et c'est le cas maintenant à la Guadeloupe, — entre les votes du conseil et les vœux du gouvernement local, ou l'opinion du pays, voilà un commencement de discorde qui ne saurait raffermir l'estime que des contribuables bien dressés doivent avoir pour l'infaillibilité de la providence terrestre qui préside à leurs destinées.

Le sentiment de cette fausse position a suscité, au sein même du conseil, la protestation la plus radicale qui se puisse imaginer : c'est un appel au suffrage universel. La proposition a été faite, discutée, votée par la majorité du conseil général de la Guadeloupe, ce conseil élu par le gouvernement! et le mot magique a circulé aussitôt comme un trait de lumière dans toute la colonie. Les anciens craignent bien que ce ne soit plutôt un trait de feu qui enflamme et réchauffe les vieilles querelles de couleur et de caste; mais on ne les écoute plus. Ainsi, pour avoir refusé une concession modérée du droit électoral qui lui avait été demandée avec telles garanties de cens ou de capacité qui paraîtraient opportunes, l'administration est aux prises avec ce qui parut longtemps un effroyable péril : le suffrage remis aux noirs et aux hommes de couleur qui composent, en une forte proportion, la majorité de la population. A vrai dire, l'administration ne s'en montre pas bien inquiète, d'après le langage qu'avait tenu le gouverneur au début de la session : elle en attend avec calme l'heure prochaine. C'est la classe blanche, en minorité, qui pourrait plutôt se croire menacée par cette rupture d'équilibre; et cependant, tel est l'embarras des situations fausses, telle est la puissance de la logique, que la plupart des blancs acceptent la réforme, sans craindre aucune révolution. Ils veilleront, pensent-ils, à leur propre salut mieux que ne le font leurs mandataires officiels! En se gouvernant lui-même, le pays ne subira plus que la responsabilité de ses propres fautes, et sera d'autant plus attentif à les conjurer.

Nos autres colonies ne connaissent pas les tourments d'une liberté contenue par des lisières, car elles sont toutes emmaillottées! Dans toutes, le gouverneur ou commandant, seul ou d'accord avec un conseil privé qu'il compose lui-même et qui n'a qu'une voix consultative, détermine l'assiette, le taux, la perception des impôts, en promulgue les rôles et les rend exécutoires, à peu près du jour au lendemain, si tel est son bon plaisir. Quel que soit le degré d'intelligence et de conscience qui préside à ces actes d'un despotisme éclairé, les habitants de nos établissements coloniaux se verraient avec plaisir associés, dans quelque mesure, au vote des impôts, suivant le vieux droit national, qui n'est que la consécration du droit humain. Et les administrations coloniales, appuyées, et au besoin contrôlées par l'élite de leurs administrés, acquerraient une force et un esprit de suite qui trop souvent leur font défaut, en même temps que les populations apprendraient le maniement de leurs propres affaires, au grand profit de la prospérité publique et privée. L'histoire n'a pas connu jusqu'à présent de meilleur moyen d'alléger le poids des contributions que de les faire voter par les contribuables. La méthode ne serait pas moins bonne dans les colonies que dans la métropole.

Un événement d'un caractère plus riant préoccupe aussi beaucoup les Antilles : c'est le compte rendu des opérations de l'usine centrale dite du *François*, qui témoigne d'une remarquable prospérité. Dès la première année, phénomène bien rare pour une entreprise industrielle et agricole, le capital a produit un revenu de 19 1/2 p. 100, outre un fonds de réserve considérable. Les actions, émises à 500 francs, en valent aujourd'hui 800. Comme un tel succès ne tient à aucune cause exceptionnelle, qu'il provient tout entier de la supériorité du système économique et industriel emprunté au sucre de betterave, l'espoir de refaire les anciennes fortunes renaît au cœur des habitants. Aussi les usines centrales obtiennent partout une rapide et éclatante popularité; elles se multiplient à la Martinique et à la Guadeloupe, et leurs appareils vont même porter le renom de la maison Cail dans les usines de l'île de la Réunion, toujours cruellement éprouvée par l'insecte qui dévore les cannes à sucre. Le problème de la renaissance coloniale paraît enfin résolu par la séparation de la culture qui doit s'adonner à la production du roseau saccharifère et de l'industrie qui doit l'élaborer : division du travail conforme aux lois générales de l'économie politique.

Parmi nos autres colonies, nous ne voyons de progrès notable à signaler que dans celle du Sénégal, qui, ses dépendances comprises, a porté son commerce, en 1867, à plus de 40 millions de francs, avec des ressources budgétaires très-modiques, 1 million de francs à peine. Aussi sommes-nous raffermis dans la bonne opinion que, dès longtemps déjà, nous avons exprimée sur l'avenir réservé à notre établissement de la Sénégambie, si riche en produits naturels : gomme, arachide, coton, café, indigo, bois, etc., et favorisé d'une main-d'œuvre peu coûteuse.

La Cochinchine promet plus encore, et déjà son commerce annuel dépasse 60 millions de francs; mais l'œuvre, plus complexe, est plus difficile sous le double rapport de l'administration et de la colonisation. Pendant que s'accomplit la phase de premier établissement, de récents traités ont régularisé nos rapports avec le royaume de Siam, et la haute vallée du Mékong, explorée par nos savants, s'ouvre à notre politique. On a déjà signalé tout l'intérêt qu'aurait la France à faciliter l'arrivée dans ses ports et la circulation sur son territoire des riz de l'Asie, dont notre colonie fournirait de nombreuses cargaisons.

Le reste de nos possessions poursuit obscurément, mais vaillamment, sa laborieuse carrière de travail et de négoce. L'Inde a toujours l'œil ouvert sur les chemins de fer anglais, sur lesquels elle vise à greffer ses tronçons. La Nouvelle-Calédonie suit avec émotion les débats du procès criminel qui a suivi le drame terrible du 6 octobre, où plusieurs colons ont péri, assassinés par les indigènes. Tahiti et ses dépendances voient se développer sur une grande échelle la culture du coton, et se multiplier leurs rapports avec Valparaiso et San-Francisco. La Guyane continue à languir, partagée entre la culture des terres, la recherche de l'or et la colonisation pénitentiaire, sans qu'aucune de ces trois branches de son industrie lui donne une pleine satisfaction. Dans les eaux de Terre-Neuve, Saint-Pierre renaît de ses cendres, grâce à l'essor soutenu de sa pêche. Il ne reste qu'à nommer notre petit poste d'Obokh, à l'entrée de la mer Rouge, en face d'Aden, dont le rôle commencera avec le canal de Suez ouvert, pour avoir terminé cette rapide revue des possessions coloniales de la France, que l'on nous pardonnera de rappeler de loin en loin à la mémoire, quelque peu insouciante et oublieuse en cette matière, de nos concitoyens.

17 avril 1868.

III

L'octroi de mer.

Nous avons entretenu nos lecteurs des difficultés qu'avait fait naître, dans nos colonies à sucre, au point de vue de la légalité, l'inauguration d'un nouveau régime douanier et commercial. En France, aussi il y a eu, à raison de cette innovation, quelques émotions et même quelques plaintes dans nos ports de l'Océan, habitués à jouir en paix du monopole de l'approvisionnement colonial. Au Corps législatif, M. Pouyer-Quertier, toujours ardent à l'attaque, — mais quelquefois plus prompt que réfléchi dans ses coups, — a sévèrement traité les colonies, qui se permettaient de soumettre au régime d'octroi les marchandises françaises et les marchandises étrangères, et, comble de l'audace! qui n'épargnaient pas même les produits fabriqués! Au Sénat, une pétition de quarante-deux négociants et armateurs de Bordeaux, pétition dont le rapport est soumis à M. le baron Brenier, a incriminé comme illégales les décisions des conseils généraux des colonies, qui, en vertu du sénatus-consulte du 4 juillet 1866, s'étaient arrogé le droit de suspendre, de supprimer même toute taxe douanière. On s'attendait à voir discuter cette pétition, à propos de la loi de douanes, dont le rapport a été fait au Sénat, dans la séance du 1er juillet, par M. le comte de Casabianca ; mais il n'en a pas été question, le ministre de la marine en ayant demandé l'ajournement, pour avoir le temps de recevoir des éclaircissements sur les faits dénononcés par une partie du commerce de Bordeaux.

L'incident est donc suspendu et ajourné, non vidé : à la prochaine session parlementaire, il reviendra certainement devant le Corps législatif et devant le Sénat. Il convient donc de l'éclaircir dès à présent, pour le repos et le droit des colonies tout au moins.

De nos deux colonies des Antilles, la Martinique et la Guadeloupe, l'une à suspendu, l'autre a supprimé les douanes. En avaient-elles le droit? Elles s'y sont crues autorisées par l'article 2 du sénatus-consulte précité, qui charge les conseils généraux de voter « les tarifs de douanes sur les produits étrangers naturels ou fabriqués, importés dans la colonie. » N'aimant pas ce genre d'impôts, qui depuis trois siècles leur a causé tant d'embarras, en éloignant de leurs ports le commerce étranger, elles l'ont réduit au minimun, c'est-à-dire à zéro. Si leur conduite paraît une interprétation un peu large du sénatus-consulte, quelle contestation légale aurait pu s'élever contre une réduction des taxes de douane à un centime, par exemple? Aucune, assurément : elles fussent restées dans l'application stricte du texte. Mais un tel procédé eût caché une dérision sous l'apparence du respect; mais il eût entraîné des frais que les revenus n'auraient pas couverts; mais il eût maintenu un rouage compliqué, sans travail utile. Des conseils sérieux ne pouvaient se prêter à cette comédie, vis-à-vis d'un sénatus-consulte; ils en ont interrogé l'esprit, et, croyant y découvrir la sincère investiture du droit de régler à leur gré leurs tarifs commerciaux, ils en ont usé dans toute sa plénitude, en supprimant ou suspendant tout droit de douane. Ainsi faisant, les colonies à sucre ont pris l'initiative d'une réforme libérale, objet, depuis longtemps, de leurs vœux les plus persévérants. Dans cette marche, elles ont la certitude d'avoir l'approbation du gouvernement, qui a ratifié leurs délibérations par des décrets d'octobre 1867 pour la Martinique, et d'avril 1868 pour la Guadeloupe. Celle du Sénat tout entier, on peut l'espérer, ne leur fera pas défaut sur ce point.

Restent les questions, plus douteuses au premier abord, relatives à l'octroi de mer, dont l'assiette et les tarifs ont été livrés aux conseils généraux des colonies par le même sénatus-consulte. Un tel octroi a-t-il pu être établi à la fois sur les marchandises françaises et les marchandises étrangères, sur les produits manufacturés et les denrées de consommation ? Cette institution de l'octroi de mer étant inconnue à la métropole, quelques explications ne paraîtront pas superflues.

Une différence radicale sépare l'octroi de mer de l'impôt de douane. Tandis que ce dernier, en France du moins, est un impôt général, perçu au profit de l'État, l'octroi de mer, comme l'octroi de terre, son similaire, est un impôt communal. Ce supplément de revenu, que les lois ont autorisé au profit des communes, ayant paru trop difficile à prélever par les voies ordinaires, dans des pays très-vastes, très-ouverts, où les populations sont peu agglomérées, comme sont la plupart des communes coloniales, l'idée est naturellement venue d'y percevoir l'octroi à l'entrée du littoral des îles, pour le répartir ensuite entre les communes. Aussi, le trouve-t-on établi aux colonies, sous son vrai nom d'octroi, bien avant 1830, et sous le nom même d'octroi de mer, en Algérie, dès 1835. Loin d'innover, le sénatus-consulte n'a donc fait que consacrer une institution déjà ancienne; mais il l'a mise, avec une liberté nouvelle et dont il faut le louer, aux mains des conseils généraux.

D'après ce caractère incontestable de l'octroi de mer, les deux critiques soulevées à Bordeaux et à Rouen tombent d'elles-mêmes.

Impôt communal, grevant la consommation locale, l'octroi ne peut, comme la douane, prendre souci de la provenance des produits, car il n'a aucune prétention protectrice ou prohibitive. A vrai dire, la presque totalité des objets frappés par l'octroi, en France même, sont des fruits du territoire : ce sont nos vins, nos eaux-de-vie, nos bois, nos charbons, nos huiles, nos matériaux de construction, quelquefois nos farines : tout ce qu'il y a de plus national ! Quelle valeur pourrait donc avoir pour l'octroi colonial la considération que le produit provient de la France ou d'une autre colonie française, ou de l'étranger? Aucune, évidemment. Du reste, l'application en a toujours été ainsi faite en Algérie, où l'octroi de mer est établi depuis plus de trente ans; jamais on n'a réclamé, pour les produits français, la faveur d'une exemption ni même d'un régime différentiel.

Mais l'octroi de mer peut-il frapper les marchandises manufacturées au même titre que les autres ? Le motif de douter vient de ce que les diverses lois qui, en France, ont réglé le système des octrois, ne l'ont étendu qu'aux objets de consommation alimentaire, personnelle ou domestique, sans y soumettre les produits fabriqués, au nom desquels spécialement M. Pouyer-Quertier a réclamé. Sur ce détail, l'observation est juste, et l'on sait quels assauts subit depuis quelque temps la préfecture de la Seine, pour avoir étendu à quelques matières industrielles les taxes de l'octroi. Est-ce à dire que les colonies doivent être strictement soumises aux mêmes cadres de tarification qui conviennent à la métropole ? Ne comprend-on pas que des besoins locaux imposent des règles locales ? Il suffit que le principe constitutif de l'octroi plane sur tout règlement. Or, quel est ce principe ? Les taxes doivent porter sur la consommation locale, non sur le travail ou le salaire, non sur le capital ou sur le revenu. La consommation, voilà la matière de la taxe dite octroi de terre ou octroi de mer.

Or, cette règle fondamentale a été parfaitement respectée par les conseils généraux des Antilles. Que l'on parcoure leurs tarifs, on n'y trouve que des objets destinés à la consommation locale; et, du reste, il serait difficile qu'il en fût autrement, puisque ces colonies, adonnées exclusivement à la culture de la canne, suivie de la fabrication du sucre qui s'en extrait, ou de quelques plantes secondaires (café, cacao, vanille), sont jusqu'à présent étrangères à toute autre industrie. Les tissus particulièrement y sont de toute évidence consommés sur place, car, lorsqu'ils sont destinés à la réexportation, on ne manque pas de les mettre en entrepôt. Nulle part ils ne reçoivent ces transformations successives qui, en certaines localités, en font les matières premières d'un nouveau travail.

Les manufacturiers seuls peuvent se récrier d'être traités sur le même pied que les agriculteurs, les éleveurs, les jardiniers. En quoi donc une pièce de calicot mérite-t-elle plus d'immunité devant l'octroi qu'une pièce de vin? Si l'octroi de terre a respecté les tissus et autres *fabricats* (nous envions le mot à la Belgique), c'est probablement parce que la perception eût été difficile, coûteuse ou peu fructueuse; peut-être aussi par suite de quelque privilége traditionnel, obtenu jadis par les corporations d'artisans, au préjudice des cultivateurs. Mais, devant la raison et l'utilité, on ne découvre aucun motif d'exempter cette sorte de produits, là où la perception de l'impôt est facile, comme elle l'est dans les colonies. A vrai dire, nous comprendrions plutôt des ménagements en sens inverse.

Nous saisirons cette occasion de mettre en lumière un mérite de l'octroi de mer, qui le rend bien supérieur et à la douane et à l'octroi de terre, et en fait, à nos yeux, le type supérieur de l'impôt indirect. Tandis que la douane, en grossissant le Trésor public, est un instrument de centralisation politique et administrative qui alimente les gros budgets nationaux, l'octroi ne profite qu'aux communes, les consolide et les fortifie. En cela, il vaut mieux. Mais, perçu par terre aux abords des villes, l'octroi se trouve limité à un nombre d'entre elles relativement peu considérable. En France, sur 38,000 communes, 15 à 1,600 seulement, ont été autorisées à l'établir. Il en résulte à leur profit et au détriment de la masse — et, d'une manière générale, au profit des villes et au détriment des campagnes, — un privilège financier qui produit l'effet d'une pompe aspirante et non foulante. Les villes à octroi sont armées d'un instrument de richesse qui manque aux autres ; dotées de revenus exceptionnels, elles s'embellissent, s'agrandissent, contractent des emprunts dont l'octroi forme la garantie ; par ces amorces, elles attirent les bras, les capitaux, les intelligences. Par là, l'équilibre général se rompt de plus en plus. De toutes les causes qui excitent l'émigration artificielle des populations rurales vers les villes, l'octroi est la plus puissante, car il attire bien plus par les avantages dont il est la source qu'il n'éloigne par les charges qu'il impose.

L'octroi de mer échappe à ce grave inconvénient. Perçu au profit de toutes les communes, tant rurales qu'urbaines, il leur assure une dotation proportionnelle à leur population. Toutes ensemble voient s'élever ou s'abaisser le niveau de leurs revenus ; les campagnes ne sont pas sacrifiées aux villes, ni les petites villes aux grandes. Entre elles, l'équilibre et la hiérarchie se maintiennent, suivant leur importance naturelle ou les sacrifices particuliers qu'elles s'imposent. A cette qualité suprême d'une juste répartition, l'octroi de mer joint tous les mérites secondaires ; c'est un impôt facile et peu coûteux à percevoir, car il est payé en bloc par les importateurs, d'après les manifestes des cargaisons ; toujours modéré, afin d'être fructueux, il ne provoque ni fraude ni contrebande ; il peut enfin atteindre aisément toute marchandise même de luxe, à la différence de l'octroi de terre, dont la perception, toute de détail, ne peut s'appliquer qu'aux objets de consommation populaire.

Mieux, au surplus, qu'aucun raisonnement, l'expérience justifie l'excellence de l'octroi de mer. Par un bien rare phénomène, depuis qu'il existe en Algérie, il n'a jamais donné lieu à aucune plainte, ni du commerce, ni des consommateurs, ni même des exportateurs français et étrangers, sans en excepter ceux de Rouen ou de Bordeaux : de toutes les institutions algériennes, c'est probablement la seule qui ait échappé à la critique ! Il est bien entendu que nous ne tenons pas compte des critiques purement théoriques, adressées au principe même des impôts indirects : nous supposons leur nécessité admise ; et elle l'est plus encore dans les colonies qu'aux métropoles, parce que les recettes des impôts directs y sont moins élevées et plus incertaines.

D'après ces considérations, l'octroi de mer a toute espèce de titres à recevoir une consécration définitive, le jour où il sera remis en discussion devant le Sénat ou le Corps législatif ; et, à vrai dire, la France aurait fort à se féliciter, s'il lui était possible de se l'approprier, en place des douanes, qui ne profitent qu'à l'État, et des octrois de terre, qui ne profitent qu'à quinze cents villes privilégiées. Ce serait la source et le moyen d'une renaissance bien désirable de la vie communale sur la surface entière du territoire.

Nous n'avons pas dû insister sur deux détails qu'il nous suffit de mentionner. Dans une première tarification qui se ressentait de l'inexpérience, la Guadeloupe avait grevé outre mesure quelques objets de première nécessité ; elle avait accordé à la colonie entière la moitié de l'octroi de mer, ne laissant aux communes que l'autre moitié. Sur l'invitation du ministère de la marine et des colonies, le conseil général s'est empressé, dans une séance extraordinaire, de rentrer dans une plus correcte application du sénatus-consulte. Après cette satisfaction donnée à la loi, il ne reste plus aujourd'hui le moindre prétexte à une critique sérieuse.

18 août 1868.

IV

Les événements de la Réunion.

Le public français a eu sous les yeux tous les éléments d'appréciation des douloureux événements qui viennent d'ensanglanter les rues de la ville de Saint-Denis, chef-lieu de la colonie de la Réunion. Il a pu, en effet, lire successivement les actes officiels du 3 au 16 décembre : le récit adressé par M. le contre-amiral Dupré, gouverneur de la colonie; un autre récit, résumé d'une enquête faite par un groupe de citoyens notables, occupant tous un rang élevé dans l'estime publique et dans les diverses professions locales; enfin une troisième version publiée par le *Sémaphore*, à titre de correspondance particulière, que ce journal a reçue de Saint-Denis, aussi remarquable par sa précision que par sa modération. Rarement l'opinion a été mieux renseignée sur un fait en lui-même peu complexe; elle achèvera de l'être par le débat qui a été accepté par le gouvernement. Aussi, nous semble-t-il superflu de résumer les principaux traits de ce drame terrible et imprévu, qui est venu porter la consternation et le deuil au sein d'une population coloniale d'un naturel tellement paisible, que la crise de l'émancipation, en 1848, s'y accomplit sans le moindre désordre. Nous ne voulons détacher de toute cette lugubre histoire que deux ou trois points, qui nous paraissent mériter une attention particulière, et peut-être même des explications spéciales devant le Corps législatif.

Premièrement, il est de toute évidence qu'il n'y a pas eu d'insurrection, pas d'émeute, pas d'attaque à main armée de la force publique, civile ou militaire, bien que ces mots solennels reparaissent plusieurs fois dans les proclamations et dans le récit du gouverneur. On n'a vu, ni saisi d'armes aux mains de personne. L'intention manquait, aussi bien que les moyens matériels : la paix était dans les cœurs. M. le gouverneur, dès son apparition et aux premières paroles qu'il adressa à la multitude, s'est vu accueilli par ces cris significatifs : *Vive l'Empereur! vive le gouverneur!* et il a été ramené amicalement et presque triomphalement dans son palais. Il n'y a eu (rien n'est plus évident) que des rassemblements confus et un peu tumultueux dans le cœur de la ville ; des désordres graves n'ont été commis ou tentés qu'au Collége des Jésuites et à l'institution dite de la *Providence*, par une bande d'engagés cafres, malgaches et indiens, excités peut-être par quelques prolétaires. Que l'autorité exerçât contre ces actes coupables une répression vigoureuse, c'était son droit et son devoir; pour le reste, il faut bien avouer qu'elle s'est troublée et exaltée sous l'influence d'un danger imaginaire.

En second lieu, il paraît également hors de doute que la cause première de ce tumulte, dans la soirée du 29 novembre, a été le bruit (faux ou vrai) « répandu dans la ville que le nouveau rédacteur en chef du journal *la Malle*, s'était rendu coupable d'un attentat sur un jeune créole dont la famille lui avait offert l'hospitalité. » Ainsi le déclare le gouverneur lui-même. A cette émotion de l'honnêteté publique ne se mêle aucune trace de l'excitation du parti libéral, qui se personnifie, sous sa forme la plus accentuée, dans le *Journal du Commerce* et ses rédacteurs.

Ceux-ci, au contraire, se font, avec une ardeur qu'expliquent et leur loyauté de citoyens et leurs intérêts de propriétaires, les champions de l'ordre et de la paix. La première journée d'entière tranquillité qui ait succédé à deux journées de troubles, celle du 1er décembre, leur est due, et à eux seuls. Ce sont eux qui, ralliant quelques amis, se sont faits les intermédiaires entre l'autorité et la population, ont prêché aux ouvriers la concorde et le calme, les ont déterminés à substituer l'action régulière d'une pétition aux agitations stériles et inquiétantes de la rue. Si, le lendemain, des ordres mal donnés et mal compris pour la convocation de la milice, ont détruit l'effet de leur mission volontaire, la faute n'en saurait retomber sur eux ; leur conduite, approuvée et encouragée par l'autorité judiciaire et administrative, a été ce qu'elle devait être, ce que leur position et leurs antécédents promettaient : elle a été patriotique, conciliante et dévouée.

Enfin le troisième point, qui reste obscur et doit être mis en lumière, c'est le silence gardé par le gouverneur sur son subordonné, le directeur de l'Intérieur, dans la partie de son rapport relative aux récompenses. Après avoir rappelé que c'est ce haut fonctionnaire qui vint lui peindre les périls de la situation et la nécessité de faire les fatales sommations ; après avoir dit que le directeur repartit muni des pouvoirs nécessaires et transmit l'ordre au maire et au commandant des troupes, le rapport de M. le gouverneur ne cite plus M. de Lagrange parmi les personnes dignes de la reconnaissance publique. Il ne le mentionne que pour apprendre au ministre de la marine qu'il lui a accordé un « congé de convalescence » que sa santé réclamait depuis longtemps. Cependant on n'accuse sans doute pas M. de Lagrange de défaillance au moment décisif. S'il a été ferme dans l'exécution de ce qu'il croyait son devoir, — et comment en douter en voyant la fusillade dirigée pendant plusieurs heures contre la foule ? — l'oubli vis-à-vis de M. de Lagrange ne s'explique pas. S'il a bien jugé la situation, s'il a découvert, avec plus de pénétration que ses collègues, le pillage dans la pensée du peuple, la guerre civile couvant dans les âmes et prête à éclater, la colonie en danger ne pouvant être sauvée que par des mesures extrêmes et terribles, ce sauveur est le premier héros de la journée, et c'est lui qui devait figurer, avec un éclat hors ligne, au premier rang des listes d'honneur. Il a été la tête, les autres n'ont été que les bras. Le sacrifier aux haines populaires serait une faiblesse sans excuse !

Mais faut-il croire M. le contre-amiral Dupré capable et coupable d'une telle faiblesse ? De la part du chef suprême d'une colonie, d'un brave officier supérieur de marine, qui a joué sa vie dans maintes aventures de sa carrière, un tel tort n'est pas légèrement admissible. Que penser alors de ce silence absolu, ou plutôt de ce tardif congé de convalescence pour tout encouragement ? Ne serait-ce pas que le gouverneur aurait reconnu, dans l'intervalle écoulé du 2 au 19 décembre, pendant les longs loisirs d'un état de siége qui ne trouve pas l'ombre d'un suspect à arrêter et à juger, que le directeur de l'Intérieur, égaré par ses antipathies ou par ses inquiétudes, avait mal jugé la situation ? M. le gouverneur doit amèrement regretter de s'être fié à cette appréciation, qu'il devait mûrement peser, le directeur étant lui-même en cause comme l'un des objets d'une animosité populaire juste ou injuste, peu importe. Et combien il doit regretter de n'être pas allé contrôler par lui-même le rapport qui lui était fait ! Dût M. de Lagrange être sacrifié, la responsabilité principale des événements n'en retomberait pas moins sur le gouverneur, dont chacun se plaît, du reste, à reconnaître la droiture. D'ailleurs, cette responsabilité lui sera légère : la France n'est pas l'Angleterre, et la Réunion n'est pas la Jamaïque !

Et maintenant, quelle moralité doit se déduire de ce funèbre épisode, sans précèdent dans l'histoire de notre colonie de l'océan Indien ? Elle éclate à chaque page des récits qu'on a lus. C'est qu'il y a un terme à la résignation; au delà d'une certaine tension, la souffrance éclate en cris importuns, et qui retentissent jusqu'aux métropoles, même quand celles-ci ont peu de souci de les entendre et d'y faire droit. On n'a garde de s'insurger; mais on proteste à toute occasion. A la Réunion, la mesure de la patience publique est comble. Éprouvée par tous les fléaux naturels, cette infortunée colonie a encore la douleur de se voir administrée avec une telle imprévoyance, qu'en une dizaine d'années le budget des dépenses a presque doublé, alors que les recettes décroissaient en même proportion. Écrasée de tant de charges, elle succombe et se désespère. Par des pétitions redoublées, elle a réclamé la faculté, dont elle a joui en d'autres temps qui sont pour elle un souvenir de prospérité, d'intervenir dans l'administration de ses propres affaires par l'élection de ses conseillers généraux et de ses conseillers municipaux, double droit qui semble aujourd'hui, partout ailleurs que dans les colonies françaises, être inhérent à la qualité d'homme libre et de contribuable. Toutes les pétitions des colons, les démarches de leurs délégués, les revendications que la presse fait en leur nom, viennent échouer dans la métropole. Et aucune voie n'est ouverte à la colonie pour obtenir le redressement de ses griefs depuis qu'elle a cessé, comme ses sœurs, d'être représentée au Corps législatif.

Certes, une métropole peut bien imposer à ses colonies l'obéissance passive, car elle peut opposer à quelques milliers de plaignants la forte majorité d'un demi-million de soldats. Contre elle, il n'y aura jamais de lutte ouverte, et si, un jour de folie, la lutte éclatait, l'audacieuse révoltée serait terrassée. Mais il est permis de dire aux métropoles les plus fières de leur puissance que le droit et le devoir sont encore, devant l'histoire, au-dessus de la force, et que refuser à de pauvres colonies habitées par des Français dévoués et isolés, qui portent dans le monde lointain avec honneur le drapeau de la patrie, qui sont de notre sang, parlent notre langue, partagent notre foi et nos mœurs, qui nous furent toujours unies depuis deux siècles, dans la bonne et dans la mauvaise fortune; — que refuser à ces colonies les droits de représentation et d'élection, qui font partie des principes sacrés de 1789, qualifiés de base de notre organisation sociale, ce n'est ni juste, ni généreux, ni habile.

Durant l'ancien régime, le droit des colonies était le droit commun de la France; sous la Restauration, sous le gouvernement de Juillet, sous la seconde République, elles eurent une large part de droits, de libertés et de garanties. On ne découvre aucune bonne raison pour qu'elles soient réduites, sous le second Empire, à un régime de minorité légale et de servitude administrative, comme si elles avaient démérité de la patrie. Hommes libres, contribuables, propriétaires sur un territoire français, les colons demandent à n'être pas traités comme des parias ou des étrangers; ils veulent jouir de leurs droits civiques et politiques. Est-ce donc là vraiment une demande subversive, et est-ce bien la peine, plutôt que d'y condescendre, de remplir les âmes d'irritation et de désaffection? Nous supplions le gouvernement français d'y réfléchir avec impartialité.

26 janvier 1869.

Les événements de la Réunion (*suite*).

Impatiemment attendu, le courrier mensuel de la Réunion nous apporte des nouvelles de la colonie. Conformément aux assurances du gouverneur et aux engagements des bons citoyens, l'ordre continue à régner à Saint-Denis et dans toute l'île. Cependant des lettres particulières annoncent que M. Paul de Villèle et M. Lefort, l'éditeur de *la Malle*, sont poursuivis devant le conseil de guerre pour offenses au gouverneur, ainsi que certains rédacteurs présumés du *Cri d'alarme*, journal clandestin, dont quelques numéros ont paru. En outre, le *Courrier de Saint-Pierre* a été suspendu pendant un mois, en vertu d'un arrêté, pour avoir inséré une lettre de son directeur, M. Trollé, qui déclare retirer sa collaboration jusqu'à ce que la liberté de discussion soit rendue aux journaux. Cette liberté se trouve refusée, à plus d'un mois de distance, non moins qu'au lendemain du 2 décembre, comme le constate l'insertion permanente, en tête du *Journal du Commerce*, de l'arrêté qui interdit aux journaux « toute allusion aux déplorables événements qui ont motivé la mise en état de siége de la ville de Saint-Denis, » et cet état de siége dure encore, malgré un calme profond. M. le ministre de la marine peut juger par ce trait, sans parler de tant d'autres, de la différence qui sépare le régime des colonies anglaises de celui des colonies françaises. Après les troubles violents de la Jamaïque, il y a quelques années, l'idée serait-elle venue au gouverneur, M. Eyre, de défendre à la presse locale « toute allusion aux événements accomplis ? » Mais, si notre gouvernement ne juge pas à propos d'accorder à nos colons les libertés anglaises, que du moins il ne leur refuse pas les garanties françaises, sinon, que leur reste-t-il ?

Tel est le sentiment qui, dans ces solennelles et graves circonstances, vient encore de se manifester au sein du conseil général de la colonie ; ce conseil est, on ne doit pas l'oublier, directement ou indirectement nommé par le gouvernement lui-même. Dans une de ses séances, il a été donné lecture par un membre de la proposition suivante :

« Je propose au conseil général d'exprimer au ministre de la marine et des colonies le vœu de voir modifier la Constitution coloniale dans un sens qui permette à la population de concourir aux affaires publiques par la nommination des conseillers généraux et des conseillers municipaux, et d'exposer à Son Excellence que cette modification, dont le conseil a plusieurs fois déjà signalé l'utilité, est devenue aujourd'hui une nécessité dans l'intérêt même de la force et de l'autorité du gouvernement et de l'administration de la Réunion. »

Et cette proposition a été mise aux voix et adoptée.

On remarquera que le conseil général rappelle ses votes précédents, émis dans le même sens : aussi s'étonnera-t-il sans doute, à la lecture des débats parlementaires récents, que son opinion ait pu être présentée par M. le ministre des colonies comme contraire à une réforme de l'institution dans le sens de l'élection populaire. Sans doute le conseil ne détermine pas le système qu'il désire voir adopter, il ne réclame pas nommément le suffrage universel; et pourquoi se mêlerait-il des détails d'un règlement pour lequel il ne peut rien ? Mais il persiste à revendiquer « pour la population le droit de concourir aux affaires publiques par la nomination des conseillers généraux et municipaux. » Un vœu ne saurait être plus net, plus modéré et plus légitime. Si la métropole se sent trop embarrassée, à raison de la distance des lieux et de l'imparfaite connaissance des hommes et des choses, ne pourrait-elle pas inviter la colonie à élaborer elle-même son projet de réforme constitutionnelle ? C'est des affaires propres des colons qu'il s'agit ; qu'y aurait-il de singulier ou d'étrange que les colons fussent consultés ? Au moyen âge, on a vu des communes françaises rédiger leurs propres chartes, qu'elles proposaient et quelquefois imposaient aux seigneurs et aux rois ; ces chartes n'en étaient pas plus mauvaises que lorsque la féodalité ou la royauté seules les octroyaient. Ce procédé pourrait amener ainsi des solutions quelque peu différentes pour notre colonie de l'océan Indien et pour celles des Antilles, qui, en 1866 comme en 1854, ont été soumises au même sénatus-consulte, sans qu'une telle identité de législation fût appelée par l'égalité des mœurs et de l'état social. Suivant le degré d'avancement de chacune d'elles, le suffrage pourrait être plus ou moins universel.

Rendue à la tranquillité, la Réunion sonde ses plaies et cherche des remèdes, avec un courage mêlé de résignation et de fermeté qu'il est juste de constater.

L'établissement de la Providence, cette école professionnelle d'apprentissage, une sorte d'école des arts et métiers, qui était devenue, par des empiétements successifs, une usine comme les autres, dont la concurrence irritait la population ouvrière de Saint-Denis, a été soumise à l'examen d'une commission qui, d'une voix unanime, en a demandé la suppression. Les griefs de la population n'étaient pas imaginaires, à en juger d'après le rapport. Largement subventionnée par la colonie, affranchie de la patente, disposant d'un personnel considérable qui ne lui coûtait rien ou presque rien, l'école de la Providence était placée dans des conditions exceptionnellement favorables dont elle abusait. Grâce à ses priviléges et immunités, elle avait peu à peu augmenté ses ateliers et donné une extension remarquable, surtout aux ateliers de forge et de mécanique. Produisant à bon marché, l'école vendait également à bon marché, et attirait ainsi à elle tout le travail et tous les revenus.

Devant cette concurrence, la plupart des grands établissements privés avaient été obligés de fermer, et ceux qui survivaient végétaient dans l'impuissance et menaçaient ruine. De là, un grief légitime des industriels et des ouvriers contre une maison qui leur faisait la guerre et les ruinait avec le produit même des impôts qu'ils payaient à l'État. On serait irrité à moins !

De son côté, le conseil général a poursuivi une réforme financière plus sérieuse que par le passé. D'un chiffre supérieur à 7 millions que le budget avait atteint dans les années précécédentes, on a pu le ramener au-dessous de 5 millions, non, il est vrai, sans dommage pour les travaux publics. Les récoltes des sucres, toujours atteintes par les fléaux, imposent des sacrifices extrêmes. L'anné 1868 n'en a exporté que 40 millions environ de kilogrammes, tandis que dans les bonnes années l'exportation avait dépassé 70 millions ! C'est pourtant une légère amélioration sur l'année précédente, qui avait vu l'exportation tomber à 36 millions de kilogrammes. Un autre symptôme a constaté un temps d'arrêt tout au moins dans la crise. La banque locale a pu donner à ses actionnaires, pour le second semestre de l'exercice 1868, un dividende de 4 1/2 pour 100 sur chaque action, taux inconnu depuis quelque temps.

Ramenée, par l'imminence d'une ruine complète à l'étude de de sa constitution économique, non moins que de sa constitution politique et administrative, la colonie de la Réunion sera obligée de reconnaître les vices radicaux de tout son système d'exploitation et d'existence. La culture unique de la canne, jointe à l'abus du guano, a épuisé le sol, qui demande du repos, ou au moins des assolements que peut seule donner la variété des récoltes. Le déboisement toléré des hautes montagnes de l'île a bouleversé le climat et fait de la sécheresse un fléau chronique. L'union sur les mêmes propriétés et dans les mêmes mains de la production agricole et de la fabrication industrielle, se résout en résultats médiocres pour la culture, et médiocres pour l'industrie, tandis que les Antilles se réjouissent d'avoir inauguré dans leurs usines centrales la division du travail, qui allie la grande et très-grande industrie avec la grande, la moyenne et même la petite culture; c'est le fondement à créer d'une hiérarchie sociale qui manque à la Réunion, où se heurtent le prolétariat et l'aristocratie, sans classe moyenne qui les relie. De cette aristocratie même, des éléments très-nombreux et très-importants, ne trouvant sur place aucun emploi de leur activité, aucune issue à leur ambition, viennent en France dépenser leur fortune dans l'oisiveté ou dans diverses carrières, ce qui entraîne tous les funestes effets de l'*absentéisme*. Enfin l'engagement temporaire des travailleurs achève de combler tous ces maux : les *coolies* indiens, après une courte période de service, sont, aux termes de leurs contrats, rapatriés en Asie, où ils rapportent leurs épargnes; ainsi les salaires des travailleurs, qui, dans un état normal, doivent alimenter la circulation intérieure, vivifier l'industrie et le commerce, sont perdus presque en entier pour la colonie. A la fois épuisée dans les matériaux de son sol, dans les fruits de sa production, dans les sommités de ses rangs, comment l'infortunée colonie pourrait-elle ne pas se sentir accablée ?

En regard de ce tableau du mal, nous ne voulons et pouvons pas présenter ici un programme de traitement; il nous suffira d'en faire sentir la nécessité, que ne doivent pas voiler les complications politiques. Le budget serait réduit de moitié encore, que ce serait une économie de 2 à 3 millions seulement, un palliatif de peu d'efficacité. C'est au sol, c'est au climat, c'est au régime économique, c'est à l'organisation du travail agricole et industriel, c'est au système commercial qu'il faut songer, avant tout, au-dessus de tout ! Mais que les publicites qui sacrifient avec dédain les réformes politiques aux réformes sociales ne se hâtent pas de prendre acte de nos aveux ! L'élite des intelligences et des fortunes, dont nous signalons avec regret l'absentéisme, se tient à l'écart, parce que la centralisation politique et l'autocratie administrative ne laissent plus de place dans nos colonies à l'indépendance des caractères et à l'influence des positions. En un pays où le gouvernement est tout, les citoyens se lassent de n'être rien; ceux qui peuvent s'éloigner s'en vont, et ceux qui restent perdent la meilleure partie de leurs forces. Le pays s'appauvrit des revenus des uns, du concours des autres, du patriotisme et du dévouement de tous. Ceci établit entre le progrès politique et le progrès économique une solidarité que nous n'avons garde de méconnaître, tout en recommandant aux habitants de la Réunion, à supposer que ce ne soit pas un conseil bien superflu, de poursuivre, à côté des réformes administratives et électorales, des réformes d'un autre ordre.

22 février 1869.

Nouvelles de la Réunion (*suite*).

Les nouvelles de l'île de la Réunion, apportées par le dernier courrier continuent à constater le maintien d'une tranquillité irréprochable, mais en même temps l'abattement des colons, toujours placés, après trois mois de paix complète, sous le régime de l'état de siége, et à qui le télégraphe n'annonce jusqu'à présent, pour remède à leurs souffrances et pour réponse à leurs plaintes, qu'un renfort de troupes parties de Toulon sur *l'Armide* et *le Var*. La population attend autre chose et mieux : des réformes, pour employer le mot propre, des réformes dans les institutions, des changements dans le personnel administratif ; et, en attendant, elle assiste, avec une curiosité presque insouciante, aux incidents secondaires qui se passent autour d'elle.

Nous avons annoncé que MM. Paul de Villèle et Lefort avaient été traduits devant le conseil de guerre pour outrages envers le gouverneur, à raison de lettres qu'ils avaient écrites, mais auxquelles ils n'avaient, affirmaient-ils, donné aucune publicité, bien que quelques copies en eussent peut-être circulé. Le conseil de guerre a acquitté les prévenus à l'unanimité. L'administration a cependant obtenu plus de succès pour une autre poursuite. Sur trois individus accusés d'avoir, dans un mouvement insurrectionnel, envahi, à l'aide de violences, une maison habitée, il n'y en a eu qu'un d'acquitté ; les deux autres ont été condamnés, l'un à cinq ans de reclusion, le second à un an d'emprisonnement. Outre quelques procès pareils, il reste à juger les auteurs et promoteurs du *Cri d'alarme*, ce journal clandestin dont quelques numéros ont été saisis ; on parle d'une dizaine d'arrestations pour cette seule incrimination.

Pendant que le conseil de guerre accomplissait son mandat, le conseil général délibérait sur les intérêts du pays, avec calme, mais non sans préoccupation de la liberté, plus que jamais absente. Nous avons dit qu'un de ses premiers vœux avait été en faveur de la restitution du droit électoral à la colonie ; et ce vœu eût été appuyé au dehors par une pétition au Sénat, qu'aurait signée la population à peu près tout entière, sans la terreur, bien excusable assurément, qu'inspire l'état de siége, si vague dans ses menaces, si terrible dans ses coups. Avant les événements de décembre, la pétition était en projet, toute préparée même ; on a provisoirement renoncé à la faire circuler, ce qui peut bien induire en erreur le gouvernement de la métropole, s'il prend le silence pour la satisfaction. Qu'il sache bien que le mécontentement est dans les esprits comme le deuil dans les âmes, et le programme des réformes politiques et administratives sur toutes les lèvres qui osent parler.

Les affaires courantes restent donc le seul champ permis à la discussion, et elles ne manquent pas, du reste, d'importance. Le conseil général a inscrit au budget de 1870 une garantie de 589,425 fr. en faveur du Crédit foncier colonial, pour couvrir cette Société des pertes qu'elle a éprouvées dans le recouvrement de quelques-unes de ses créances hypothécaires : l'administration coloniale avait d'abord suggéré des atermoiements et des procès qui ont eu le fâcheux effet de compromettre le crédit moral de la colonie sans la dispenser de ses obligations. L'établissement de la Providence, objet de tant de plaintes, a été supprimé en principe, et proposé pour recevoir l'hôpital civil de la ville de Saint-Denis, non sans de vives critiques, et de la part des conservateurs, qui accusent le conseil de sanctionner par cette concession les attaques violentes du 2 décembre ; et de la part des libéraux, qui auraient voulu maintenir, en la confiant comme autrefois aux officiers d'artillerie, une école d'arts et métiers qui peut être fort utile au pays, si elle se borne à former des élèves, au lieu de faire concurrence aux industries patentées. Dans la même voie de réaction contre un excès d'influences cléricales dont on supportait le joug avec impatience, le conseil général a décidé que les Frères des Ordres religieux ne seraient conservés dans l'enseignement qu'à la condition de se pourvoir d'un diplôme de capacité, et diverses allocations au clergé régulier et séculier ont été largement réduites. La Réunion se croirait dans un état pareil à celui de la France en 1830, au lendemain de la Restauration vaincue et du ministère Polignac renversé, sans l'état de siège, qui lui rappelle que ce n'est pas la liberté qui a triomphé.

Entre les diverses décisions prises par le conseil général, il en est une qui ne peut manquer d'exciter en France une certaine surprise parmi les esprits qui prennent au sérieux, comme une conquête de la civilisation moderne, la liberté de l'indus-

18

trie. Le conseil, — mais n'oublions pas son origine tout officielle, qui en fait une simple commission! — le conseil a voté la création d'un monopole de la fabrication et de la vente du rhum, aux mains et en faveur des fabricants de sucre, au nombre d'une centaine! Et pourquoi cette exorbitante aliénation du droit individuel? Parce que, dit le conseil, ou plutôt le directeur de l'Intérieur, très-sympathique au projet, l'impôt sur le rhum, qui doit fournir au budget colonial la meilleure part de ses recettes (plus de 2 millions de francs), va déclinant d'année en année, miné par la fraude, contre laquelle on est à bout d'expédients : rien n'y fait, ni le fermage, qui répugne à tous ; ni l'exercice chez les fabricants et les détaillants, qui irrite tout le monde, sans atteindre son but : le monopole seul permettra de saisir la matière imposable. Cependant le fermage a parfaitement réussi à la Martinique, et la Guadeloupe s'accommode, quoique avec regret, de l'exercice. Si l'expérience qui a réussi ailleurs échoue à la Réunion, n'accuse-t-elle pas plutôt l'impuissance des procédés administratifs que les difficultés insolubles du problème?

Oui, il y a un problème insoluble, celui que poursuit l'administration de la colonie : faire vendre 2 fr. et plus un litre de rhum qui vaut 40 c. à 50 c., et cela sans susciter de fraude. Un écart aussi énorme est une prime qui défie toute surveillance, parce que les surveillants eux-mêmes doivent être fort tentés d'en prendre leur part; c'est l'histoire de toute contrebande dont l'explication fait aujourd'hui partie des vérités élémentaires de la science économique. Mais est-il bien nécessaire de forcer ainsi le prix du rhum, qui est, sous un climat tropical, le tonique indispensable, plus que le vin chez nous, plus que le *gin* ou l'eau-de-vie dans les régions du Nord? L'administration assure, — et en ceci elle trouve beaucoup d'échos dans le pays, — que la morale et la santé publique exigent que le rhum soit cher, sous peine d'abus et d'excès qui dissoudraient les ateliers de travail en abrutissant les travailleurs. A entendre les sages et les sobres de la colonie, le rhum serait un poison fort utile à dose modérée, c'est-à-dire à prix élevé, mais fatal si la dose est renforcée par l'appât du bon marché.

Déjà quelques voix, probablement aussi clairvoyantes que courageuses, contestent cette doctrine, bien qu'elle ait eu jusqu'à ce jour presque l'autorité d'un axiome; elles soutiennent que l'usage facile et régulier du rhum, comme du vin, rendra plus rare l'abus qui naît d'une privation forcée; et que, du reste, la consommation, devenant plus générale, en rehausserait le prix commercial. Mais c'est là un débat fort complexe, où il sera temps d'intervenir quand le Sénat, dont la sanction est nécessaire, sera saisi du projet de monopole. Nous voulons signaler, dès à présent, un autre aspect de la question qui est soulevé dans la presse locale, bien qu'il ait été entièrement passé sous silence par l'administration et par le conseil général : c'est l'exportation. Une colonie qui produit du rhum bien au delà de ses besoins, et à 50 c. le litre, ne peut-elle en trouver le placement au dehors? Au prix où nous payons en Europe cette liqueur et ses similaires, il semble vraiment que le débouché soit illimité. Nous voulons bien que le rhum de la Réunion ne vaille pas celui de la Jamaïque ni même celui de la Guadeloupe et de la Martinique, dont il s'exporte déjà une certaine quantité; mais le bas prix est en lui-même un mérite fort goûté de la grande majorité des consommateurs, et, de plus, la qualité ne peut-elle être améliorée, là comme ailleurs? Par l'exportation, les prix remonteraient d'eux-mêmes dans la mesure, fort douteuse à nos yeux, que peut réclamer l'intérêt public; une branche nouvelle de revenus serait ouverte aux intérêts privés, et le Trésor trouverait dans des droits de sortie, comme il fait pour le sucre, un supplément aux ressources qu'il demande en vain à l'exercice. Enfin, — et l'on nous permettra de tenir ce point en très-haute estime, — un nouveau monopole, au profit de simples particuliers, ne s'élèverait pas sur les ruines d'une des rares libertés qui restent aux colonies !

Bien d'autres débats occupent et partagent encore les esprits : caractère agricole à donner à l'instruction primaire ; machines et instruments aratoires à introduire ; colonisation des plaines de l'intérieur ; prochaine suppression de la surtaxe de pavillon à l'entrée des navires étrangers dans la colonie, et de la détaxe des sucres à leur entrée en France ; franchise d'importation dans la métropole des produits coloniaux qui n'y ont pas de similaires, etc. Dans la colonie, on aborde volontiers tous ces problèmes avec la vive intelligence qui distingue les créoles, et avec la résolution qu'inspire la pression du malheur ; mais, à chaque pas, on est entravé par les liens de la législation qu'a imposée la métropole. Donnons-en un seul et dernier exemple.

Il est notoire que les perturbations atmosphériques, dont l'île souffre depuis quelques années, sont causées, en partie du moins, par les défrichements et les déboisements abusifs dans les hauteurs. Pour y parer, la colonie demande au ministère de la marine une loi que les pouvoirs locaux n'ont pas le droit de faire, et le département s'y montre on ne peut mieux disposé. Mais, comme des sénatus-consultes ont uni les destinées de la Réunion à celles des Antilles, il faut trouver une législation qui convienne également et à l'île de l'océan Indien, où la sécheresse est le fléau dominant ; et à la Martinique, où des montagnes couvertes de forêts font prédominer l'humidité, et à la Guadeloupe, qui est divisée en deux régions, l'une toujours trop sèche, l'autre habituellement trop humide. La pierre philosophale ne serait pas plus difficile à trouver qu'un tel accord entre des éléments si contradictoires.

Quant à doter chaque colonie, suivant le système anglais, d'une loi calquée sur son climat, propice à son économie rurale et forestière, cela est trop simple, trop morcelé, trop disparate pour notre amour de la codification et de l'unité. En attendant, ce qui reste des forêts de Bourbon achève de tomber sous la hache des défricheurs et des bûcherons, au désespoir des habitants, qui voient, par l'altération du régime des eaux, leur ruine s'accomplir sous leurs yeux, malgré eux, sans qu'ils y puissent rien !

Terminons nos doléances, si souvent renouvelées, par un simple rapprochement. Avec les 3 millions et demi accordés par l'État comme subvention à la ville de Paris, pour les travaux du Trocadéro, la France aurait pu achever le port de Saint-Pierre, dans l'île de la Réunion, que la commune s'épuise à creuser; la France se serait ainsi procuré un port de refuge, de relâche et de ravitaillement qui lui manque dans l'Atlantique méridional et dans l'océan Indien, depuis Dakar, en Sénégambie, jusqu'en Cochinchine, et même jusqu'en Nouvelle-Calédonie et aux îles de la Société. En temps de guerre, une telle lacune pourrait être fatale aux flottes françaises, fatale à la puissance et à la gloire de la patrie : en temps de paix, le commerce de nos ports en tirerait les plus grands avantages. Serons-nous trop osé de dire que, pour le prestige et la force de l'Empire, pour l'honneur du présent et la sécurité de l'avenir, une création de cette importance vaudrait la place du Roi-de-Rome, si splendide qu'en soit le point de vue ? Laquelle des deux entreprises a un intérêt plus véritablement national ?

26 mars 1869.

V

Les colonies d'Orient.

Serait-il possible, dans l'entr'acte qui sépare les élections de la prochaine session parlementaire, d'attirer un moment l'attention publique sur les colons français épars dans les diverses parties du monde, qui n'ont pas eu l'honneur d'être électeurs et n'auront pas davantage celui d'avoir des députés? En leur qualité d'absents, ils ont tort, conformément au proverbe; mais ce serait du moins pour eux une consolation de n'être pas tout à fait oubliés. Pour aujourd'hui, nous ne parlerons que du domaine d'Orient, comme on disait dans l'ancienne France.

Sur l'horizon colonial, le point triste est toujours l'île de la Réunion, quoique cette année la nature lui ait souri un peu plus que l'année précédente. Elle a eu des pluies en abondance et à propos; elle a échappé aux ouragans, dont la saison est à peu près passée; et, grâce à ces heureuses chances, la récolte se présente assez bien. Malgré les ravages de la maladie, encore vivace, on espère faire 40 à 50 millions de kilogrammes de sucre: les trois quarts d'une bonne année. La tristesse vient donc d'ailleurs : du maintien obstiné de l'état de siége. De troubles dans les rues, d'agitation dans les esprits, il n'y en a plus trace depuis les événements de décembre. Le conseil de guerre fonctionne en toute liberté; il a condamné à des peines, graduées depuis la prison jusqu'aux travaux forcés, une dizaine d'individus coupables d'avoir pris part à des désordres, qui n'auraient peut-être pas fait couler le sang des citoyens si le gouvernement local eût agi avec la même patience que la police de Paris, la semaine dernière. Le même conseil de guerre est occupé à juger les rédacteurs et éditeurs du *Cri d'alarme*, ce journal clandestin qui paraît avoir fort ému l'autorité. Les prévenus ont failli obtenir un arrêt d'incompétence, bien que le tribunal d'exception ait été constitué par le pouvoir, car il n'a retenu l'affaire qu'à la majorité de quatre voix contre trois. Le motif d'incompétence ne manquait pas d'une apparence de logique : tous les numéros du *Cri d'alarme* avaient paru bien avant les troubles, bien avant la proclamation de l'état de siége; tombaient-ils sous la juridiction d'un conseil de guerre, né de ces troubles et de cet état de siége? Les détails des débats, nous les ignorons, la presse locale n'osant pas les rapporter. L'arrêté du 14 décembre lui interdit en effet, non seulement toute attaque contre la Constitution coloniale et contre l'autorité, ce qui est de droit commun, mais « toute allusion aux déplorables événements qui ont motivé la mise en état de siége de la ville de Saint-Denis, » et, en outre, « toute polémique personnelle irritante, et, en général, toute discussion qui serait de nature à entretenir l'agitation des esprits. » Comme, en cas d'infraction, les journaux tomberaient eux-mêmes sous la main des conseils de guerre, leur silence n'est que trop excusable; mais il en résulte que la publicité des débats judiciaires, partie essentielle du droit public de la France sous toutes les latitudes, se trouve très-restreinte dans l'une de nos colonies, et dans des circonstances qui la rendraient plus que jamais nécessaire. Nous recommandons cette situation à toute la sollicitude de M. Jules Simon, qui a déjà pris en main la cause des habitants de la Réunion, et que les colons paraissent disposés à reconnaître comme leur député officieux, à défaut des députés légaux qu'ils n'ont plus. Peut-être M. le ministre de la marine n'a-t-il pas remarqué cette atteinte indirecte portée à la publicité des débats : nous la lui signalons

Frappés par tous les malheurs et inquiets de l'avenir, bon nombre de jeunes hommes de la Réunion songent à émigrer, et déjà quelques-uns sont partis pour la Cochinchine française, dont les progrès sont peints par le *Courrier de Saïgon*, sous des couleurs séduisantes que ne démentent pas trop les correspondances particulières. La ville de Saïgon croît et embellit à vue d'œil; une liberté commerciale absolue attire dans son port de nombreux navires, venus des diverses régions de l'Orient avec la certitude d'y écouler leurs cargaisons et de repartir bientôt chargés de riz, à destination, non-seulement des pays asiatiques (Chine, Japon, Singapore), mais de Maurice et de la Réunion, ainsi que des places maritimes de France, d'Angleterre et d'Allemagne. Aussi des usines à décortiquer s'installent-elles sur le bord des rivières de la Cochinchine, précieux aliment d'activité, où l'intelligence et les capitaux de la France s'unissent au travail annamite. Ailleurs les plantations de canne à sucre se multiplient, et d'autres usines se montent. La soie locale promet aussi une heureuse concurrence à celle du Japon : le comité agricole ayant monté un atelier pour le dévidage et la filature des cocons, on a fait venir une maîtresse fileuse du midi de la France, sous les mains de laquelle la soie rude et grosse des ouvrières du pays s'est bientôt transformée en une grège fine, moelleuse et brillante, dont l'Exposition permanente des colonies, installée au palais de l'Industrie, montre déjà de beaux échantillons.

On se sent disposé à croire à la solidité et au développement de ces progrès, en lisant dans le journal local un exposé, d'origine évidemment officielle, des principes qui dirigent l'administration quant au régime des terres et du commerce. Ce sont les vrais principes, ceux qui procurent aux colonies anglo-saxonnes leur prospérité ; et ce n'a pas été pour nous une légère satisfaction que de voir proclamer enfin, dans une colonie française, dans un journal administratif, quelques-unes des règles de l'art de coloniser que depuis vingt ans déjà nous semons sur tant de terrains stériles. Mais il reste une lacune grave qu'une administration douée d'intelligence et de bon vouloir doit combler au plus tôt : la vie municipale fait défaut. Quoiqu'un comité d'agriculture, un comité d'Exposition, une chambre de commerce, une Cour impériale (elle a été récemment transférée de Pondichéry à Saïgon), soient d'utiles rouages, le caractère administratif y domine trop pour qu'ils dispensent de l'intervention libre et directe des habitants dans le gouvernement de leurs propres affaires. Un conseil municipal librement élu ; à ce signe, en toute colonie anglo-saxonne, se reconnaît la vitalité d'un établissement : que la Cochinchine ait l'honneur de donner enfin, sur un point du globe, cet exemple de l'aptitude colonisatrice de l'administration française ! Nulle autre part le terrain ne serait mieux préparé. Ici les indigènes, soumis, laborieux, peu redoutables quoique nombreux, sont initiés déjà au régime municipal, et leurs intérêts se concilient facilement avec ceux d'une civilisation plus avancée, pour lesquels la liberté d'action et de discussion est une condition indispensable de prospérité. Le gouvernement actuel de la Cochinchine doit d'ailleurs avoir l'ambition d'enraciner et de perpétuer les bonnes traditions qu'il fonde ; il ne peut pas ignorer combien les successeurs aiment à changer ce qui a été fait avant eux : la meilleure garantie contre cette mobilité est dans la formation d'un esprit public au sein de la population sédentaire des négociants, des industriels, des colons ; mais où manque la liberté, peut-on espérer dans l'opinion la fermeté des desseins et l'énergie de la volonté ? En pareil cas, l'opinion languit dans la plus tiède inconsistance, et, au moindre souffle de l'autorité ou de l'adversité, elle s'évanouit. Bientôt les institutions progressives du premier jet tombent, délaissées par tout le monde.

Un second courant des émigrants de la Réunion se tourne vers la Nouvelle-Calédonie, dont le climat et le terrain sont des plus propices à la colonisation ; mais on hésite devant le spectre pénitentiaire et disciplinaire qui se dresse sur les rivages de Nouméa. Qu'y faire cependant? On ne peut, par complaisance pour les habitants de la colonie africaine, si digne d'intérêt que soit leur sort, changer le caractère primitif et fondamental de notre colonie océanienne ; et le plus libéral des gouvernements ne pourrait faire que la surveillance de 1,500 à 2,000 ouvriers de la transportation (c'est le nom euphémique des forçats) n'impose quelques règlements particuliers. Une pareille origine n'a pas empêché l'Australie de devenir l'une des plus prospères colonies de l'Angleterre, et si la Guyane continue à se traîner à travers de dures épreuves, c'est plutôt malgré son annexe pénitentiaire qu'à cause d'elle. Mais les colons civils, qui veulent braver la répugnance naturelle qu'inspire ce stigmate, sont-ils du moins assurés de trouver dans l'île lointaine l'accueil et le régime auquel ont droit d'honnêtes et laborieux travailleurs ?

A ce sujet, une fort instructive polémique s'est élevée dans les journaux de la Réunion. Le *Journal officiel* ayant publié une lettre où M. le contre-amiral Guillain, gouverneur de la Nouvelle-Calédonie, fait connaître ses vues au sujet de l'émigration projetée; le *Moniteur* de l'île n'a pas trouvé ses encouragements suffisants : il a vertement critiqué le gouverneur et son régime, auxquels il a opposé, suivant l'usage, les pratiques australiennes, celles notamment qui sont inaugurées depuis quelques années, dans la colonie de Queensland. Heureusement pour la Calédonie et son chef, un des principaux colons de cette île se trouvait au même moment à la Réunion, qu'il a lui-même quittée depuis quelques années, pour s'établir aux environs de Nouméa, et il est intervenu dans le débat. Sa réponse confirme entièrement ce que nous ne cessons de dire à la France. La Nouvelle-Calédonie, — sous la réserve du régime spécial qui dérive de sa destination pénitentiaire, — est l'une de nos colonies administrées avec le plus d'intelligence et même de libéralisme, et, en somme, l'une des mieux préparées pour une destinée prospère. La terre n'y est pas concédée gratuitement, pratique condamnée par l'expérience universelle, et qui n'a été établie à Queensland que faute de trouver des acquéreurs pour d'immenses surfaces; elle se vend au prix fixe et modéré de 25 fr. l'hectare; mais les colons ont la faculté de louer les terres à raison de 1 fr. 50 c. l'hectare, avec faculté de préemption dans le cas où tout ou partie des terrains qu'ils occupent serait mis en vente à l'expiration du bail. Nombre de locataires, bien avant l'expiration de leur bail, ont acheté du gouvernement et réalisé la promesse de vente. L'impôt foncier est fixé à 25 c. par hectare, et n'est perçu que trois ans après l'acquisition du terrain. Point de cote personnelle ou mobilière. Point d'octrois. Point de douanes. Pleine franchise d'importation et d'exportation dans tous les ports, les navires français et étrangers n'étant soumis qu'à de très-modiques droits de pilotage. Les centimes additionnels sont inconnus. Aucun droit de mutation pour décès.

Que peuvent souhaiter de plus, quant au régime de la propriété et de l'impôt, des colons raisonnables? Où trouveraient-ils mieux, même aussi bien, en aucun point du globe?

On fait à M. le gouverneur Guillain un grief de ce passage de sa lettre : « Il m'est absolument impossible de garantir aux immigrants, quelle que soit d'ailleurs leur situation, des moyens d'existence aux frais de la colonie, à leur arrivée à la Nouvelle-Calédonie ; il faut qu'ils sachent bien tous que, sous aucun prétexte, ils n'auront à compter sur les secours de l'administration. » Un tel langage, si rude qu'en soit la franchise, mérite l'éloge et non le blâme. Pour toute ressource, la colonie a un budget de 500,000 fr. : est-ce avec un si modique revenu qu'elle doit promettre aux immigrants nécessiteux de subvenir à leurs besoins ? « Nous avons vu, dit M. E. de Greslan, nombre d'immigrants français qui, dès leur arrivée, se trouvaient à la charge de l'administration, et cela pendant plusieurs mois, avant qu'ils se décidassent à aller dans la campagne ou même à s'employer en ville. Nous savons ce que cela a coûté au budget colonial, et nous comprenons que l'administration prenne les devants pour ne plus voir se répéter ces embarras de toute nature, très-onéreux au budget calédonien, si restreint. » Cette prudence n'empêche pas de venir en aide à l'occasion, par des travaux ou des prêts en nature, aux malheureux tombés dans la détresse ; mais on n'a garde de s'y engager d'avance. Est-ce que les pays les plus libéraux du monde, la Grande-Bretagne et les États-Unis, s'avisent de garantir aux immigrants soit le droit à l'assistance, soit le droit au travail que la Réunion réclame pour ses prolétaires ? Le fait-elle pour son propre compte ? Et, ce qu'elle ne peut faire, comment la Calédonie le pourrait-elle mieux ?

Un progrès soutenu récompense cette honnête manière de conduire les affaires d'un pays. Les tableaux statistiques constatent pour 1868, comme pour les années précédentes, un mouvement ascendant de tous les éléments d'activité : importations et exportations, navigation, passagers et engagés. Il n'y a rien à désirer que la pacification des indigènes et des bulletins moins homériques de la part des commandants d'expédition. Que le combat appelle la mort à son secours, c'est fatal ; mais nous ne pouvons pas oublier, en nous félicitant de nos succès, que nous frappons de nos balles des ennemis nus et sans armes.

Plus éloignés que la Nouvelle-Calédonie, l'île de Tahiti et les archipels qui l'entourent restent enveloppés de mystères qu'il est difficile d'éclaircir, la presse officielle gardant le silence sur ce qui se passe en ces régions lointaines. Ainsi dernièrement il a été question d'un complot qui aurait motivé des rigueurs dont on n'aurait pas tardé à se relâcher : de quel côté étaient les torts ? Ainsi les journaux américains ont fait grand bruit d'un règlement draconien qui serait appliqué à une bande de 1,300 Chinois, employés sur une plantation de coton appartenant à une Compagnie anglaise, et les journaux officiels ont gardé le silence, même quand une évidente erreur a voulu suggérer que ce règlement concernait les travailleurs des Antilles ou de la Réunion. Qu'y a-t-il de vrai dans ces imputations? Nous l'ignorons.

Mais il est un point qui nous semble hors de doute, et qui appelle des explications et une réforme. Dans un discours d'adieu, publié par le *Messager de Tahiti*, M. le comte de la Roncière constate que les rapports commerciaux des îles du Protectorat avec l'Australie sont entravés par une mesure de l'administration métropolitaine. Ce n'est pas moins que la défense d'employer, pour les besoins locaux, la houille provenant des dépôts australiens. Porté en lest par les navires de Sydney, ce combustible ne coûterait, rendu à Papeïti, que 50 à 55 fr. la tonne, tandis que la houille venue de France (et peut-être d'origine anglaise), la seule dont la consommation est autorisée, revient au prix exorbitant de 96 fr. à 115 fr. Le commandant du Protectorat a réclamé auprès du ministère de la marine, et n'a pas reçu de réponse. Le motif d'une telle infraction aux principes de la justice, de l'économie, de la liberté commerciale échappe à toutes nos hypothèses. Quelle que soit l'excuse passagère, une prohibition de ce genre ne peut être maintenue sous aucun prétexte : elle porte une atteinte trop grave à l'intérêt d'un établissement français, et viole au loin les doctrines libérales que l'on célèbre de près.

23 juin 1869.

VI

Conditions de progrès.

Après une seule séance, où deux orateurs seulement ont été entendus, le silence s'est fait au Corps législatif sur les événements de la Réunion, et l'enquête, réclamée par M. Jules Simon, avec une éloquence si précise dans le récit des faits, si modérée dans l'appréciation des hommes, n'a trouvé que 21 voix en sa faveur. L'ordre du jour pur et simple, livre de nouveau le sort des colons de la Réunion à toute l'amertume de leurs déceptions. Il ne leur reste, ainsi qu'à leurs amis, qu'à entretenir une agitation légale sur les principes mêmes de l'organisation des colonies, afin que la faveur de l'opinion publique leur soit acquise et se traduise en une salutaire pression sur le gouvernement lui-même. Il semble impossible, au temps où nous vivons, qu'une métropole se montre injuste, obstinément et de parti pris, envers une colonie, par la seule raison que celle-ci est faible, éloignée; qu'elle plaide mal sa cause ou même se livre au désespoir, de guerre lasse. Une métropole, honnête et loyale comme la France, ne demande qu'à être éclairée ; essayons donc encore une fois de revenir sur cette question de l'organisation politique et administrative des colonies, si mal connue et si mal comprise.

Les colonies n'ont qu'à faire appel à la raison et à la justice pour revendiquer l'intervention directe de leur volonté et de leur contrôle dans le gouvernement de leurs propres affaires. Il s'agit de leurs personnes et de leurs biens, de leurs intérêts et de leurs droits, dont le règlement aboutit à des dépenses et à des recettes dans leurs budgets. Ce sont les colons qui paient et qui souffrent. Et il faudrait déployer toutes les ressources de la logique et de l'éloquence, invoquer en quelque sorte la pitié des métropoles, leur parler comme à des maîtresses capricieuses, pour que les colonies obtiennent la permission d'intervenir dans les discussions et dans le vote de leurs propres intérêts! Par quel oubli de tous les principes de l'équité naturelle un tel régime d'exclusion a-t-il pu prévaloir, et au nom de quelle doctrine avouable peut-il être maintenu? En face d'une telle résistance, on éprouve l'embarras d'avoir à démontrer un axiome.

Tel est cependant le sort fatal de toutes nos colonies. Toutes sont livrées au bon plaisir d'un gouverneur ou d'un commandant qui statue, comme il lui plaît, sur les affaires financières et administratives que le département des colonies ne réclame pas pour lui-même. Et, pour rappeler un exemple que nous avons autrefois dénoncé, on a vu à Cayenne un gouverneur publier à la veille du premier de l'an, de sa propre et seule autorité, le rôle des impositions qui devait être exécutoire dès l'année nouvelle, avec des modifications aggravantes dont les contribuables n'avaient pas même été avisés. C'était le pouvoir légal de ce gouverneur, et il en usait, comme en usent tous ses collègues, avec plus ou moins de condescendance pour leurs administrés, suivant les inspirations de leur bienveillance paternelle. Un tel système n'est-il pas la négation de ce principe de droit public, qui de tout temps a été admis en France comme l'expression même du droit naturel et national : « Tout impôt doit être consenti par les citoyens ? »

Les conseils privés ou conseils d'administration dont nos gouverneurs des colonies sont entourés, les éclairent de leurs lumières ou les couvrent de leur garantie morale; mais, entre ces conseils et une représentation des colons, il n'y a rien de commun. Ces conseils privés se composent exclusivement de fonctionnaires désignés par la loi et de deux ou trois conseillers temporaires choisis par l'Empereur, c'est-à-dire par le gouverneur, parmi les habitants notables. C'est un cercle purement officiel, où ne pénètre pas la volonté du pays.

Il n'en est pas autrement dans nos trois principales colonies à sucre, bien qu'elles soient dotées d'une commission qualifiée de conseil général : la Guadeloupe, la Martinique, la Réunion. Ce conseil, on l'a surabondamment expliqué au Corps législatif, diffère profondément de l'institution qui, en France, porte ce nom; car il est, pour moitié, nommé par l'Empereur, sur la proposition du gouverneur, et pour l'autre moitié, qui semble élective, l'élection est réservée aux conseillers municipaux, lesquels sont eux-mêmes nommés par l'Empereur. Le gouvernement est donc, directement ou indirectement, le seul électeur, le Grand Électeur, comme dans la Constitution de Sieyès.

Il y aurait assurément de l'injustice à nier que dans ces conseils on trouve d'ordinaire réunies la compétence, l'honorabilité et même une assez large dose d'indépendance. Les gouverneurs ne sont pas, grâce à Dieu, des princes de Machiavel choisissant au plus mal leurs conseillers pour le plaisir de mal faire; l'opinion publique, la notoriété locale leur imposent d'ailleurs certaines nominations, et, s'ils manquent à ce devoir, il reste la ressource de l'élection par les conseils municipaux, qui, tout imparfaite qu'elle soit, ne manque pas d'une certaine liberté : on en a vu récemment l'exemple à la Guadeloupe. Néanmoins un conseil ainsi constitué est nécessairement amené à témoigner des égards, de la déférence, de la docilité parfois, envers le pouvoir dont il émane ; et telle est l'infirmité de la nature humaine qu'il en sera toujours ainsi, partout où le fonctionnaire à contrôler choisira lui-même son contrôleur. A moins d'être un Caton, et encore ! on préfère pour ce rôle déplaisant un ami à un adversaire, et l'élu, s'il n'est pas un Brutus, pourrait-il manquer de gratitude et d'indulgence envers le patron auquel il doit son élévation?

C'est ainsi que, par une pente fatale, les administrations coloniales sont toujours entraînées à aggraver les dépenses et à accroître leur intervention. Voulant s'illustrer, léguer à la postérité des monuments de leur passage, comment le pourraient-elles avec des budgets modérés, avec un contrôle quelque peu âpre ? Il y a dans nos lois de finances une règle qui les pousse dans cette voie funeste : celle qui déclare que les colonies, s'il y a excédant de leurs revenus, doivent le verser au Trésor de la métropole. Toute colonie, — à moins d'être étreinte par des traités diplomatiques, comme l'Inde française, ou très-ambitieuse des faveurs de la métropole, comme la Cochinchine, — s'arrange pour n'avoir pas d'excédant; elle développe ses travaux publics, elle élargit les cadres et les traitements de son personnel. En un mot, elle veut garder par-devers elle tout le profit de sa prospérité passagère, et les gouverneurs l'y encouragent. Vienne un retour de fortune, et les illusions tombent; mais la charge reste; l'élan est donné : on ne peut s'arrêter court, ni reculer. On ressent alors la fatale conséquence de la toute-puissance administrative que l'on a complaisamment servie, au lieu de lui opposer le rude et ferme contre-poids d'une critique sévère.

Alors aussi éclatent, au sein des populations, ces vives revendications du droit électoral et du droit représentatif qui ne sont que les cris mêmes du droit et de la justice, et aussi les leçons de l'histoire. L'histoire, en effet, il faut bien que le gouvernement souffre qu'on le lui rappelle, est tout entière du côté des colons.

Dans l'ancien régime, les colonies jouissaient du droit commun de la France. Aux côtés du gouverneur, représentant politique et militaire de la royauté, siégeait un intendant, organe des intérêts civils, et un conseil souverain, sorte de Parlement local, composé de notables habitants, qui l'un et l'autre faisaient contre-poids à l'autorité du gouverneur, et souvent même engageaient contre lui des luttes courageuses. L'élection populaire manquait sans doute à l'origine de ces pouvoirs civils ; mais les colonies étaient, à cet égard, au même niveau que la mère patrie.

Lorsque éclata la Révolution de 1789, les principales colonies, de leur propre mouvement, envoyèrent des députés à l'Assemblée constituante, qui les agréa; la Législative et la Convention suivirent cet exemple. Avec le Consulat et l'Empire, avec la Restauration, on vit prévaloir des idées moins favorables à la liberté. Cependant la Restauration institua des conseils généraux, nommés par le roi, sur la présentation des conseils municipaux. Mais dès que le gouvernement de Juillet put s'occuper des colonies, il leur octroya un régime beaucoup plus libéral, caractérisé par des conseils coloniaux, élus par les citoyens d'après la base d'un cens ou d'un loyer, à peu près comme dans la métropole. Pendant quinze ans les colonies jouirent ainsi d'une espèce d'autonomie législative et financière, dont le souvenir leur est resté précieux.

La République de 1848 revint, vis-à-vis des colonies, à la grande tradition nationale, consacrée en 1789; elle les admit à la représentation politique ; et lorsque M. le ministre de la marine se récriait, avec l'assentiment de la majorité, contre l'admission de députés des colonies au sein du Corps législatif, beaucoup d'assistants auraient pu lui rappeler que cette prétendue impossibilité avait été acceptée, comme la réforme la plus simple du monde, pendant les quatre années de la période républicaine, sans que l'unité de la nation et la dignité de l'État en subissent aucune atteinte. En retour de l'assimilation politique, le conseil colonial avait dû faire place à un simple conseil général, doté seulement d'attributions analogues à celles des conseils de France, et élu d'après les mêmes règles. Ainsi constituée, l'institution fonctionna tout aussi régulièrement qu'en France.

De ce rang élevé conquis dans la représentation politique et l'administration locale, les colonies sont déchues depuis 1852. Tandis que la Constitution du 14 janvier 1852, votée par les comices du peuple, n'introduisait aucun changement à cet état de choses, le décret organique du 2 février suivant décidait, dans son article 1er, « que l'Algérie et les colonies ne nommeraient pas de députés au Corps législatif. » Qu'avaient-elles fait pour être ainsi exclues de la grande famille française? On l'ignore. Deux ans après, un sénatus-consulte du 3 mai 1854, confirmé par celui de 1866, enlevait aux colons tout droit électoral, aussi bien pour les conseils municipaux que pour les conseils généraux, et les colonies tombaient sous une tutelle absolue dont elles étaient délivrées depuis la Restauration; en même temps elles voyaient le suffrage universel régner dans la métropole !

Comment ne seraient-elles pas toutes amèrement blessées dans leur amour-propre et déçues dans leurs espérances ? Et celles d'entre elles, qui fléchissent en même temps sous le coup des calamités naturelles, ne sont-elles pas excusables de se plaindre hautement de la métropole qui conserve tous les droits dans ses mains, et se charge ainsi d'une responsabilité pleine et entière ?

Toutes réclament trois réformes qui ne sont que des revendications de droits dont elles ont joui : l'élection des conseillers municipaux, l'élection des conseillers généraux, la représentation politique au Corps législatif. Ces trois demandes sont-elles vraiment exorbitantes ? Manquent-elles de justice naturelle ou de convenance légale ?

Élire les conseillers municipaux, les gérants de la fortune collective, n'est-ce pas, pour tout groupe de citoyens, la base première de la vie commune ? N'est-ce pas la pratique non-seulement de tous les pays civilisés, probablement sans aucune exception, mais encore la pratique même des peuplades sauvages et barbares ? En Kabylie, les indigènes élisent leurs *djemâas*; et des colons français, initiés à tous les devoirs et à toutes les habitudes des sociétés policées, ne pourraient, sans péril pour l'ordre social, être investis de pareille faculté !

Le même raisonnement, fondé sur les mêmes principes et la même expérience, s'applique aux conseils généraux. Eux aussi gèrent les affaires des citoyens et non celles de la métropole : n'est-il pas de toute équité qu'ils tiennent leurs pouvoirs de ceux dont ils sont censés les mandataires et les représentants? Les colons sont-ils donc des mineurs, des indignes et des incapables, qu'ils soient ainsi pourvus d'un conseil qui ressemble plus à un conseil judiciaire qu'à un conseil général ?

Mais le suffrage universel, s'écrie-t-on, n'est pas possible dans les colonies ! Cependant, lors des élections multiples faites de 1848 à 1852, il s'est montré aussi éclairé et aussi discipliné dans les colonies qu'en France, et l'éducation ainsi que la liberté ont bien dû, depuis quinze ans, amener quelques progrès. Toutefois, s'il est vrai que le suffrage absolument universel paraisse impraticable, mesurez la loi aux mœurs, à l'état social, à la disposition des esprits de chaque colonie. A la Réunion, l'opinion publique l'accepte plus volontiers qu'aux Antilles. Tenez compte de cette différence ; adaptez la loi électorale aux besoins locaux, mais faites acte quelconque de justice; ne refusez pas absolument tout, sous le prétexte que vous ne pouvez tout accorder, d'autant qu'avec un pareil scrupule il est douteux que le suffrage universel eût été introduit en France en 1848 et confirmé en 1851 et 1852.

L'histoire récente de l'Algérie montre comment peuvent se résoudre des difficultés de ce genre. Sans proclamer ni dénier en principe le suffrage universel pour l'élection des conseils municipaux, le décret du 27 décembre 1866 a subordonné le droit électoral à un petit nombre de conditions, toutes rationnelles et modérées, qui ne laissent en dehors aucun individu véritablement digne de figurer sur les listes civiques. Grâce à cette habile combinaison, il y a eu apaisement immédiat des plaintes qui se renouvelaient avec vivacité depuis quinze années. On procédera sans doute de même pour les conseils généraux, et l'apaisement sera immédiat comme la satisfaction.

Reste l'élection de députés au Corps législatif, qui paraît à beaucoup d'esprits une prétention bien audacieuse. Elle le serait en effet, et manquerait de logique, si les colonies françaises étaient en possession d'une autonomie législative, administrative et financière qui leur laissât le gouvernement de leurs propres destinées. C'était un peu ainsi du temps des conseils coloniaux, quoique l'émancipation des esclaves, élaborée et prononcée sans eux et contre eux, constate bien qu'une métropole ne se dessaisit jamais de sa souveraine autorité dans les questions capitales. Mais, sous le régime des simples conseils généraux, dont le rôle est limité par leur nom même et leur nature, les colonies ont le plus grand intérêt à être représentées au Parlement, parce que là se discutent toutes les lois générales, et quelquefois même des lois locales d'où dépend leur prospérité ou leur ruine. Quand on repousse leurs réclamations, sous le prétexte qu'elles restent étrangères au budget, — ce qui n'est pas exact, car les seuls sucres coloniaux y figurent pour 30 à 40 millions de francs, et d'autres versements pour de moindres sommes, — on oublie que presque toutes les lois civiles et administratives, commerciales et criminelles, économiques et financières de la France, sont applicables aux colonies, moyennant une simple promulgation par décret, ce qui amène ce résultat, qu'elles sont toutes régies par des lois qu'elles n'ont pas été admises à discuter et à voter.

Les délégués des conseils généraux ne sauraient remplacer les députés; ils ont eux-mêmes trop d'esprit pour le méconnaître. D'abord ils ne sont au comité consultatif des colonies que trois qui proviennent d'une nomination coloniale, et ils sont entourés de quatre collègues nommés par le ministre seul, qui dispose de la majorité des voix par cette simple combinaison. Puis, les délégués ne se réunissent que quand il plaît au ministre et pour les affaires qu'il lui plaît de leur soumettre; ils n'ont que voix consultative; leurs délibérations ne reçoivent aucune publicité. Un tel rouage n'est pas sans valeur pour les affaires de second et de trosième ordre ; mais il n'en a aucune dans les questions d'une portée générale où la politique du gouvernement et la conduite de l'administration peuvent se trouver mises en cause.

En cette matière, il est d'usage d'établir des comparaisons avec les colonies anglaises ; de rechercher des analogies ou des contrastes qui n'ont, ni les unes ni les autres, toute l'autorité qu'on leur attribue, parce qu'il y a entre les colonies les mêmes différences qu'entre les métropoles.

Le génie britannique incline à la décentralisation en tout, et surtout en fait de colonies. La plupart de ses fondations coloniales sont créées et grandissent en ayant pour objectif, au début, une autonomie aussi large que possible, et l'indépendance finale pour couronnement. L'Angleterre elle-même accepte sans trop de répugnance ce dénoûment, ou du moins elle ne le repousse pas. De là ces combinaisons, très-variées dans le détail, mais au fond identiques, qui investissent les colons d'une large dose de *self-government*, et qui peuvent aller jusqu'à la possession de deux Chambres et d'un ministère responsable, comme dans la mère patrie.

Du côté de la France, rien de pareil : son type d'organisation coloniale repose sur l'union politique, sur l'assimilation, sur la centralisation. Nous tenons beaucoup à avoir nos colonies sous la main, à notre disposition et à notre service; nous les faisons à notre image et les destinons à notre usage. Et, de leur côté, aucune de nos colonies ne rêve l'indépendance; elles sont toutes trop petites, trop faibles, et ajoutons aussi, pour être juste, trop imprégnées du patriotisme français pour aspirer à une séparation. Toute leur ambition se borne à l'assimilation politique, qu'elles voudraient concilier avec l'autonomie administrative, suivant un modèle de Constitution qui est adopté, à l'exclusion de la France, par l'Europe tout entière, où l'on voit une large part d'indépendance provinciale se concilier sans peine avec l'unité nationale.

D'après cette comparaison de deux traditions et de deux destinées si différentes, on comprend pourquoi l'Angleterre n'accorde pas à ses sujets coloniaux (qui sont d'ailleurs 200 millions contre 30 millions de nationaux) le droit de représentation au Parlement anglais, sans qu'il en résulte aucune fin de non-recevoir contre la revendication des colons français. Les colonies anglaises ont l'équivalent et même davantage; les nôtres n'ont rien du tout.

Quant à l'île Maurice, que M. l'amiral ministre de la marine a citée comme étant dotée du même régime que la Réunion, il faut reconnaître que c'est une des colonies les plus sévèrement traitées, parce que l'esprit français, toujours très-vivace, n'y offre pas à la domination anglaise les mêmes garanties qu'ailleurs; et encore est-il vrai de dire que la municipalité de la ville de Port-Louis est élective, et que l'entière liberté de la presse, d'association, de réunion, y constitue, comme dans toutes les colonies anglaises, une force inconnue aux nôtres.

On a vu il y a deux ans, lors des troubles de la Jamaïque, jusqu'où peut aller cette puissance de lutte légale contre l'autorité. On sait combien de procès le gouverneur de cette colonie a été obligé de soutenir. Que les habitants de la Réunion, que de simples citoyens s'avisent de poursuivre un fonctionnaire, et l'on verra bien si la Constitution des colonies française est la même que celle des colonies anglaises !

Nous mettons fin à ces considérations, qu'il serait aisé de développer. Nous concluons que les colonies sont fondées dans tous leurs vœux : élections municipales, élections des conseillers généraux, représentation politique. Et si la métropole veut s'interroger sincèrement, la main sur la conscience, l'œil sur la vérité, elle ne découvrira d'autre motif à sa longue résistance que l'ennui qu'éprouve toujours un pouvoir absolu à diminuer une autorité qu'il aime à se figurer paternelle et éclairée, si bien qu'il finit par s'imaginer de bonne foi qu'elle vaut pour les administrés beaucoup mieux que la liberté.

1869.

VII

Représentation politique.

Les colonies ont eu, pendant deux séances du Corps législatif, l'honneur d'un débat qui leur profitera, nous l'espérons, dans quelque mesure. Pour leur régime politique, les vrais principes ont été établis par M. Jules Simon ; pour leur régime commercial, par M. le ministre d'État ; et, de son côté, M. le ministre de la marine a promis l'élection prochaine des conseils municipaux et généraux. M. Pouyer-Quertier seul, uniquement préoccupé des tissus français, a méconnu les droits des colons ; mais la Chambre s'est gardée de le suivre dans cette voie étroite. Ce que les colonies ont conquis de liberté commerciale a donc été maintenu, et elles ont gagné l'espérance de quelque progrès en fait de libertés politiques et administratives. A ce double point de vue la journée a été bonne pour elles, quoique le succès soit resté bien inférieur à leurs désirs et, ce qui a plus d'autorité, à leurs vrais intérêts et aux intérêts de la métropole elle-même.

C'était en effet leur véritable intérêt et celui de la France que soutenait M. Jules Simon, en demandant, en son nom et au nom de ses amis de la gauche, que les colonies fussent désormais représentées au Corps législatif. Pour la seconde fois, M. Jules Simon prend ce rôle d'avocat d'office des colonies, et nous l'en félicitons vivement, tout en souhaitant que quelque député de la majorité suive, pour les colonies, l'exemple si honorable qu'a donné M. le comte Le Hon pour l'Algérie. De telles causes sont des causes nationales, supérieures aux questions de parti, dignes de l'appui des amis les plus dévoués du gouvernement.

Pour en revenir au discours de M. Jules Simon, la critique qu'il a faite de l'organisation administrative de nos colonies est de toute vérité : c'est la constitution du pouvoir absolu et sans contrôle du gouvernement, soit local, soit métropolitain ; c'est la négation de toute liberté réelle des colons. Point de députés ; point de conseillers généraux ou municipaux élus par les citoyens, et un simulacre de délégation auprès du ministère de la marine ; en trois mots, voilà la situation, et elle est aggravée par la dépendance absolue de la presse locale. Est-ce là une situation compatible avec nos lois, avec nos mœurs, avec l'esprit public de notre pays et de notre temps ? N'est-ce pas un retour de deux siècles en arrière ? Et encore, sous le rapport de l'autonomie administrative, l'ancien régime des colonies était en avant du régime actuel; leur conseil souverain, du temps de Louis XIV et de Louis XV, était bien autrement puissant que leur conseil général actuel, et les gouverneurs eux-mêmes avaient à compter avec un intendant, chargé des intérêts civils de ses administrés. De toutes ces garanties, qui avaient survécu, d'une façon sérieuse, sous la forme d'un conseil colonial, entre 1840 et 1848, il ne reste plus que l'ombre, des noms sans réalité !

La situation est même, à quelques égards, pire que ne l'a dépeinte M. Jules Simon. Le conseil supérieur de l'Algérie et des colonies a disparu avec le ministère spécial, ce qui a supprimé tout centre de haute et libre discussion pour nos affaires coloniales. Quant au comité consultatif des colonies, dont quatre membres, sur sept, sont nommés par l'Empereur, il n'est consulté que lorsque cela plaît au ministre, qui est parfaitement libre de ne tenir aucun compte de ses vœux. En un tel état, le comité ne peut, à aucun titre, passer pour une représentation politique ou administrative des colonies, alors même que les trois délégués de la Guadeloupe, de la Martinique et de la Réunion seraient, suivant la promesse de M. l'amiral Rigault de Genouilly, nommés par un conseil général électif. Malgré cette amélioration, le comité restera simplement consultatif, comme le porte son nom, et les envoyés des colonies continueront d'y être en minorité : avec de tels caractères, s'il représente quelqu'un, c'est le gouvernement.

Cependant les colonies ont, avec la métropole, des rapports qui réclament des organes ayant crédit et autorité. Elles ont des intérêts et des droits à défendre, des abus à dénoncer, des réformes à provoquer. Elles sont en concurrence avec les ports de mer, avec les raffineurs, avec l'industrie du sucre de betterave. Elles sont, vis-à-vis de la France, dans une dépendance qu'elles acceptent de plein gré, avec tous les sentiments d'un patriotisme dévoué, mais dont elles ne veulent pas cependant, et avec raison, laisser aggraver le fardeau sans mesure. Leur régime commercial et administratif étant établi tantôt par des lois, tantôt par des décrets ou des sénatus-consultes, n'est-il pas de toute justice qu'elles puissent intervenir dans les discussions qui préparent leur fortune ou leur ruine, leur servitude ou leur liberté ? Les prendrait-on pour des pays de conquête, qui ne doivent que se taire et obéir ? Ce serait oublier leur origine : nos principales colonies ont été fondées par des enfants de la France, avec l'appui et les encouragements de tous les gouvernements. Les colons ne peuvent donc être accusés d'émettre des prétentions excessives quand ils réclament les droits de citoyens d'un pays libre : or le premier, le plus important de ces droits, est celui de la représentation politique.

A ces principes, M. le ministre de la marine a opposé une objection plus spécieuse que solide. Il n'y aurait pas, a-t-il dit, parité de situation entre les députés de la métropole et ceux des colonies, en ce que les électeurs coloniaux, à la différence de ceux du continent, sont exempts du service militaire, affranchis de toute contribution au budget, et placés, pour le travail, dans des conditions exceptionnelles. L'inégalité des charges et des situations ne permet pas l'égalité des droits.

Il n'y a pas une de ces considérations qui ne cède à un examen impartial. A commencer par la dernière, il saute aux yeux qu'elle est empruntée, comme une tradition de bureau, à l'époque déjà lointaine où régnait l'esclavage : alors, en effet, l'organisation du travail colonial était toute exceptionnelle ; mais, depuis l'émancipation, cette organisation est rentrée dans le droit commun. Les travailleurs des colonies sont libres. Suivant les convenances respectives, leurs services sont loués au jour, au mois ou à l'année, et les conventions, même avec les engagés asiatiques, rentrent dans les principes du contrat de louage : libre débat sur les prix, la durée, les conditions.

Quant aux charges militaires et financières, il n'est pas moins inexact de dire que les colonies en sont affranchies ; si elles jouissaient d'un tel privilége, avec quel empressement tous les émigrants du vieux monde y accourraient ! Il faut dire simplement qu'elles acquittent ces charges à leur manière, suivant les règlements que la métropole a jugés les plus profitables ou les plus commodes. Le service temporaire de l'armée y est remplacé par la milice permanente, et l'impôt foncier par un droit à la sortie, sur les sucres. Quant aux autres impôts directs et indirects, les colonies en possèdent un assortiment au moins aussi complet que la métropole.

Qu'importe que la plus grande partie des revenus publics soit consacrée aux besoins locaux ? Le territoire colonial est un territoire français, et toute dépense qui s'y applique a par cela même un caractère national. — Mais la métropole même ne dédaigne pas de prélever sa part sur la production des colonies ! Au budget de 1870, les sucres coloniaux, sans parler des articles secondaires, figurent pour 31 millions de recettes douanières, qui allégent bien d'autant les charges dont on parle sans cesse, si même elles ne les dépassent. Que le consommateur en rembourse une partie, la moitié si l'on veut, l'autre moitié retombe bien sur le producteur, ainsi qu'on le démontre, en toute occasion, à propos de l'octroi. Le colon est donc contribuable à sa manière, même au budget de la France.

Cette perception n'est pas le seul lien financier des colonies avec la métropole : il est de principe que l'excédant disponible du revenu colonial doit être versé au Trésor public, au Trésor de la France, et cette règle, qui a reçu dans le passé de fréquentes applications, trouve encore son emploi en 1870 pour l'Inde et la Cochinchine. Que les Antilles, que la Réunion retrouvent leur antique prospérité, et elles subiront la loi de solidarité.

On voit comment les objections de M. le ministre de la marine, serrées de près, s'évanouissent ! En toute vérité, les colons supportent, sous des noms différents, l'équivalent au moins des charges imposées aux électeurs français.

Y eût-il quelque différence, elle ne justifierait pas l'exclusion de leurs députés du Corps législatif, car cette Assemblée n'a pas seulement à voter les lois du contingent militaire et du budget. Elle fait en outre un grand nombre de lois civiles, judiciaires, économiques, politiques même, qui sont ensuite, par voie de décrets, promulguées dans les colonies, et que les colonies auraient dès lors intérêt à discuter. La loi sur la contrainte par corps, pour ne citer qu'un exemple qui a été mentionné dans le débat, M. Jules Simon en a demandé la promulgation aux colonies, ce que M. le ministre a promis, sauf quelques modifications de détail ; cependant aucun député colonial n'aura été admis à l'apprécier et à la voter ! Et il en est de même pour toutes les autres lois qui remplissent les Bulletins administratifs de nos possessions ; un beau jour ces lois tombent des nues, sans que le pays puisse à temps conjurer ou amortir leur chute.

La raison et la justice ne permettent pas, on doit le reconnaître, de conserver indéfiniment ce despotisme métropolitain, et l'histoire ne le justifie pas autant que l'a soutenu M. le ministre d'État, se plaçant à un autre point de vue que son collègue de la marine.

A en croire M. Rouher, « aucun pays en Europe ne fait représenter ses colonies par des députés nommés dans les colonies mêmes : ainsi l'Angleterre, l'Espagne, la Hollande... » Il a dû arrêter là son énumération, car le Portugal lui eût opposé sa Constitution, qui admet les députés des colonies. Pour l'Espagne, c'est un des progrès libéraux de sa Constitution réformée. Quant à l'Angleterre et à la Hollande, elles n'admettent pas des députés d'origine coloniale par des raisons que la France ne saurait invoquer.

Pour l'Angleterre, la grande raison, c'est qu'elle reconnaît à ses colonies le pouvoir politique de faire leurs propres lois et de s'administrer, sous la simple sanction de la Couronne. Et ce pouvoir légal trouve une inviolable garantie dans la responsabilité des fonctionnaires, d'une part, dans la liberté de presse et de réunion, de l'autre. Et au-dessus des droits écrits planent les mœurs.

« Que les émigrants anglais emportent avec eux leur liberté,
« s'écriait un jour éloquemment M. Gladstone, tout comme ils
« emportent leurs instruments aratoires ou tout autre objet
« qui leur est nécessaire pour s'établir dans leurs nouvelles
« demeures, et qu'ils la transmettent à leurs enfants ! Voilà le
« véritable secret, voilà le véritable moyen de triompher des
« difficultés de la colonisation ! »

Au lieu de la liberté, c'est la discipline et la tutelle que les émigrants français emportent dans leurs établissements, où ils se trouvent désarmés en face du pouvoir absolu des gouverneurs civils ou militaires.

Quant à la Hollande, elle ne saurait admettre des députés coloniaux, parce que ses colons sont, en énorme majorité, non des concitoyens, mais des sujets étrangers, qu'aucune affinité de civilisation ne lie à la métropole. Dans les possessions de l'archipel malais, il n'y a guère que quelques centaines de Hollandais gouvernant plus de 18 millions d'indigènes. La même considération s'applique aussi à l'Angleterre pour l'Inde, où quelques milliers de nationaux dominent 160 millions d'Asiatiques. La question de nombre paraît, en effet, un obstacle absolu, si l'on considère que l'Angleterre et la Hollande ont chacune six fois plus de colons qu'elles ne comptent de citoyens. Quand même la proportion des députés coloniaux serait très-faible relativement à la population, elle contre-balancerait, absorberait peut-être la partie européenne des Parlements. L'Espagne, la France, le Portugal, n'ayant pas le même embarras de richesses extérieures, peuvent sans péril accorder davantage.

On doit s'étonner que M. le ministre d'État, en quête de précédents, ait omis ceux que fournit notre propre histoire. Depuis 1789 jusqu'à l'époque du Consulat, nos colonies envoyèrent des députés aux Assemblées politiques, et, en ceci, la seconde république imita l'exemple de la première. L'une et l'autre n'eurent qu'à s'en louer : la métropole fut éclairée, les colonies furent défendues par des voix compétentes. Quelle raison solide s'oppose à un nouveau retour vers une institution consacrée par l'expérience ?

L'espèce d'autonomie que M. le ministre d'État fait entrevoir aux colonies françaises, et qui serait calquée sur le modèle de la Jamaïque, ne saurait leur suffire, quoi qu'en pensent certains publicistes sympathiques à la cause coloniale, parce qu'une telle réforme n'aurait pas la plénitude et la sincérité du système anglais. On aurait peut-être le mécanisme extérieur, non la vie intime, le ressort moteur. Les lois continueraient d'émaner de l'Empereur, du Sénat, du Corps législatif, en vertu de notre Constitution politique, de notre tradition administrative, de notre tempérament national; et le peu de libertés locales qui seraient accordées resterait livré au bon plaisir des gouverneurs. Dans l'état de nos lois et de nos mœurs, il n'y a quelque garantie à attendre que d'une représentation politique qui plane au-dessus des gouverneurs, au sein des grands pouvoirs de l'État.

Nous ne dirons rien de la seconde partie du débat parlementaire, celle qui a traité de l'octroi de mer. Sur ce terrain, M. Rouher a fait justice entière des prétentions protectionnistes de M. Pouyer-Quertier. Les colonies peuvent jouir en paix d'une liberté commerciale désormais reconnue par la loi et défendue par le gouvernement.

1869.

VIII

Projet de sénatus-consulte.

Aux colonies comme en France le vent souffle aux élections. Le gouvernement vient de distribuer au Conseil d'État un projet de sénatus-consulte relatif aux élections des conseils municipaux et généraux, dans les colonies de la Martinique, de la Guadeloupe et de la Réunion. Depuis longtemps réclamé par l'élite des habitants de ces pays, ce projet substitue le principe électif à la nomination directe ou indirecte par le pouvoir, qui avait été introduite par le sénatus-consulte organique du 3 mai 1854. Nous avons eu souvent l'occasion d'expliquer que, d'après ce dernier acte, les conseillers municipaux étaient tous nommés par les gouverneurs, et les conseillers généraux, moitié par les gouverneurs, moitié par les conseillers municipaux. Plus ou moins directement, ces représentants nominaux des populations étaient donc, avant tout, les élus et les représentants de l'autorité métropolitaine. Entre l'apparence et la réalité, se trouvait un désaccord qui viciait les institutions. Aussi est-il arrivé que trop souvent le contrôle indépendant a manqué vis-à-vis des gouverneurs, et la fortune publique a souffert de votes trop complaisants. La gestion des intérêts généraux eût-elle toujours été exempte de faute et d'entraînement, le sentiment du droit était blessé de cette tutelle qui s'imposait à des populations fières et intelligentes ; la dignité des caractères, exclus de toute libre participation aux affaires publiques, se lassait d'une vie obscure et sans influence : nulle cause n'a, plus que cet effacement des grandes situations personnelles, favorisé l'absentéisme, cette plaie des colonies. Quand on est riche et maître de sa destinée, pourquoi resterait-on dans une petite île où l'on ne peut mettre au service de son pays une position honorée que sous le bon plaisir d'un gouverneur ?

Mais aux colonies, comme dans la métropole, le pouvoir personnel paraît enfin disposé à faire à l'opinion publique de nécessaires concessions, dont la première et la plus importante est un système électoral pour les conseils municipaux et généraux.

Quelle est la concession et quel est le système ?

D'après le projet de sénatus-consulte l'électorat différerait profondément dans les colonies, de ce qu'il est en France. Au lieu du suffrage universel, ce serait un suffrage restreint qui ne serait plus, comme sous le gouvernement de Juillet, déterminé par un signe particulier et facile à établir, tel que le paiement d'un certain taux d'impositions. Le cens serait remplacé par des garanties tirées de la capacité, en prenant ce mot dans une acception plus large qu'autrefois : garanties de propriété et de moralité autant que d'instruction. Le contraste des principes est frappant. En France, le droit électoral fait partie du droit commun, et il est reconnu ou conféré à tout Français ayant vingt et un ans et six mois de résidence ; aux colonies, il serait réservé à certaines catégories de citoyens.

D'après ce projet, les garanties dérivant de la propriété sont au nombre de quatre : la propriété d'une exploitation rurale de 2 hectares au moins, en pleine culture ; le fermage d'une superficie cultivée de 3 hectares; la propriété d'une maison donnant un revenu de 300 fr. à 600 fr., suivant les localités; l'occupation d'une maison d'une valeur locative de 400 fr. à 800 fr., suivant les localités. — Les garanties de moralité se rapportent au membres de la Légion d'honneur et aux porteurs de médailles honorifiques conférées à quelque titre que ce soit, à l'exception des militaires en activité de service. — Quant aux garanties de compétence intellectuelle, les capacités proprement dites, elles seraient très-largement comprises, car le projet de sénatus-consulte énumère toutes les catégories des services publics, d'offices ministériels, de professions libérales; il y joint même des professions d'un caractère tout privé, les notables commerçants, les électeurs des chambres de commerce, les capitaines au long cours et les maîtres caboteurs, les gérants, régisseurs, économes, chefs et contre-maîtres des exploitations agricoles ou industrielles.

Si le cens électoral était encore le régime de la France, il n'y aurait guère qu'à applaudir au sénatus-consulte projeté, qui constituerait un progrès vers la liberté et l'égalité démocratiques. A peine aurait-on à réformer quelques détails prêtant à beaucoup d'élasticité dans l'interprétation. Des terres sont-elles ou ne sont-elles pas en pleine culture? Les maisons rapportent-elles exactement 300 fr. ou 600 fr. de loyer, etc.? Questions sujettes à litige, que le chiffre de l'impôt trancherait clairement. Il y aurait encore à faire remarquer l'instabilité de la liste de notables commerçants, qui est dressée par les gouverneurs dans les colonies, à leur gré, comme par les préfets en France, et celle des principaux employés de fermes et d'usines qui dépendent entièrement des propriétaires de ces établissements; enfin les causes d'indignité semblent bien nombreuses. Ce sont là des imperfections secondaires qu'il ne serait pas difficile de corriger; et, moyennant ces modifications, le gouvernement serait fondé à soutenir que tous les citoyens d'une colonie, donnant quelques gages de compétence électorale et d'attachement à l'ordre, sont admis à l'exercice du suffrage. Beaucoup d'États, en Europe, même parmi ceux qui sont justement renommés pour le libéralisme de leurs institutions, restent en deçà de ces limites.

Mais, pour des provinces extérieures de l'Empire français, telles que nos trois colonies à sucre, cette concession est-elle un progrès suffisant ? Nous en doutons. Lorsque le suffrage universel est notre loi de ce côté de l'Océan, le suffrage restreint peut-il être la loi au delà ? On ne saurait imaginer aucune raison tirée des principes : les colons non-électeurs, d'après le projet du sénatus-consulte, sont tout aussi bien citoyens que les électeurs ; ils jouissent de leurs droits civils et politiques, tant qu'ils n'ont pas été déclarés indignes par un jugement : quel motif alléguer pour les exclure par voie administrative ? Une séparation est rationnelle dans les pays où le suffrage est une fonction mesurée sur la compétence ; mais il n'en est plus de même dans un pays tel que la France, où le suffrage est attribué par la Constitution, comme un droit inné, à la seule qualité de Français majeur. L'esprit d'opposition, la Constitution de 1852 en main, ne manquera pas d'alléguer la violation manifeste des droits de l'homme et du citoyen vis-à-vis de toute une classe de la population qui forme de beaucoup la majorité numérique. Entre les citoyens de la France et les citoyens des colonies, y a-t-il donc, dira-t-on, une telle différence de nature, que les uns aient droit au suffrage universel et les autres seulement au suffrage privilégié ? Peut-être aux deux Antilles, c'est-à-dire à la Martinique et à la Guadeloupe, où la fusion entre les divers éléments de la population n'est pas très-avancée, où la race blanche tranche vivement, par son petit nombre, sur les classes de couleur, la minorité favorisée acceptera-t-elle le projet d'assez bonne grâce ; mais à la Réunion, moralement et physiquement plus avancée dans la fusion, cette division des citoyens en deux camps soulèvera probablement les plus vives protestations, car elle a été d'avance désavouée par toutes les nuances de l'opinion libérale. Nous serions même peu surpris que les privilégiés fussent les plus ardents à répudier la barrière que la loi veut établir entre des hommes que ni les sentiments ni les mœurs ne séparent.

Nous n'ignorons certes pas ce que l'on peut objecter, avec beaucoup de sincérité et même d'apparente raison, contre l'intervention des masses populaires dans la pratique du suffrage universel. Nous ne pouvons nous vanter à cet égard d'une admiration ni bien ancienne ni bien absolue ; tel du moins que nous le voyons pratiqué autour de nous, nous lui découvrons des défauts que, dans ce moment, nous ne sommes peut-être pas les seuls à remarquer. Et néanmoins de telles franchises, une fois établies, peuvent-elles être retirées ? Par la simplicité de leurs formules, par leur conformité avec le droit absolu et l'idéal politique, elles s'imposent à tous ; et de l'impossibilité de restreindre le suffrage, les esprits quelque peu résolus concluent qu'il ne reste qu'un parti à prendre : le diriger vers le bien, par l'éducation morale, par l'instruction, par l'ascendant des services rendus.

Aux colonies, la tâche est peut-être plus difficile qu'en France ; mais est-elle impossible ? Nous avons toujours entendu vanter l'influence que les propriétaires de race blanche avaient conservée, même après l'émancipation, sur les affranchis et leurs enfants, toutes les fois qu'ils se sont donné la peine de la maintenir par de bons offices et d'équitables procédés. En France, comme on voit un propriétaire notable déposer dans l'urne du scrutin un vote grossi de celui de ses amis, voisins et domestiques, l'*habitant* des colonies entraînera avec lui la clientèle de ses employés, de ses ouvriers, de ses serviteurs. On a souvent recherché pourquoi le suffrage universel, d'aspect si révolutionnaire, s'est montré depuis vingt ans si conservateur dans la plupart des élections. Ses élus ont été à peu près les mêmes que ceux du suffrage censitaire. La raison en est dans cette sorte de votation collective qui groupe autour de chaque nom influent le cortége de ses adhérens. Au lieu de voter seul, on vote en compagnie, et le vote multiple remplace le vote unique. Le résultat est à peu près le même ; mais le suffrage universel, atteignant d'un bond l'extrême limite des désirs, a mis fin à toute dispute sur la question électorale.

Nous avons la confiance que le résultat ne serait pas moins satisfaisant aux colonies. De 1848 à 1851, des élections politiques et municipales y ont donné des choix tout aussi conservateurs qu'en France. La députation coloniale se montra digne de la députation métropolitaine ; et si quelques troubles regrettables affligèrent les Antilles, il y en eut en France d'aussi violents sur plusieurs points. Ce furent des épisodes isolés et passagers, qui ne troublèrent point profondément l'ordre public. Après vingt ans d'apaisement et d'éducation populaire, n'a-t-on pas droit d'être aussi rassuré sur une nouvelle épreuve du suffrage universel ?

En tous cas, et de quelque manière qu'on envisage cette question, c'était aux colons surtout à la trancher, et le gouvernement aurait été bien inspiré en les consultant. Le Comité consultatif des colonies, nous le savons, a élaboré le projet ; mais encore ici l'étiquette est trompeuse. Ce Comité, composé de sept membres, dont quatre sont nommés par le ministre et trois seulement par les conseils généraux des colonies (constitués au surplus par voie officielle, comme nous l'avons dit), représente la pensée du gouvernement bien plus que la pensée des colons. C'est l'administration qui se consulte elle-même, au lieu de consulter le pays. Elle risque fort de prendre ses propres vœux pour les vœux des colons.

Nous n'avons insisté que sur le point capital du projet de sénatus-consulte électoral ; mais le Conseil d'État remarquera quelques autres détails qui s'écartent, sans raison apparente, des dispositions adoptées pour la France dans les projets analogues. Ainsi les maires et adjoints pourront, dans les colonies, être pris hors des conseils municipaux, sans aucune limitation de cas. Ainsi les conseils généraux ne reçoivent pas l'autorisation d'insérer dans les procès-verbaux et de livrer à la publicité les noms des opinants et des rapporteurs. Enfin un silence absolu est gardé sur la représentation politique des colonies par l'envoi de députés au Corps législatif.

A raison de ces défauts et de ces lacunes, le projet de sénatus-consulte que nous venons d'examiner nous paraît appelé à subir quelques modifications, que les colons attendent des lumières et de l'indépendance du Conseil d'État, non sans rappeler qu'ils auraient bien quelque droit et quelque intérêt à être interrogés, puisqu'il s'agit de leur sort.

22 novembre 1869.

IX

Politique coloniale.

Après une discussion prolongée au Corps législatif, le tour des colonies est à la fin venu, et M. Jules Simon a pu adresser les interpellations que M. de Dalmas avait abandonnées dans une séance précédente, et qu'il avait reprises, de concert avec M. de Kératry. Il l'a fait avec une sûreté d'informations une vigueur de conviction et une mesure de langage qui ont produit sur l'Assemblée une vive et heureuse impression. Le groupe des députés disposés à parler et à agir pour les colonies, n'est pas nombreux dans la Chambre, en ce point trop fidèle reflet du pays; et parmi ceux qui prennent intérêt à cette cause, il n'est pas sans exemple que la témérité des doctrines ait trahi quelquefois le bon vouloir. Aujourd'hui, tout ce qui a été dit à été d'une justesse parfaite, et la Chambre a été initiée aux vraies théories de la colonisation française, considérée au point de vue de l'organisation des pouvoirs.

C'est M. Jules Simon qui a fait cette leçon de politique coloniale, qu'il avait déjà abordée dans les sessions précédentes. Investi du titre de « député officieux » de la Réunion, il a tenu à honneur de justifier, par de nouveaux efforts, la confiance de ses commettants, et il y a réussi.

Après avoir établi, par un aperçu de la Constitution actuelle des colonies, qu'elles manquent de toute liberté et de toute représention, qu'elles sont livrées, sans contrôle et sans contrepoids, au bon vouloir des gouverneurs tant civils que militaires, l'éloquent orateur à réclamé, au nom des habitants de nos trois grandes colonies, — la Réunion, la Guadeloupe et la Martinique, — quatre principales réformes : 1° la représentation politique par des députés au sein du Corps législatif; 2° des conseils généraux électifs; 3° des conseils municipaux électifs ; 4° enfin le suffrage universel comme instrument de ces triples élections. Il a résumé ces vœux dans ce mot désormais populaire « d'assimilation politique, » qu'il n'a eu garde de confondre avec l'assimilation administrative. En homme qui a le sentiment et le respect des loi naturelles, des situations géographiques, des climats, des intérêts locaux, le député de la Gironde a réclamé l'octroi ou le maintien dans les colonies d'une libérale autonomie pour le règlement des affaires locales. Ce n'est pas au moment où le besoin de décentralisation se fait sentir en France, même au cœur des départements et des communes, que les colons commettraient la faute de réclamer le joug de la centralisation administrative.

Parmi ces quatre vœux, qui résument quant à présent les aspirations aussi légitimes qu'impatientes des colons, il en est deux que l'on peut dire accordés en principe, car ils figurent dans le projet de sénatus-consulte qu'avait élaboré une commission ministérielle; et il n'y a pas lieu d'insister. La résistance ne porte plus, — ou du moins elle ne portait naguère, — que sur le premier et le quatrième vœu, l'élection des députés et le suffrage universel. A l'élection des députés on oppose le système des colonies anglaises, citées d'ordinaire comme modèles de liberté : elle n'envoient pas, dit-on, de députés au

Parlement anglais, à la différence des colonies espagnoles et portugaises. De même pour les colonies hollandaises, qui n'ont pas de députés dans les États Généraux de la Hollande. M. Jules Simon a parfaitement réfuté l'autorité de ce double exemple. Les colonies hollandaises, nous l'avons déjà dit, ne comprennent que quelques milliers de citoyens des Pays-Bas, placés en présence de millions de sujets indigènes; et, quant à l'Angleterre, elle fait mieux que d'accorder des députés à ses colonies : elle leur reconnaît le droit de faire elles-mêmes, dans des Parlements coloniaux, leurs lois civiles et politiques, administratives et commerciales. En sommes-nous là en France? Nos colonies reçoivent leurs lois toutes faites de la métropole, après la promulgation par un décret impérial; elles ont donc un véritable et sérieux intérêt à intervenir dans la discussion.

La réponse est excellente; mais elle doit être complétée, parce que la nomination de députés est la réforme la plus antipathique aux gouverneurs, la moins agréable au ministère des colonies, et néanmoins la plus efficace contre les abus. Il convient donc d'ajouter de nouveau, que les colonies britanniques comptent près de 200 millions de citoyens et de sujets, tandis que la métropole n'en compte qu'une trentaine, ce qui menacerait l'esprit métropolitain d'être absorbé par l'esprit colonial, si l'on ouvrait à ce dernier les portes de la Chambre des communes. Il faut ajouter que le caractère national anglais répugne à ce mélange de races et d'influences qui suivrait l'admission de députés de toute provenance, de toute couleur, de tout culte. Il faut dire enfin que le génie britannique incline à l'autonomie et à l'indépendance de ses colonies, qu'il considère comme des rejetons de sa souche féconde et vigoureuse, tandis que le génie français tend au contraire, par ses traditions comme par ses aspirations, à l'unité de la famille française, en quelque pays que soient disséminés ses enfants.

Les lois et les mœurs répondent à ces sentiments si divers.

Dans les colonies anglaises, le ton de la vie privée et publique est à la liberté, au contrôle, à l'autonomie, et la population tient tête aux gouverneurs. Dans les colonies françaises, au contraire, les gouverneurs sont tout et peuvent tout, et vis-à-vis d'eux aucune indépendance n'est possible, si elle n'a son point d'appui en France, dans le Parlement français.

M. Jules Simon a réfuté ensuite, avec une grande justesse d'arguments, les objections tirées de l'absence ou de la différence d'intérêt, de l'inégalité des charges militaires ou financières. Il a écarté avec le même succès les objections dirigées contre le suffrage universel dans les colonies. Après avoir rappelé, avec une légitime émotion, l'abolition de l'esclavage en 1848, à titre d'immortel honneur de la commission spéciale et du gouvernement provisoire, dont plusieurs membres siègent encore dans l'Assemblée, il a établi, par des chiffres certains, empruntés à une statistique dressée par M. A. Laserve, un éminent publiciste de la Réunion, que dans cette colonie, parmi les enfants des anciens esclaves, l'instruction primaire est plus répandue que parmi les populations rurales de la France.

Des trois grandes colonies passant au Sénégal, M. Jules Simon a revendiqué pour cette possession, où les Français sont moins nombreux que dans les autres, un simple droit d'intervention dans l'emploi d'un budget de 1 million à 1 million 200,000 fr., dont ils fournissaient la meilleure part.

A cet habile et substantiel discours, M. l'amiral Rigault de Genouilly n'a fait qu'une très-courte et très-incomplète réponse. Les vœux des colons, a-t-il dit en substance, seront examinés avec la plus grande sollicitude par le conseil des ministres, et ils recevront la solution la plus libérale qui paraîtra possible. En vue de cet examen, le ministre de la marine et des colonies est tenu à la plus grande réserve. — Il était permis d'espérer une réponse plus précise, la plupart des ministres actuels, et entre autres MM. Émile Ollivier, Louvet, Segris, Richard, Buffet, Chevandier de Valdrôme, ayant proposé et voté un amendement à l'Adresse de 1866, qui réclamait l'assimilation politique des colonies aux départements français. Leur conviction est donc toute faite, et leur adhésion acquise depuis plusieurs années. C'est M. Jules Simon qui a découvert ce précédent, qui eût produit tout son effet si MM. les ministres qu'il nommait eussent été présents : mais M. l'amiral était seul au banc ministériel, debout et ferme comme sur un navire.

Après ce long et intéressant débat, M. de Kératry a interpellé le ministre sur des faits spéciaux qui auraient pour théâtre le groupe des îles Gambier, en Océanie, au sud-est de l'île Tahiti. En ces lointains parages, à l'abri de notre pavillon et de notre protectorat, les missionnaires de Picpus commettraient envers les Européens et les indigènes des abus qui ont été révélés au gouvernement métropolitain ; des pénalités pécuniaires graves, et même le changement du supérieur, en ont été la conséquence ; cependant les iniquités subsistent, a prétendu M. de Kératry, et font un devoir au gouvernement de retirer son pavillon, qui semble protéger d'odieux attentats contre la civilisation. — M. le ministre de la marine a obtenu l'adhésion de la Chambre, en répondant qu'il convenait d'attendre les résultats d'une nouvelle enquête qu'il avait prescrite au nouveau commissaire impérial de Tahiti, avant de prendre une mesure aussi grave que l'abandon d'un protectorat et le retrait du pavillon national.

En résumé, la journée a été bonne pour les colonies, mais moins décisive que pour l'Algérie. On peut espérer cependant qu'elles profiteront de la suppression, à peu près promise, de l'article 27 de la Constitution. Elles n'y ont pas un moindre intérêt que l'Algérie, et n'en expriment pas le désir avec une moindre vivacité.

20 mars 1870.

X

Budget du service colonial.

Le vote récent, nous ne pouvons dire la discussion du budget de la marine et des colonies, nous fournit, pour rappeler à la France ses possessions coloniales, une occasion que nous ne voulons pas négliger, malgré la gravité des préoccupations politiques. Au loin, comme de près, dans tous ces établissements français, retentira le contre-coup des sentiments excités et des intérêts engagés dans la métropole.

Le service colonial figure au budget de 1871 pour une somme de 26,895,995 francs, qui doit être réduite à 21,861,984 francs, par la défalcation du service pénitentiaire, qui est une dépense toute métropolitaine par son origine et son caractère. Relativement au budget total du ministère de la marine, qui est, en nombre rond, de 164 millions, c'est environ la huitième partie; et par rapport au budget général de l'État, ordinaire et extraordinaire, qui dépasse 2 milliards, la proportion du service colonial n'est plus que d'un centième : 1 p. 100 de son budget. C'est tout ce que coûtent à la France ses colonies autres que l'Algérie : taux léger, comme on voit, et qui fait justice de ce préjugé, si accrédité dans le monde économique et politique,

que les colonies sont une lourde charge dont les métropoles feraient bien de se débarrasser.

La dépense totale de 26,895,995 francs se répartit en quatre chapitres, sur lesquels la commission du budget n'a eu a proposer aucune réduction, savoir :

Personnel civil et militaire.............	16,581,784 fr.
Matériel civil et militaire.............	3,224,100
Service pénitentiaire..................	5,034,011
Subvention au service local des colonies.	2,056,100

Les deux premiers chapitres, dont la dépense totale approche de 20 millions, comprennent, en personnel et matériel, l'ensemble des frais d'administration, de protection et de défense qui dérivent de la souveraineté; on peut dire que c'est là ce que les colonies coûtent à la France : 20 millions par an. Mais la charge est plus apparente que réelle, car les colonies procurent au Trésor métropolitain des ressources équivalentes. En effet, la seule recette des douanes sur les sucres coloniaux est portée au budget de 1871 pour 36,899,000 francs, divisée en deux moitiés, l'une supportée par le consommateur, l'autre par le producteur; elle élève à 17 millions de francs la quotité de l'impôt sur les sucres, payée par les colonies, perçue par le Trésor. Pour atteindre les 20 millions des frais de souveraineté, il n'y a qu'à tenir compte des recettes provenant des droits d'entrée qui grèvent les cafés, les cacaos et quelques autres produits coloniaux. En réalité, de ce chef, les colonies remboursent toute la dépense qu'elles coûtent.

Il en est de même, et mieux encore, pour l'allocation de 2,056,100 francs, inscrite au budget à titre de subvention au service local de diverses colonies. En ceci, la métropole est plus que remboursée. En vertu de cette règle, de tout temps imposée, que les colonies doivent, à leur métropole, l'excédant de leurs ressources disponibles, la France reçoit de ses possessions coloniales les sommes suivantes, inscrites au budget de 1871 :

Rente de l'Inde.............................	1,040,000 fr.
Contingent du budget local de l'Inde.....	22,000
Contingent de la Cochinchine............	1,500,000
Total..........	2,562,000

que les colonies versent au Trésor métropolitain, en retour de 2,056,100 francs qu'elles reçoivent. Bénéfice pour la France de 505,900 francs ! On nous permettra de craindre que les intérêts des colonies ne soient pas défendus avec toute l'énergie légitime par leurs représentants officiels, en voyant une grande nation, riche d'un budget de 2 milliards, recevoir de ses pauvres petites colonies, qui se débattent contre toutes sortes d'épreuves, une gratification d'un demi-million. Ce n'est ni juste ni généreux ! Dernièrement encore, un document officiel disait que les Français ne sont pas doués du génie de la colonisation : au nom de toute la tradition nationale, au nom même des luttes admirables soutenues de nos jours par nos colonies à sucre, nous faisons nos réserves; pour rester dans le vrai, il suffit de dire que les gouvernements français se montrent, aujourd'hui comme au sièle passé, peu habiles en colonisation. C'est un fait que, sans sortir du cadre du budget, nous constatons tristement. Sur cette famille coloniale, qui devrait être solidaire dans la bonne comme dans la mauvaise fortune, qui est presque partout attteinte par des fléaux, partout accablée de besoins pour lesquels les ressources locales manquent, l'État n'hésite pas à prélever un demi-million de tribut. En outre, une détaxe existait sur les sucres coloniaux, simple indemnité du dommage que causent aux colonies diverses inégalités, et, entre autres, l'obligation de recruter leurs travailleurs en Asie au lieu de l'Afrique : à partir du 1er janvier dernier, la détaxe a été supprimée.

Non contente de reconnaître, sans la moindre doléance, que cette simple suppression vaut à la métropole une économie de 4,975,000 francs, la commission du budget, par la voix de son rapporteur, M. Chesnelong, accueille avec beaucoup de faveur un amendement de M. Cochery, tendant à relever les taxes d'entrée sur les cafés, les cacaos et les thés. Sans adopter, dès l'an prochain, ce rehaussement, la commission en recommande le principe général aux études de l'administration, en s'appuyant sur des motifs que repousse l'intérêt des colonies aussi bien que celui des consommateurs, et que nous combattons en théorie comme en fait.

L'honorable rapporteur de la commission constate que, sur les cafés, par exemple, le droit, jusqu'en 1859, était de 1 fr. 14 c. par kilogramme, et qu'ayant été réduit à 50 centimes à partir de 1860, il en est résulté une grave lésion pour le Trésor, sans profit pour le public; parce que « la progression de la consommation s'est presque maintenue dans les mêmes proportions qu'avant le dégrèvement. » Le Trésor n'a pas encore atteint le chiffre des produits de 1859, et les perceptions sont inférieures de plus de 25 millions à ce qu'elles rendraient en ce moment, si l'ancien droit avait été maintenu. C'est que la mesure a été sans influence sur le prix du café, comme il arrive pour les denrées dont l'emploi journalier et presque indéfiniment divisé se répartit par de très-faibles quantités.

Cette appréciation a le tort de s'appliquer à toutes les sortes de denrées alimentaires, dont on peut dire qu'une taxe modique est insensible pour les consommateurs : ainsi du pain, de la viande, du poisson, des légumes, et cependant la pleine franchise en est réclamée, autant que possible, et avec raison. Des impôts eux-mêmes, on pourrait dire qu'il n'y a pas à regarder aux francs ni aux centimes, à cause de leur division à l'infini. Ce langage n'est pas d'une bonne économie politique, et c'est avec raison que l'allégement progressif des taxes sur les denrées alimentaires est poursuivi, comme un objet des plus désirables, par toutes les administrations. Si, en descendant au repas quotidien d'un ménage qui s'approvisionne au menu détail, une perception fiscale semble en effet minime, il n'en est plus de même pour les familles et les établissements qui s'approvisionnent en gros et en demi-gros, et pour les maisons qui achètent directement de première main. Pour ces catégories de consommateurs, dont il est à souhaiter que le nombre augmente de plus en plus, toute réduction de taxe est parfaitement sensible. Pour pénétrer jusqu'aux couches populaires, la réduction devrait enlever à une marchandise son caractère de luxe, et tel n'est pas encore le cas pour le café, le cacao, le thé, n'on plus que pour le sucre, qui supportent un droit d'entrée équivalent de 30 à 50 p. 100 du prix courant du commerce, valeur d'entrepôt. Pour produire un effet plus énergique, la réduction aurait dû être double, et elle eût représenté encore un droit de 15 à 20 p. 100 *ad valorem* : encore aurait-il fallu compter avec le temps et les habitudes.

Malgré cette insuffisance, son influence a été plus manifeste que ne le reconnaît M. Chesnelong. De 1855 à 1860, la consommation du café oscillait entre 26 et 30 millions de kilogrammes; une progression fermement ascendante l'a porté, en 1858, à 52,303,148 kilog., et la perte est modérée pour le Trésor, puisque la recette antérieure de 31 millions est déjà recouvrée à concurrence de 27 millions. Cette situation n'a pu que s'améliorer sensiblement en 1869. De même le cacao a passé de 4 millions de kilog. en 1859 à près de 8 millions en 1868. Pour le thé, la progression est moins sensible, parce qu'il entre moins dans les habitudes populaires : de 253,000 kilog. en 1859, il a monté à 317,726 kilog. en 1868. Sans que le prix de vente de ces marchandises ait diminué de l'exacte quotité de l'impôt, elles ont résisté à la hausse générale qui a atteint tant d'autres produits, et c'est là un profit équivalent.

C'est bien témérairement que la commission allègue une perte de 25 millions de francs subie par le Trésor. Il n'est pas douteux que, si ce droit de 1 fr. 14 c. par kilogramme eût été maintenu sur le café, la cherté générale en eût rehaussé le prix commercial, et la consommation n'eût pas atteint 50 millions de kilogr. C'est ce que M. Le Cesne a très-bien expliqué dans un débat incident, où nous avons regretté d'entendre M. le ministre des finances incliner vers un retour au passé, sur la foi de chiffres mal interprétés.

Des vues économiques, comme celles que nous venons de relever dans le rapport de M. Chesnelong, menacent même les sucres, quoique le silence soit gardé à leur égard; on peut dire aussi que l'ancien droit de 54 francs par 100 kilogrammes vaudrait au Trésor 33 millions de plus qu'aujourd'hui, et de là il n'y a qu'un pas à un rehaussement qui, au surplus, avait été réclamé l'an dernier. Ces tendances antilibérales vont à l'encontre de tous les enseignements, nous ne dirons pas de la science, — dans un certain camp on n'a guère souci de l'économie politique, — mais de l'expérience. Faut-il donc rappeler sans cesse des vérités devenues des lieux communs, sur l'effet immanquable, au bout d'un temps plus ou moins long, de l'abaissement des tarifs? Faut-il citer de nouveau les postes et la télégraphie en France et partout? Faut-il invoquer l'Angleterre, se formant un revenu de près de 600 millions de francs avec des taxes très-modérées sur une douzaine de produits? Sur le sucre même, qui, grâce à ces taxes modérées, a donné en 1869 un revenu de 134 millions de francs, le chancelier de l'Échiquier a, dès le 12 avril dernier, proposé une réduction de 50 p. 100. « Le sucre, a déclaré M. Lowe, entrant dans tous les repas, et se consommant en dehors même des repas, doit cesser d'être qualifié denrée de luxe, et il est temps d'améliorer l'état des pauvres en mettant à leur portée la consommation de cette denrée. » Sur ces paroles, le Parlement de l'Angleterre a voté, en une seule séance de nuit, cette importante mesure. C'est un précédent que nous recommandons à tous ceux qui, en France, songent à grever d'un surcroît de taxes les denrées coloniales.

Et après cet appel bien fondé à l'intérêt général, il nous sera permis d'ajouter quelques réflexions au point de vue particulier des colonies. Ce que nous appelons denrées de luxe, c'est la base même de leur production. Pour elles, le sucre, en première ligne, et puis le cacao et le café, c'est leur blé, leur bétail, leur vin, leur laine, les sources essentielles non-seulement de leur prospérité, mais de leur existence. Est-il d'une bonne politique de paralyser leurs forces productives en grevant toutes les matières qui peuvent leur procurer des revenus? La pure et simple logique demanderait la franchise du commerce entre les colonies et la métropole, comme elle existe entre départements français, comme elle est admise déjà entre l'Algérie et la France. Les colonies sont, en effet, des territoires français, appelés à profiter de tous les bénéfices de la nationalité, au nombre desquels figure la libre circulation des produits, tandis que la douane est une institution dirigée contre l'étranger. Le gouvernement l'a ainsi admis pour le plus grand nombre des produits coloniaux, et n'en a excepté que ceux qui, par leur importance commerciale, pouvaient accroître notablement ses revenus. En s'inclinant devant la nécessité financière, les colonies sont tout au moins fondées à protester contre toute aggravation de tarifs, en ce qui concerne le café et le cacao, et à demander un dégrèvement sur les sucres. Sur ce point, elles unissent leurs réclamations à celles dont la chambre syndicale des intéressés en France s'est faite l'organe dans une pétition adressée au gouvernement.

Nous arrêterons ici ces considérations sur le budget du service colonial du ministère de la marine, réservant pour un moment plus propice de nouveaux développements sur ce sujet; mais, dès aujourd'hui, et comme conclusion de cet article, nous voulons insister, ainsi que nous l'avons fait maintes fois, sur l'intérêt manifeste qu'ont les habitants des colonies à être représentés dans les Assemblées où se résolvent des questions économiques et financières qui sont pour eux des questions de vie et de mort.

A toutes les raisons supérieures de nationalité, de race, de patriotisme, que nous avons souvent invoquées pour eux, il en est une dernière qui se puise directement dans le budget. Les sucres coloniaux procurent à la métropole une recette de 36 à 37 millions de francs, que grossissent les cafés, les cacaos, quelques autres produits secondaires; en outre, sur leurs revenus, les colonies versent au Trésor 12 millions et demi de francs, à titre de rente annuelle ou de contingent disponible. De plus, elles sont atteintes par les tarifs et par les traités de commerce, aussi bien que par toutes les lois d'intérêt général et par les décrets d'intérêt spécial.

En de telles conditions, il est de la plus stricte justice qu'elles soient représentées au Corps législatif par des députés qui protègent leurs droits et leurs intérêts. M. Jules Simon a bien tenté de ramener sur cette question constitutionnelle l'attention de la Chambre et d'obtenir des explications du gouvernement. Mais le vent soufflait ailleurs ce jour-là, et le budget des colonies a été voté à la hâte, comme tous les autres, avec un entrain plus patriotique que réfléchi.

1ᵉʳ août 1870.

XI

Exposition universelle de 1867.

Les colonies et même les petites nations se sont mal trouvées de l'ordre, excellent d'ailleurs sous tant de rapports, adopté par la commission impériale : zones elliptiques et concentriques pour les produits, rayons divergents pour les pays. Du jardin central au promenoir extérieur ou rue-galerie, les colonies n'ont pu remplir qu'une étroite bande dont les compartiments, établis en vue d'un état avancé de civilisation, ont mal répondu à leur propre situation. Dans les salles des œuvres d'art, du matériel des arts libéraux, des intruments et procédés des arts usuels, elles sont arrivées les mains à peu près vides; tandis qu'elles débordaient hors des cadres réglementaires pour les produits bruts des industries extractives, pour les autres matières premières ou pour les fabrications rudimentaires. Inconvénient plus grave, l'unité de plusieurs de ces régions naturelles a disparu dans le morcellement; leur nom même s'est à peu près perdu dans la foule.

En dépit de la symétrie officielle, l'Angleterre a défendu de son mieux ce que représentent de prestige et de richesses ses grandes colonies : l'Inde, le Canada, Victoria; l'Algérie aussi a pu, grâce à son importance, se défendre contre toute dislocation ; mais un grand nombre d'autres établissements coloniaux de toutes nations, se sont en quelque sorte fondus dans la décomposition des groupes et des classes. Il est permis de regretter que les dérogations à la rigueur du classement n'aient pas été plus nombreuses. Après que les jurys, et sur leurs traces les hommes spéciaux, ont comparé les produits analogues des diverses contrées de la terre, l'esprit aime à saisir, au-dessus de ces détails, la signification d'ensemble des lots exposés par cette personnalité vivante qui est la colonie ou la nation. A quels degrés respectifs de force productive sont parvenus les divers peuples ; quelle hiérarchie établit entre eux la puissance économique ; lesquels naissent et grandissent et lesquels déclinent : voilà les questions économiques et politiques qu'éveille finalement ce magnifique spectacle de tous les trésors de la terre. Pour les grands États, qui ont pu suffire aux exigences du programme, la réponse est possible ; elle ne l'est pas pour les petits. Le royaume hawaïen, les états de l'Amérique centrale et méridionale, ceux de l'Afrique, ont dû être fort embarrassés, bien que la commission impériale leur ait accordé quelque latitude pour grouper leurs produits.

Je faisais ces réflexions un peu chagrines en parcourant le domaine des colonies françaises, où je cherchais en vain ces unités politiques et historiques, familières à mon esprit : Guadeloupe, Martinique, Réunion, Sénégal et les autres ; à peine en reste-t-il quelques vestiges. Sous prétexte d'affinités entre les sucres ou les cacaos de telle île et les similaires du reste de la terre, le programme officiel a écartelé ces corps en une infinité de membres épars, et il a fallu au commissaire des colonies, M. Aubry-Lecomte, scrupuleux comme un savant, et ardent comme un artiste, des efforts d'imagination pour conserver quelque ombre de la réalité. Quatre pyramides représentent nos possessions d'Afrique, d'Asie, d'Océanie et d'Amérique, confondues pêle-mêle par continent; des trophées d'armes primitives, qui n'ont de valeur que pour les archéologues et les ethnographes, rappellent seuls les mœurs et les travaux du Sénégal ou de la Calédonie, considérés en bloc. En parcourant ces salles, livrées à une analyse que ne couronne aucune synthèse, le visiteur n'apprend rien du nombre, de la situation, de l'étendue, de la population, du mouvement économique des divers établissements coloniaux de la France, et il ne peut les comparer à ceux des autres nations rivales; il n'apprend même pas la série complète des noms.

Je sais bien qu'un excellent catalogue ne tardera pas à remplir ces lacunes; mais un catalogue ne s'adresse qu'à de rares et studieux lecteurs; il ne dit rien aux foules, dont ces solennités sont destinées à faire l'éducation. J'ose conseiller au commissaire de nos colonies, comme à ceux de tous les petits États, de réparer ce tort, dont ils ne sont pas responsables, par beaucoup de cartes et de notices sur feuilles volantes, et surtout par ces tableaux transparents dont l'Angleterre a décoré tous ses vitrages, et sur lesquels elle a écrit en lettres gigantesques, et même peint en couleur, les données statistiques et historiques afférentes à tout le Royaume-Uni, à ses villes industrielles, à ses ports, à ses colonies. Rien qu'en levant les yeux sur les hautes parois de l'enceinte, le promeneur apprend, en quelque sorte malgré lui, ces faits et ces chiffres qui racontent avec tant d'éclat la richesse et la puissance britanniques. Toute nation aurait dû, — et l'on est encore à temps, — imiter cette intelligente méthode d'enseignement populaire : c'est de la publicité du meilleur aloi.

Une fois mon parti pris de ce morcellement, j'invite le lecteur à la même résignation, et je vais lui signaler, dans une rapide revue, quelques-uns des objets qui méritent le plus son attention dans les salles des colonies françaises.

En partant du centre, il remarquera des vitrines remplies

d'instruments de musique, de peintures, de statuettes, de collections de poids, mesures et monnaies, et une multitude d'autres objets antiques qui auraient pu trouver place dans les galeries de l'histoire du travail, car il est difficile d'imaginer, pour la musique surtout, rien de plus primitif. Voilà certainement les premiers modèles de tambour, de tam-tam, de guitare, de flûte, de violon, de clarinette même qu'ait inventés le genre humain ; instruments à corde et instruments à vent, *balafon* et *harmonica* de la côte occidentale d'Afrique, très-bruyants, mais consonnants, attestent la passion musicale et chorégraphique des noirs. Je suis peu étonné d'apprendre qu'à la vue de toutes ces curiosités, le savant M. Fétis ait promis de faire un Mémoire sur la musique primitive, celle des sauvages; elle est là dans ses origines les plus reculées, et encore aujourd'hui persistantes.

Les âges primitifs sont représentés par des haches en pierre, les unes usitées encore parmi les sauvages de la Guyane et de la Calédonie, les autres recueillies dans l'Inde, enfouies en terre. De ces reliques des vieux temps, qui ressemblent beaucoup à celles de nos musées celtiques, les plus curieuses se voient dans une collection d'idoles, d'armes et d'ustensiles en pierre qui étaient en usage chez les Caraïbes de la Guadeloupe avant la découverte de l'Amérique; les squelettes, qui avaient été trouvés confondus avec ces débris au commencement du dix-neuvième siècle, ont malheureusement été perdus.

Par l'acuité des pointes, le tranchant des lames, la denture barbelée des arêtes, par la finesse délicate des dessins et des autres ornements, les armes des sauvages attestent cette triste vérité, que les arts de la destruction ont été beaucoup plus vite perfectionnés que ceux de la production. Rien de plus grossier que leurs charrues et leurs râteaux; rien de plus raffiné que leurs carquois, leurs boucliers, leurs flèches ; rien de plus terriblement subtil que leurs poisons, le sinistre *curare*, la fève de Calabar, le *inée* ou *onaye* du Gabon, narcotique quatre fois plus violent que la digitaline.

Que dire des objets de leur culte ? Que, depuis les fétiches de l'Afrique jusqu'aux statues des Bouddha, des Siva et des Vichnou, l'imagination, hallucinée par la peur et la superstition, n'a rien omis en fait de laid, d'ignoble et d'horrible. Çà et là apparaissent rarement quelques traits adoucis, quelquefois même élégants et jolis ; mais presque toujours le ciseau supplée péniblement, par la complication des formes, tourmentées jusqu'au burlesque, au vide de la pensée. Marchez d'un pas prudent, vous heurteriez ce dragon qui garde l'entrée de la pagode ; levez les yeux, Latchoumy, la déesse de la fortune, vous sourit. Mais ne vous arrêtez pas longtemps à cette mythologie fantastique, de plus séduisantes amorces vous appellent.

Une vitrine voisine présente, en trois parties, une peinture indienne qui, tout ancienne qu'elle soit, suppose néanmoins une civilisation fort développée, à en juger moins encore par le pinceau de l'artiste que par l'immense déploiement de pompes orientales qu'il a représentées : c'est la légende de Sarangadarane en trois actes, et cette légende n'est autre que l'histoire biblique de Joseph et de l'épouse de Putiphar, arrangée et embellie au gré de l'imagination indienne. Tout près de là, des fragments, détachés par les soins de M. de Lagrenée, des ruines du temple d'Angkor, dans le Cambodge, nous reportent en des siècles et des pays que la science historique n'a pas encore éclairés. Les calculs les plus timides font remonter à quinze cents ans avant l'ère chrétienne ces bustes de granit, modelés avec un art que les Grecs de la meilleure époque ne désavoueraient pas. Tout auprès des moulages pris sur des sculptures du même temple, figurent des guerriers, coiffés de panaches de plumes retombant sur la tête, à la manière des Peaux-Rouges. Serait-ce un nouvel anneau de cette chaîne de traditions que les érudits s'appliquent à établir entre les peuples de l'Asie et ceux de l'Amérique, avec l'espoir de démontrer la communauté d'origine ?

Malgré l'intensité gênante de la lumière dans les pays chauds, malgré la rapide détérioration des produits chimiques, la photographie a pénétré même au sein des plus lointaines colonies ; il n'en est aucune qui n'en possède au moins un atelier ; de là sont parvenues, par les soins des administrations locales, des collections de types de tous nos colons et sujets, Africains, Malgaches, Hindous, Annamites, Kanaks, Taïtiens, créoles blancs, mulâtres et noirs. Deux séries de statuettes, peintes et drapées, représentent les castes de l'Inde ; l'une, exécutée à Pondichéry, sent la fantaisie ; mais la seconde série, qui vient de Chandernagor, a un cachet saisissant de vérité qui révèle dans son auteur le sentiment de l'art et un habile talent d'exécution. De nombreux petits portraits, peints sur talc, achèvent de donner une idée exacte des physionomies et des costumes du monde oriental, et révèlent des talents instinctifs et une souplesse de main que l'éducation pourrait utilement développer. Faute de mieux, j'accepte bien ces images ; mais la commission impériale nous avait promis les sauvages en personne, et je m'étais hasardé, sur la foi de ses circulaires, à les promettre moi-même aux lecteurs du *Journal des Débats*. Ce qu'elle n'a osé ou pu faire, le gouvernement de l'Inde va le tenter à Calcutta pour les races de l'Inde, le gouvernement russe à Moscou pour les races slaves : je regrette pour la France une exposition ethnographique vivante et universelle.

Sauf quelques aquarelles disséminées dans les salles, l'art civilisé des colonies se réfugie derrière la vitrine des ouvrages imprimés, dans quelques albums, dont le plus important est celui de la Réunion, publié par les soins de M. Roussin. L'île tout entière, avec ses personnages historiques, ses splendeurs, ses établissements, revit dans ce recueil, créé et soutenu par les seules ressources locales. Sans être complète, la bibliothèque étale un assez grand nombre d'ouvrages imprimés dans les colonies, et constatant des progrès typographiques dont la chaleur du climat, contraire aux encres, accroît le mérite. Nous regrettons de ne pas y retrouver un spécimen de tous les journaux coloniaux, un de ces moyens de propagande que n'ont pas négligés les Anglais. Mieux qu'aucun autre symbole, comme nous l'avons dit à propos de l'Algérie, la presse périodique marque le caractère et le degré de civilisation de tout pays. Sauf l'archipel des Marquises, les îlots de Mayotte et de Nossi-bé et les comptoirs de la côte d'Afrique, tous nos établissements possèdent des gazettes qui figureraient bien auprès des livres. C'est une lacune que M. Aubry-Lecomte devra réparer, comme celle des cartes géographiques et géologiques, fût-ce aux dépens de quelques fétiches qui ne sont que les monuments de la sottise des hommes, tandis que les livres et les journaux sont les monuments de leur intelligence.

Parmi les collections d'histoire naturelle, admirez l'herbier de la Nouvelle-Calédonie, remarquable par le grand nombre de plantes nouvelles qu'il contient; la récolte de ces végétaux appartient, pour la meilleure part, à deux savants et laborieux médecins, MM. Vieillard et Pancher, et la détermination à MM. Brongniart, Gris, Mettenius et Nylander. Les plantes de la Guyane et du Gabon se recommandent aussi par leurs nouveautés florales, qui permettent d'entrevoir ce que la zone torride réserve de découvertes aux savants botanistes. Nous croyons avoir ouï dire que l'on compte deux cent mille espèces connues; il faudra bien probablement doubler ce chiffre, quand la flore équatoriale tout entière aura été inventoriée. Nos colonies apporteront un beau contingent.

La science appliquée nous mène aux meubles et autres objets destinés à l'habitation. En fait de meubles de luxe, les plus élégants que nous rencontrons sont fabriqués à Paris avec les bois provenant surtout de la Guyane et de la Cochinchine, de la Guadeloupe et de Taïti, et habilement mis en œuvre : on voit là des pianos, des bahuts, des tables qui ne dépareraient aucun appartement. Par ces spécimens, aussi élégants de formes que riches de couleurs et d'odeurs, l'ébénisterie française est avertie des ressources variées et abondantes qu'elle trouvera dans nos colonies, si elle dirige de ce côté ses vues et ses commandes, jusqu'alors réservées aux provenances étrangères, acajou, palissandre, bois de rose. Les meubles indigènes, sans être aussi commodes pour nos usages, ni aussi agréables à nos yeux, qui sont habitués à des formes adaptées à nos mœurs, ne manquent pas d'originalité ; les artisans annamites en ont envoyé qui sont découpés à jour, sculptés avec fantaisie, incrustés de nacre, avec une précision qui élève la patience à la hauteur de l'art. Pondichéry compte un assez grand nombre de ces fabriques de meubles sculptés, qui sont exportés principalement à la Réunion. Chandernagor en a une qui emploie deux cents ouvriers, dont les travaux, dégrossis sur notre territoire, reçoivent le dernier fini sur le sol anglais de l'Inde. On peut voir, dans les salles des colonies, de jolis échantillons de cette industrie, qui trouve sous sa main toute la matière première qu'elle peut employer : le *wacapou* de la Guyane, le bambou de l'Inde; vingt autres espèces se prêtent à de fort jolis effets.

Rouges, blanches ou noires, vernissées ou non, les poteries et faïences ont moins de nouveauté. Les environs de la ville de Cholen, près de Saïgon, en Cochinchine, sont le centre d'une fabrication importante, mais commune, parce que les agents de la cour de Hué avaient l'habitude d'enlever de force, pour les transporter dans la capitale, les artistes de talent : désormais notre protection les retiendra ou les ramènera dans leur pays d'origine. Peut-être réussira-t-elle à y introduire la fabrication de la porcelaine, qui est en général, malgré l'étiquette annamite, d'origine chinoise.

Dans l'ameublement rentrent les tapis et les tapisseries, que nos colonies ne fabriquent guère que sous forme de nattes; pour cet emploi, où l'art assortit, non sans goût, les dessins et les couleurs, les matières abondent, surtout dans le règne végétal. Entre autres, le *raphia* de Madagascar, le rotin de l'Inde, le *pandanus* de Taïti se recommandent à nos industriels par leur nerf et leur élasticité. On trouverait aussi, sous ces climats aux aromes enivrants ou suaves, des ressources très-variées pour la parfumerie, à en juger par les tablettes si richement chargées de flacons d'huiles, d'essences, de senteurs et d'alcoolats aux séduisantes étiquettes. L'Algérie, Tunis, la Turquie ne sont que l'avant-scène du véritable Orient.

Mais, devant toutes ces fioles soigneusement bouchées, nous devons croire sur parole au nom et au renom, à la différence des ouvrages de maroquinerie, de tabletterie, de vannerie dont l'œil et la main sont juges. Il y a là, entassés sur les étagères, épars sur les tables, des milliers de petits meubles à faire envie à Tahan : boîtes et cassettes, pipes et tabatières, plateaux sculptés et incrustés, corbeilles et paniers, pagnes et hamacs ; toutes les fantaisies utiles et inutiles, tous les délassements de l'oisiveté, toutes les occupations du travail. Il n'est pas de matière dont la main ou l'outil ne tire quelque service ; c'est tour à tour le cuir ou l'écorce, l'ivoire ou la nacre, le latanier ou le palmiste, le vacoa ou le bambou; il y a tout un charmant service de dessert en vannerie de bambou, qui ne reviendra certainement pas en Orient.

Exposition universelle de 1867 (*suite*).

Du mobilier de la maison au vêtement de l'homme, la transition est facile. Dans ce nouveau groupe, les colonies françaises, comme tous les pays primitifs, ont plus à montrer de matières premières que de tissus, plus de costumes bizarres, et parfois légers au delà de toute expression, que d'habillements confectionnés avec élégance. C'est que, dans les climats chauds, auxquels appartiennent la plupart des colonies, le besoin de se vêtir est de tous le moins exigeant, bien que la terre, réchauffée par un soleil puissant et une humidité surabondante, se couvre de végétaux spontanés aux larges feuilles, aux fibres longues et souples, souvent nuancées de vives couleurs.

Grande est la variété des ces filaments. Voici des étoffes faites en fibres de bananier de la Guyane, qui enseignent à ne plus rejeter comme inutiles les tiges de cette plante, moitié herbe, moitié arbre : nous avons d'ailleurs tant besoin de papier, au train dont se répand l'art de lire et d'écrire, que tout filament pouvant servir de chiffon, — et le bananier est dans ce cas, — mérite un certain respect, au moins de la part des hommes de lettres. Madagascar et l'Inde nous étalent des collections nombreuses : c'est l'aloès, le vacoa, l'agave, la bourre de coco; le jute, déjà connu et répandu dans l'industrie européenne, diverses sortes de lins et de chanvres : leurs fibres attirent moins notre attention que les fils simples, retors, blanchis et teints de *china-grass*, dont le nom retentit chez nous depuis quelques années. Le *china-grass* est une sorte d'ortie qui, naturalisée en Algérie, a fait l'admiration des connaisseurs; une Société s'est même fondée à Rouen, sous les auspices de la chambre de commerce, pour l'introduire en Europe et en exploiter les produits, qui tiennent à la fois du coton par la blancheur et le moelleux, de la soie par l'éclat et le nerf : la rouennerie ne pourrait souhaiter une matière mieux adaptée à ses fabriques. Sous le nom africain de *fafetone*, le Sénégal expose les aigrettes soyeuses de l'*asclepias gigantea*, un produit tout à fait nouveau, à la fois brillant et léger, qui s'allie parfaitement avec la soie, la laine et le coton, et prend très-bien la teinture. Des maison de Lille, de Tarare, d'Amplepuis (Rhône), ont bien voulu les filer, les tisser, les teindre, en faire des broderies au plumetis, et leurs ouvrages sont charmants. Avec les déchets, une autre maison a fabriqué des couvertures qui pèsent sous la même épaisseur moitié moins que celles de laine et de coton, restent toujours sèches et ne prennent pas la vermine : probablement l'armée se trouverait bien de leur usage.

Les vêtements d'écorce, malgré le nom imposant de la reine Pomaré, nous semblent bien près d'aller rejoindre les haches de pierre et les autres ornements et ustensiles de la période archéologique; à la prochaine Exposition, ils ne figureront plus que dans les galeries de l'histoire du travail, à titre de reliques de l'humanité embryonnaire. Le travail les répudie comme incommodes, les missionnaires les jugent d'une décence douteuse; le commerce n'y trouve rien à gagner; comment voulez-vous que les *tapas* indigènes résistent à la concurrence des modes civilisées, que nos journaux illustrés portent jusque dans la hutte des sauvages ?

Passons aux filaments du règne animal : nos colonies sont pauvres en laines, riches en soieries. Les seuls lots de laine nous viennent de la Nouvelle-Calédonie et de Taïti, l'une et l'autre aussi propices que l'Australie et le Cap à l'élève des moutons, mais cette branche d'industrie agricole ne s'est pas encore véritablement développée dans nos colonies, quoiqu'elle convienne bien à l'enfance des sociétés : sans doute nos colons y sont trop fraîchement installés, et peut-être visent-ils à de plus hauts bénéfices. Les mousselines de laine et les draps fabriqués par M. Frédéric Davin constatent le bon parti que l'on tirerait de l'envoi de ces articles. Dans ce genre, il n'y a rien à attendre de nos autres colonies, sauf l'Algérie et peut-être les hautes plaines de l'île de la Réunion : dès que l'on entre dans les latitudes intertropicales, la laine devient sèche et dure comme le poil : à vue d'œil, en quelque sorte, en marchant du nord au sud de l'Afrique, le mouton à laines de steppes algériennes devient le mouton à poil du Sahara et du Sénégal, et ce poil est trop court et trop roide pour se prêter à quelque emploi, comme celui de la chèvre et du chameau. L'élevage des bêtes à laine se trouve par cela même confiné dans la zone tempérée ou subtropicale.

La soie, au contraire, prospère sous tous les climats autres que ceux où règne un froid intense. Quoique plus rude que les similaires de la France et du Piémont, la soie grége, dont la Réunion envoie quelques spécimens, est nerveuse, élastique, ferme, propre à de bons emplois dans la fabrication lyonnaise. Peut-être y a-t-il là une branche de salut pour cette colonie, si digne d'intérêt et accablée par tant de malheurs. La Guyane continue, sans résultat bien positif, ses essais d'éducation à l'air libre. Le Sénégal nous montre ce que l'on peut obtenir avec les cocons de certains bombyx nouvellement recueillis. Mais c'est l'Inde et la Cochinchine qui tiennent le premier rang dans nos colonies séricicoles, comme on pouvait l'augurer de leur situation, en des conditions fort analogues à celles de la Chine. Il y a là des soies dévidées, filées, ouvrées avec soin, très-convenables pour le velours, la peluche, les étoffes unies, la passementerie, quelques-unes pour les foulards. Suivant leurs traditions, les fabriques de Tarare, de Saint-Étienne, de Lyon, d'Amplepuis, ont déployé toutes leurs ressources pour faire valoir ces richesses de nos colonies, qui sont bien encore des richesses françaises.

Outre les étoffes frabriquées en France, l'Inde envoie quelques pièces de tissus de satin qui, avant la Révolution, étaient fort en vogue en Europe. La chaîne seule est en soie, la trame est en coton filé au rouet indien. La teinture, qui se fait à Pondichéry, est très-solide et de nuance très-vive, le dessin très-original. Ces soieries conviennent surtout pour l'ameublement, où elles introduiraient des motifs nouveaux, d'un cachet oriental. Auprès d'elles on doit remarquer les jolis tissus de soie provenant de notre colonie de la basse Cochinchine, qu'envoie le comice agricole de Saïgon : elles sont fabriquées par les Sœurs dites de Mytho, de vraies religieuses, Annamites de naissance, qui ont repris en Asie l'excellente tradition du travail manuel, dont l'oubli a tant compromis les couvents d'hommes et de femmes dans l'Occident.

On sait que beaucoup de bombyx de nouvelle importation filent des cocons percés par un bout, ce qui rend le dévidage fort difficile. Ce problème, que Mme de Corneillan a résolu avec un succès qui lui a valu de nombreuses médailles, a été repris, suivant d'autres procédés, par M. de Forgemol, qui n'a pas moins bien réussi, à en juger d'après les spécimens qui se voient dans les vitrines coloniales.

Je dois glisser sur les produits qui se distinguent par un cachet de fantaisie locale plutôt que par un caractère d'utilité générale ; je ne puis cependant refuser un mot d'encouragement à une quantité de jolis et élégants ouvrages qui relèvent du groupe de vêtements, à titre d'accessoires. Ces fleurs, ces coiffures, ces écrans, de Mmes Desmoulins et Malidor, sont en plumes, en vraies plumes d'oiseaux des tropiques, tout étincelants de topaze et d'or, de saphir et de rubis. Auprès de ces splendeurs qui furent animées et qui brillent encore de la fraîcheur de la vie, combien semblent pâles nos fleurs artificielles de papier, de calicot et de mousseline ! Il y a là une idée à exploiter pour nos fleuristes en renom.

Je crois aussi qu'il peut y avoir quelque chose à emprunter, matière ou façon, à cette multitude d'ouvrages de fantaisie qui complètent la toilette des femmes des colonies : bourses en soie, éventails peints et incrustrés, coquettes sandales, bijoux en or, parures en nacre, en perles, en coquilles, en corne même; des cure-dents en poils d'éléphant ne sont pas communs. Si vulgaires qu'ils soient par l'origine, les ornements peuvent être rehaussés par l'art; on voyait dernièrement à Paris une jeune voyageuse anglaise, la femme de sir Samuel Baker, l'explorateur du lac Albert, qui portait à son cou, monté en or, un collier de dents de lion, souvenir des chasses heureuses qu'elle avait faites en Afrique avec son mari : un tel collier ne déparerait aucune beauté.

Pour le vêtement, les hommes ont aussi quelque chose à prendre de la nature ou de l'industrie coloniales. Je leur fais grâce des porte-cigares, fussent-ils en paille de latanier ou en paille de riz, même des pipes en terre rouge et en terre aurifère, et des calumets en bois de letchi, et même des narghilés incrustés de nacre : en fait de tabagie, nous n'avons que trop de nos propres inventions; — mais voici des cannes, fermes et flexibles, en vingt espèces de bois des îles, sans compter les cannes en épines dorsales de requins; voici surtout d'admirables chapeaux de lataniers, légers et souples comme des gants, si bien adaptés au soleil de l'équateur, et menacés pourtant d'y être supplantés par nos affreux chapeaux ronds. Comprend-on à quel degré d'imitation béotienne tombent des peuples qui, par des chaleurs torrides de 30 à 40 degrés, adoptent pour costume de cérémonie le pantalon collant, l'habit de drap noir, les gants de peau et la coiffure cylindrique de l'Europe glaciale! L'Exposition universelle rendrait un bien grand service si elle montrait les rapports nécessaires entre les climats et les costumes : il y a là matière à une spirituelle conférence, où l'orateur rendrait hommage aux costumes sensés qui protégent l'homme, comme c'est leur devoir, contre le soleil, la pluie, les moustiques, sans le jeter dans ces mascarades grotesques dont les spécimens nous sont offerts par un chef des îles Marquises, un féticheur et un guerrier pahouin, un Indien roucouyenne. Une critique tant soit peu exigeante trouverait à redire même à l'accoutrement des bayadères de l'Inde, tout en reconnaissant que leur vêtement est beaucoup plus irréprochable que leur métier et plus moral que leur nom. En fait de toilette féminine appropriée aux climats chauds, pour la légèreté et la transparence, les cours de l'Orient pourraient, au contraire, copier nos salons de l'Occident. Je suppose du moins que ce doit être l'impression des Japonais et des Siamois qui assistent à nos fêtes du monde.

Les nombreux faisceaux et trophées d'armes sauvages, dressés dans les salles ou étalés contre les murs, montrent sous les formes les plus variées l'alliance de la férocité belliqueuse avec l'enfance industrielle. Arcs, flèches, lances, carquois, sarbacanes, poignards, couteaux, sabres, haches, *oundivis* ou arcs à lancer des pierres, frondes, casse-têtes, toutes ces inventions premières de la haine et de la guerre entre les hommes, qui remontent à Abel et Caïn, se voient encore là, comme des vestiges survivants de ces temps héroïques, dont la rudesse s'efface sous l'appellation euphémique de période patriarcale. Noirs de l'Afrique, Kanaks de la Calédonie, Micmacs de Saint-Pierre et Miquelon, sont à peu près au même niveau d'habileté technique. L'âge de la poudre, funeste don des voyageurs civilisés, apparaît avec les fusils à mèche, les jingeoles, les sacs à balles en filigrane de cuivre, les canons et les boulets de divers calibres. Parmi les canons, on en remarque un, formé d'un cylindre de bois et cerclé en fer, qui doit représenter une des premières ébauches de l'artillerie moderne. C'est de la Cochinchine que nous viennent ces belles choses ; ce sont nos propres biens que nous en rapportons, en échange de spécimens plus perfectionnés que nous y introduisons.

Avec les produits des mines, des forêts, de la pêche, avec les matières premières de toute nature, nous rentrons dans la partie sérieuse de l'Exposition, celle qui intéresse le présent et l'avenir, le travail et la civilisation.

La Compagnie de l'Approuague expose de belles pépites d'or ; de toutes nos colonies, la Guyane est la seule, avec la Sénégambie, qui rappelle par ce trait la Californie et l'Australie ; mais quelle différence de richesse dans les *placers* ! Un moment on a eu pareil espoir pour la Calédonie, mais la déception a bientôt suivi. A défaut d'or, cette colonie envoie une fort jolie collection de minéraux et de roches, où l'on distingue une variété d'euphotide que M. l'ingénieur Garnier qualifie de *jade*, se rapprochant beaucoup du vert de Corse : la marbrerie de luxe doit se renseigner sur cette matière, généralement assez facile au travail, et cependant dure comme l'acier, tenace comme une roche magnésienne. L'Afrique occidentale fournit de belles malachites qui rivalisent avec celles de l'Oural. L'Inde envoie les nombreuses pierres précieuses dont elle est la patrie, et dont plusieurs ont leurs pareilles dans la Guyane. Enfin la Réunion montre, dans une collection de roches nombreuse et bien choisie, envoyée par M. Jacob de Cordenoy, les différentes formes qu'ont prises les éruptions successives du volcan d'où est sortie l'île tout entière. Nous regrettons l'absence du plan en relief si exact qu'a dressé de cette île M. l'ingénieur Maillard : un simple coup d'œil sur un tel modèle vaut à lui seul la plus longue description.

Mais c'est dans la production des bois que les colonies retrouvent une véritable supériorité. Ici la nature a beaucoup fait, et les hommes ont peu détruit : aussi les richesses locales s'étalent-elles dans toute leur exubérance, et les industries civilisées n'ont-elles guère qu'à abattre les arbres, les équarrir et les transporter pour être en possession de matériaux toujours utiles et quelquefois précieux. Dans les belles collections de bois que présentent les salles coloniales de l'Exposition, la palme appartient sans conteste à la Guyane. L'industrie privée avait soupçonné plutôt que connu ces bois ; les pénitenciers les ont mis dans tout leur jour. De là proviennent ces belles planches de 5 mètres de long, de toute couleur et de toute densité, que recherche déjà l'ébénisterie parisienne. La richesse et la variété de leurs nuances conviennent aussi bien pour la construction des wagons et des cabines de navires que pour les ameublements et la marqueterie ; en même temps ces bois ou leurs pareils, d'un tissu ferme, d'une substance inaltérable, forment d'excellentes traverses pour les voies ferrées. Enfin les constructions navales y trouvent des pièces du plus fort calibre, et presque incorruptibles à l'air et à l'eau. Les expériences poursuivies avec soin dans les chantiers de la marine sur la durée des bois de chêne et de teck, les deux meilleures espèces connues, comparées avec les bois de la Guyane, ont démontré l'énorme supériorité de quelques-uns de ces derniers, l'angélique, le *wacapou*, le bois violet, le *balata*. La voie est ouverte, il n'y a plus qu'à s'y engager résolûment. En rendant de grands services à nos industries, les pénitenciers peuvent résoudre la question, si longtemps controversée, de la réhabilitation fondée sur le travail.

Exposition universelle de 1867 (suite).

Les autres colonie suivent la Guyane, mais à distance, parce qu'elles n'ont pas, comme celle-ci, des millions d'hectares incultes et couverts de forêts. Nous remarquons cependant les belles collections de la Guadeloupe, de la Réunion, de Sainte-Marie-de-Madagascar, du Sénégal : bois de construction, bois de teinture, bois de senteur ; l'ébène à côté du sandal, l'acajou à côté du campêche, le baobab auprès de l'araucaria. La Cochinchine et la Calédonie ont envoyé des lots en partie tout aussi nouveaux pour la science que pour l'industrie. En général, les forêts constituent l'une des principales richesses naturelles qui attendent une intelligente exploitation : sur les douze milliards d'hectares qui composent la surface cultivable de la planète, les géographes évaluent à quatre ou cinq milliards les parties boisées. On voit donc que l'humanité ne paraît pas être à la veille de manquer de bois, comme déjà Sully l'augurait de son temps pour la France avec plus de patriotisme que de vérité : il faut seulement aller chercher le bois où il est, c'est-à-dire un peu loin.

Dans le groupe composé des produits de la chasse, de la pêche et de la cueillette, la science trouve beaucoup à étudier parmi de riches collections d'oiseaux et de mammifères, d'insectes et de polypiers ; mais l'industrie y est plus désintéressée. Dans les colonies tropicales, le commerce des pelleteries se réduit à quelques peaux de tigres, de lions et de singes, dont les spécimens empaillés sont plutôt une menace qu'une recommandation pour la colonisation. Au contraire, les plumes d'autruche, de marabout et quelques autres articles, sont déjà et peuvent devenir l'objet de nombreuses transactions. La maison Chagot aîné, qui a fondé des prix pour la domestication de l'autruche en France et en Algérie, a réuni de fort jolis assortiments des plumes de cet oiseau, blanches, noires et teintes en couleur.

Les produits de la pêche ont une tout autre importance ; ils nourrissent les populations, ils alimentent le commerce des ports, ils forment des matelots, ils préparent des défenseurs à la patrie. Aussi, quelque petits que soient par leur étendue nos îlots de Saint-Pierre et Miquelon, ils n'en sont pas moins très-dignes, à tous les titres, des regards et des sympathies de la France ; ils sont nos écoles de grande pêche au voisinage des bancs et de l'île de Terre-Neuve. C'est par millions de quintaux et par milliers de navires qu'ils jettent dans la consommation l'humble et populaire morue, et déjà un second produit, de même provenance, commence à être apprécié : l'huile de foie de morue, qui a été pour la première fois essayée dans nos établissements par M. le docteur Fleury, chirurgien de la marine. Depuis 1850, trois usines ont été construites à Saint-Pierre, et leurs huiles rivalisent déjà avec les meilleurs similaires anglais et norwégiens. A cette occasion, on nous permettra peut-être d'apprendre au public, sur la foi de M. Aubry-Lecomte, le commissaire organisateur de l'Exposition, qu'on est dupe d'un préjugé en préférant les huiles de foie de morue brunes aux huiles blondes ; les premières sont le résultat d'une fermentation putride qui les gâte, tandis qu'une fabrication soignée en conserve les qualités sous une apparence limpide. Moins difficiles que la thérapeutique, l'éclairage, le corroyage, la mécanique, peuvent extraire des huiles inférieures de presque tous les habitants des mers : baleines, phoques, requins, marsouins, loups-de-mer, harengs. D'autres industries utilisent les peaux de ces animaux, les dents, les écailles, les fanons, les vessies natatoires, tous les débris. A le bien observer, ce monde de la mer, sillonné en tous sens par nos navires, mais à peine exploré dans ses profondeurs, offre à l'homme autant de richesses que le monde de la terre, et il est trois fois plus étendu, avec la même diversité de produits suivant les climats. Tandis que la zone tempérée et glaciale nous réserve d'inépuisables provisions d'huile animale, l'océan Indien et Pacifique nous livre les écailles de ses tortues, les nacres et les perles de ses huîtres, ses tripangs, dont se délectent les Chinois. De tous ces dons des mers et des rivages, notre Exposition coloniale fournit de très-beaux spécimens, des huîtres perlières surtout. Nous ne quitterons pas l'industrie des pêches sans signaler le parti ingénieux que l'on a tiré des filets pour en faire des rideaux et des portières qui encadrent élégamment plusieurs salles. Des modèles en petit représentent les navires pêcheurs avec tous leurs agrès, leurs lignes, leurs hameçons, leurs équipages, leurs procédés de préparation. Comparativement aux Expositions antérieures, où les industries maritimes avaient été oubliées, ces lots constituent une instructive innovation.

Nous traversons à la hâte la région des ivoires, représentée par d'énormes défenses d'éléphant et d'hippopotame ; — celle des miels et des cires, pour lesquels rivalisent la Réunion et la côte occidentale d'Afrique, — celle des graines de plantes utiles et d'ornement, royaume des botanistes. Arrêtons-nous un instant aux collections de baumes, de gommes, de résines et de toutes les sécrétions végétales. A l'aspect de ces assortiments, si variés de couleurs et de formes, on se reconnaît dans l'empire du soleil et des vents brûlants. Le premier rang appartient à la gomme du Sénégal, dont l'exportation varie de 1 million 500,000 à 3 millions de kilogrammes : on la récolte sur diverses espèces d'acacias. Viennent ensuite le caoutchouc et les gommes d'acajou du Gabon, la gutta-percha, la séve de balata, les baumes de la Guyane, les gommes laques de la Cochinchine, le benjoin de l'Inde, le copal de la côte orientale d'Afrique. On signale une huile de bois, fort usitée en Chine, et déjà connue à Saïgon, qui a la propriété de préserver les navires de la piqûre des tarets. Les barques et jonques annamites, qui en sont enduites, ne sont jamais recouvertes de ces amas de coquilles qui s'attachent en peu de temps aux doublages en cuivre des bâtiments européens, et le bois de ces barques se conserve sain pendant un temps très-prolongé.

Le triage des gommes du Sénégal, suivant les qualités et les emplois, est devenu à Bordeaux, depuis quelques années, une industrie importante, dont les représentants ont exposé une très-intéressante collection. Le voisinage du Sahara étant l'une des conditions les plus propres à l'exsudation de la gomme, notre colonie africaine n'a guère de concurrence à craindre pour un produit qui était l'unique denrée de son commerce avant la culture de l'arachide, et qui en est encore la seconde branche.

La classe des matières textiles nous ramène aux filaments et aux fibres du règne végétal et animal, que nous avons déjà rencontrés à propos du mobilier et du vêtement ; on les voit ici à l'état brut et façonnés de première main. Nous n'y revenons que pour signaler la renaissance du coton longue soie dans les Antilles, qui en sont la terre natale. Du moins ce coton est implanté aux Antilles de longue date, car en 1493 Christophe Colomb en fit la base des tributs imposés aux Caraïbes. A la Guyane, le coton ne peut retrouver son ancienne faveur, malgré les encouragements de l'administration. A la Réunion et dans l'Inde, il reste aussi cantonné sur d'étroites surfaces. Il y a mieux à attendre du Sénégal, où cette plante croît spontanément (ce qui a déterminé des négociants d'Alsace à y fonder des établissements), et de Taïti, où une Compagnie australienne a déjà ensemencé 600 hectares.

Les colonies ne sont pas moins bien dotées en matières oléagineuses qu'en matières textiles, et en ceci également les dons de la nature ne sont exploités que d'une manière insuffisante. Chacun de nos établissements possède plusieurs espèces de matières oléagineuses dont l'Exposition fournit de nombreux spécimens. A la côte occidentale d'Afrique, ce sont les arachides, le sésame, le béraf (graine d'une cucurbitacée), les amandes d'huile de palme. Dans l'Inde, ce sont les sésames, le ben, l'illipé, l'huile de coco. Cette dernière se récolte aussi abondamment en Cochinchine et dans nos îles de l'Océanie. A côté des graines oléagineuses qui sont appréciées et exportées, on en remarque une multitude d'autres dont le nom même est à peu près inconnu : telles que les noix de carapa de la Guyane, si abondantes dans quelques districts qu'après la maturation des fruits le sol est couvert, sur plusieurs kilomètres d'étendue, d'environ 10 centimètres de graine, qui pourraient alimenter la savonnerie de Marseille; telles encore que la noix de bancoul, si commune et si dédaignée dans l'archipel de la Société et même dans nos Antilles.

Les tabacs des colonies françaises sont généralement fins, délicats, bien combustibles; après avoir été longtemps célèbres, — la réputation du Macouba n'est pas encore oubliée, — ils ont été délaissés, comme la plupart des autres plantes, pour la canne à sucre : ils méritent de retrouver leur antique faveur. Elle leur reviendra dès que l'administration des tabacs les fera entrer dans ses importantes commandes, jusqu'à ce jour réservées aux pays étrangers.

L'espace se resserre devant nous, et nous n'avons encore rien dit des matières tannantes et colorantes qui croissent pour ainsi dire sans culture dans la plupart de nos colonies. Signalons cependant le roucou, qui est, à la Guyane, une des ressources de la petite culture, et l'indigo de l'Inde, qui fournit, sur le seul territoire de Pondichéry, aux besoins d'une centaine d'indigoteries et d'autant de teintureries. Les vitrines de l'Exposition renferment, outre de beaux échantillons de la matière première, diverses toiles bleues, dites *guinées*, destinées surtout au Sénégal, et qui sont teintes avec l'indigo local, à la fois d'un vif foncé et d'une grande solidité. Sous d'autres vitrines, on peut voir des lots d'autres matières tinctoriales et tannantes : l'orseille des arbres et celle des rivages, le safran, le curcuma, le cachou, la noix d'arec, le vétiver, qui a pénétré dans nos boudoirs, le henné, au ton jaune-orangé, si apprécié des femmes d'Afrique et d'Orient; enfin quelques lots de cochenille de la Guadeloupe et de l'Inde, une culture trop délicate et qui exige trop de soins minutieux pour convenir à des colonies où manquent les familles nombreuses et laborieuses des Canaries.

Je fais grâce au lecteur de la série de produits chimiques et pharmaceutiques dont l'Exposition coloniale ne présente pas moins de sept cents spécimens, parmi lesquels un très-grand nombre, le quinquina en tête, se recommandent à la pharmacopée européenne. Les Locustes et les Brinvilliers de l'Orient y trouveraient un ample arsenal de poisons subtils, dont le plus fameux, mais non le plus terrible, est le *tanghin* de Madagascar.

Je franchis d'un pas aussi rapide les salles consacrées aux instruments et procédés des arts usuels, non sans jeter un coup d'œil sur les pirogues des Kanaks, sur les instruments de pêche de Saint-Pierre et Miquelon, sur une ingénieuse machine à égrener le coton, sur un moulin à broyer les cannes, exposé par M. Meyer, de Saint-Pierre (Martinique), sur quelques véhicules indiens, plus grotesques qu'originaux, et j'arrive à l'objet principal de la production coloniale : la collection des matières alimentaires. Toutes les classes y sont abondamment représentées. Parmi les céréales, le mil et le couscous d'Afrique, le riz de Mayotte et de la Cochinchine, le maïs de la Réunion. En fait de fécules et leurs similaires, les ignames de la Guyane, l'arrowroot de Taïti, de l'Inde, de la Réunion, le manioc de la Réunion et vingt autres produits; en fait de viandes et poissons, des buffles séchés, des canards salés, des ailerons de requins, les tripangs de l'Océanie, les nids d'hirondelles de la Cochinchine, et surtout les morues de Terre-Neuve, avec leur cortége de harengs, de capelans, d'encornets. La collection des fruits et des légumes, secs ou confits, naturels ou imités, défie toute énumération, mais elle provoque singulièrement les tentations de la gastronomie: les Cheneaux et les Toutoute de la Martinique sont responsables de bien des convoitises, excitées par leurs bocaux remplis de si beaux fruits à l'eau-de-vie.

Restent les principaux produits alimentaires d'exportation : les épices et condiments (vanille, girofle, poivre, gingembre, cannelle), objets d'une petite mais lucrative culture ; le café, réservé à la moyenne propriété, et dont une variété nouvelle, celle de Rio-Nunez, se place avec faveur sur les marchés d'Europe. Rectifions en passant l'étrange erreur qui qualifie de *cafés de la Martinique* les meilleures sortes de cafés de la Guadeloupe, et réserve ce dernier nom aux seuls cafés inférieurs des deux colonies; la loyauté commerciale exige que la vérité soit rétablie conformément aux provenances. Le thé n'est pas encore sorti, à la Réunion et aux Antilles, de l'état d'essai. C'est probablement à la Cochinchine qu'est réservée la possibilité d'une concurrence avec la Chine. M. Bélanger, le directeur du Jardin botanique de Saint-Pierre (Martinique), expose quelques feuilles de *coca*, une plante de l'Amérique méridionale, célèbre par ses propriétés toniques : elle donne, assure-t-on, à l'esprit une gaîté, au corps une vigueur qui font pâlir le café et le thé, et tous les excitants connus : voilà une plante qui se recommande à la Société et au Jardin d'acclimatation. Le cacao conserve son rang secondaire dans les Antilles et à la Réunion, à peu près sans progrès et sans déclin. Enfin le sucre avec le rhum couronnent la série alimentaire de nos colonies.

Les tables consacrées à ces produits et au cacao présentent, dans des bocaux fermés, un grand nombre de lots de sucre, dont quelques-uns magnifiques. Par la blancheur, l'égalité, la siccité du grain cristallisé, les sucres de la Guadeloupe l'emportent sur tous leurs rivaux. MM. Duchassaing de Fontbressin, marquis de Rancougnes, Souques et Cail, et plusieurs autres habitants, en recourant au système le plus perfectionné, celui des usines centrales avec appareils à triple effet et turbinage, ont atteint d'emblée à peu près la perfection. La Martinique les suit de près dans ses belles usines, constituées sur le même plan. Mais la Réunion et ses satellites de Mayotte et Nossi-Bé, qui s'en tiennent à une fabrication mixte, sont dépassés, bien que leurs progrès soient sensibles. Parmi les autres colonies, on est encore bien loin d'approcher du niveau atteint par celles qui depuis un siècle font du sucre leur principale denrée; cependant la Calédonie a déjà exporté du sucre blanc cristallisé, supérieur à celui que contient le bocal étiqueté du nom de MM. Clain et Joubert. La Cochinchine ne tardera pas sans doute aussi à faire mieux que ce qu'elle montre.

Nous avons achevé l'examen, bien rapide, des richesses coloniales accumulées dans le palais du Champ de Mars. Dans le parc, consacré à l'agriculture, à l'horticulture, aux institutions qui ont amélioré le sort des classes populaires, j'ai en vain cherché quelque trace du génie industriel et de la philanthropie de nos colons; je n'ai pu y rien découvrir, et je crains bien qu'il n'y ait pas de ma faute. Je le regrette. C'eût été un enseignement d'une haute portée morale, économique et sociale, que le tableau d'une sucrerie, avec ses ateliers, ses cases, ses hôpitaux, ses écoles, avec des indications comparées de l'état respectif avant et depuis l'émancipation. Des bocaux alignés, même remplis du plus beau sucre, ne donnent qu'une idée tout à fait incomplète du rôle de la canne à sucre dans nos trois principales colonies, où elle est, aux neuf dixièmes, le principe de toute activité. Le parc permettait de rétablir, dans une annexe, les vraies proportions.

Malgré cette lacune, les colonies figurent avec éclat et honneur dans ce concours universel; et, à les considérer au point de vue des produits, elles méritent et elles obtiendront probablement de nombreuses récompenses. Elles eussent laissé cependant, nous devons le redire en terminant, une plus haute idée du domaine colonial de la France, si, au lieu d'être morcelées d'après les quatre-vingt-quinze classes du catalogue, chacune d'elles eût conservé intacte son unité, manifestée par la collection des produits et éclairée avec profusion par des cartes et des notices. Il nous est impossible de ne pas consigner en terminant notre surprise de les trouver entièrement absentes du catalogue officiel, en deux gros volumes, du prix de 6 francs; elles n'y sont pas même nommées; de sorte que l'acheteur du catalogue doit croire que la France ne possède pas une seule colonie, sauf l'Algérie, Sans rechercher les causes de cette omission, elle est bien fâcheuse; et ce serait un devoir de distribuer à profusion un supplément spécial pour nos produits coloniaux. Dans ses catalogues, l'Angleterre n'a pas oublié ses colonies!

FIN.

TABLE DES MATIÈRES

                                              Pages.

NOTICE SUR JULES DUVAL V
PRÉFACE XXIII

PREMIÈRE PARTIE.

L'Algérie.

I.	Tableau de la situation des établissements français. . . .	1
II.	Chemins de fer.	17
	Chemins de fer (*suite*)	23
III.	Statistique, Émigration	32
IV.	Aliénation des terres.	40
	Aliénation des terres (*suite*)	45
	Aliénation des terres (*suite*)	51
	Aliénation des terres (*suite*)	57
V.	Décret sur la décentralisation	62
	Décret sur la décentralisation (*suite*)	69
VI.	Substitution de la vente des terres aux concessions . . .	
VII.	Crédit foncier	
VIII.	Collége arabe-français	90
IX.	Procès Doineau. — Les bureaux arabes	98
	Procès Doineau. — Les bureaux arabes (*suite*).	106

TABLE DES MATIÈRES.

		Pages.
X.	D'Alger à Tombouctou.	115
	D'Alger à Tombouctou (*suite*)	127
XI.	Les puits artésiens du Sahara	141
XII.	Exposition universelle de 1855	149
	Exposition universelle de 1855 (*suite*).	163
	Exposition universelle de 1855 (*suite*).	176
	Exposition universelle de 1855 (*suite*).	190
XIII.	Exposition universelle de 1867	200
	Exposition universelle de 1867 (*suite*)	211

DEUXIÈME PARTIE.

Les Colonies françaises.

I.	Revue des Colonies.	227
	Les Colonies secondaires.	236
II.	Régime commercial.	245
III.	L'octroi de mer	252
IV.	Les événements de la Réunion	260
	Les événements de la Réunion (*suite*).	266
	Nouvelles de la Réunion (*suite*).	271
V.	Les colonies d'Orient.	278
VI.	Conditions de progrès	287
VII.	Représentation politique	298
VIII.	Projet de sénatus-consulte.	306
IX.	Politique coloniale.	313
X.	Budget du service colonial	318
XI.	Exposition universelle de 1867.	326
	Exposition universelle de 1867 (*suite*).	335
	Exposition universelle de 1867 (*suite*).	343

FIN DE LA TABLE.

Saint-Denis. — Imprimerie Ch. LAMBERT, 17, rue de Paris.

LIBRAIRIE GUILLAUMIN ET Cⁱᵉ

OUVRAGES DU MÊME AUTEUR :

L'Algérie. Tableau historique, descriptif et statistique, avec une Carte de la colonisation de l'Algérie. In-18, 1859. Prix. . . . 3 fr.

Histoire de l'Émigration européenne, asiatique et africaine, au XIXᵉ siècle, couronné par l'Académie des Sciences morales et politiques. In-8, 1862. Prix. . . . . 7 fr. 50

Les Colonies et la Politique coloniale de la France, avec deux Cartes. In-8, 1864. Prix. (Arthus BERTRAND). . . . . 7 fr.

Gheel ou une **Colonie d'aliénés** vivant en famille et en liberté. In-18, 1860; 2ᵉ édition, 1867, contenant une Carte (en vente à la Librairie HACHETTE et GUILLAUMIN). Prix. . . . . 3 fr. 50

Trois Discours sur les Rapports de la géographie avec l'économie politique. In-8°, 1864, 1865, 1867 (*épuisé*).

Réflexions sur la politique de l'empereur en Algérie. In-8°, 1866. Prix. 2 fr. 50

Un Programme de politique algérienne (en collaboration avec le Dʳ WARNIER). Lettres à M. Rouher. In-8°, 1868. Prix. . 2 fr. 50

Bureaux arabes et colons (même collaboration). Réponse au *Constitutionnel*. In-8°, 1869. Prix. . . . . 3 fr.

Mémoire sur Antoine de Montchrétien, sieur de Vateville, auteur du premier *Traité d'Économie politique* (1615). In-8°, 1868. Prix. . . . . 3 fr.

Notre Pays. In-8°, 1867· 2ᵉ édition, 1874 (HACHETTE et Cⁱᵉ). Prix. . . . . 1 fr. 25

Notre Planète. In-18, 1870 ; 2ᵉ édit., 1873. (HACHETTE et Cⁱᵉ). Prix. . . . . 3 fr. 50

Conférences populaires sur les Sociétés coopératives. In-18 et in-32 (HACHETTE et Cⁱᵉ). Prix. . . . . 1 fr., et chacune 35 c.

L'Économiste français, journal politique et économique. — Il reste encore quelques collections de ce journal et des volumes séparés (en vente à la Librairie

www.ingramcontent.com/pod-product-compliance
Lightning Source LLC
Chambersburg PA
CBHW060552170426
43201CB00009B/755